POLARIS

AF289005

Raúl Aguayo-Krauthausen

mit Marion Appelt

DACHDECKER
WOLLTE ICH EH NICHT WERDEN

Das Leben aus der Rollstuhlperspektive   Rowohlt Polaris

Aus Gründen des Schutzes sind einige Namen erfunden, die Geschichten aber nicht.

5. Auflage Juni 2023

Originalausgabe
Veröffentlicht im Rowohlt Taschenbuch Verlag,
Reinbek bei Hamburg, Januar 2014
Copyright © 2014 by Rowohlt Verlag GmbH,
Reinbek bei Hamburg
Lektorat Regina Carstensen
Umschlaggestaltung HAUPTMANN & KOMPANIE
Werbeagentur, Zürich
(Umschlagabbildung: David Oliveira)
Satz aus der Mercury, InDesign
Gesamtherstellung
CPI books GmbH, Leck
ISBN 978-3-499-62281-6

Für meine Eltern

Inklusion ist ein Prozess der Bewältigung und Annahme von menschlicher Vielfalt.

Fred Ziebarth, Pädagogischer Koordinator
der Fläming-Grundschule in Berlin

Inhalt

Vorwort

Von Roger Willemsen

Vor gut fünfzehn Jahren habe ich zum ersten Mal gehofft, dass es dieses Buch eines Tages geben werde. Vor gut zehn Jahren war ich sicher, dass es entstehen werde. Heute weiß ich, da ist eine Reise ans Ziel gekommen, und wirklich handelt es sich um ein besonderes Buch – einmal, weil es die Geschichte eines ungewöhnlichen Lebenslaufs erzählt, dann aber auch, weil es sich nicht darin erschöpft, Autobiographie zu sein, vielmehr handelt es sich um eine Ansicht unseres Gemeinschaftslebens, gesehen durch die Perspektive eines, der uns auch in unseren Versäumnissen und Ausblendungen scharf sieht, aber nicht der Verführung erliegt, die eigene Geschichte wichtiger zu nehmen als die seiner Zeit.

Man kann dies nicht hoch genug schätzen. Denn üblicherweise engagieren sich Vertreter von Minderheiten für ihre Minderheit. Sie arbeiten also vor allem für die eigene Sache. Raúl aber nimmt am gesellschaftlichen Leben teil als ein leidenschaftlicher Zeitgenosse. Er würde sich gegen Rassismus und Homophobie genauso einsetzen wie gegen

Waffenexporte oder Überwachung. Als ein Liebhaber moralischer Entscheidungen hat er es auch schon abgelehnt, für die Zigarettenindustrie oder einen gewissen Getränkehersteller zu arbeiten. Denn auch wenn es öffentlich kaum auffällt, sind es die Neinsager, die Nicht-Mitmacher, die Verweigerer, die als Letzte manchen Wert konsequent und glaubhaft vertreten können.

Raúls Weise, den vollständigen Menschen zu interpretieren, beruht auf der eigenen Mündigkeit. Er hat ein Bild von dem, was sein und was besser nicht sein soll. Er urteilt auf der Basis seines Sachverstands. Er lässt sich nicht dumm machen, und er betrachtet die Welt gern im Hinblick auf ihre Veränderbarkeit. In dieser Arbeit wirft er seine Erfahrung in die Waagschale – und das ist nun einmal die eines Menschen, der im Rollstuhl sitzt, seine Einschränkungen erlebt und damit fertig wird. Basta. Kein Bedauern gefordert, keine Stilisierung erwünscht. Von Mitleid zu schweigen, wogegen Behindertenwitze nichts anderes beweisen, als dass Behinderte humorfähig sind. Diesen Anspruch dürfen sie nicht nur, den müssen sie haben, findet Raúl.

Irgendwann hat es sich bei den Wohlmeinenden durchgesetzt zu sagen, nach kurzer Zeit in der Gesellschaft eines Behinderten habe man gar nicht mehr bemerkt, dass er behindert sei. Klingt gut, aber ist es auch wahr? Wie kann ich die Einschränkung des Bewegungsraums, die Mühen bei alltäglichen Abläufen, die Allgegenwart von Schmerzen, die Auflagen des sozialen Lebens in der Gesellschaft eines behinderten Freundes je vergessen? Wie kann ich mir nicht die Frage stellen, welche Bürde die Bewegung, das Reisen mit sich bringen, welche Schwierigkeiten es machen könnte, Freunde und Geliebte zu finden? Es ist eben kein Schritt zu einem barrierefreien Umgang mit der Behinderung, wenn man sie dauernd mit diesem drakonischen Begriff eines übergeordneten «Normalen» identifiziert. Wichtiger als so zu tun, als seien wir alle behindert, wäre doch, die Differenz wahrzunehmen und sie um ihrer selbst willen schätzen zu können.

Im Zuge der vermeintlichen «Normalisierung» des behinderten Menschen wird seine Erfahrung mitunter bagatellisiert. Man kann aber nicht davon sprechen, wie wir alle in unserer Entwicklung historisch zu verstehen seien, ohne dies Verständnis auch auszudehnen auf jene, die den Begriff des «Normalen» nicht für sich in Anspruch nehmen können. Sie ist aber in der Geschichte unserer Kultur besonders belastet, und so ist auch die Emanzipation des Behinderten vom Bann der Vorurteile eine andere, als alle übrigen Minderheiten sie erleben.

Bis zum 18. Jahrhundert war die Gestalt des Behinderten von Aberglauben umgeben: Sah die Mutter einen Gehenkten während der Schwangerschaft, so konnte das Kind mit krummen Gliedern zur Welt kommen, so glaubte man. War sie unaufrichtig, so konnte das Kind schielen. Andererseits war für den Arzt Rudolf Virchow genau dies Amorphe, Ungestaltete, anders Gebildete das Leben in Reinform, das, was sich behauptet. Im Durchschnittsmenschen ist die Form geronnen, das Leben organisiert und in seine Form gefallen. Im Behinderten dagegen wuchert es selbst, eigenmächtig und stark. Er ist also nach Virchow so etwas wie der Beweis für die Natürlichkeit der Natur. Abnormal wäre, wenn sie nichts Abnormales erschaffte und bloß maschineller Logik folgte.

Der sogenannte normale Mensch betritt die Bühne der

Menschheit ja auch erst spät – jedenfalls, wenn man sich die abendländische Neuzeit und jedenfalls, wenn man sich seine Darstellung ansieht. Dann nämlich kann es scheinen, als habe dieser normale Mensch ehemals geradezu um seine Darstellbarkeit gerungen. «Der ‹normale Mensch› (das Wort macht mich rasend)», heißt es bei André Gide, «das ist jener Rückstand, jener Urstoff, den man nach dem Schmelzvorgang, wenn das Besondere sich verflüchtigt hat, auf dem Boden der Retorten findet. Er ist die primitive Taube, die man aus der Kreuzung seltener Arten wieder erhält – eine graue Taube – die bunten Federn sind gefallen, nichts zeichnet sie mehr aus.»

Wenn ich früher manchmal mit dem Jazzpianisten Michel Petrucciani oder der Schauspielerin Carole Piguet unterwegs war, die beide mit Glasknochen geboren worden waren, dann konnte ich bei Passanten bisweilen diesen besonderen Blick sehen. Kein böser Blick war das, eher ein fassungsloser, der hätte verweilen wollen, wäre er nicht so indezent erschienen. Es war ein Blick, der die Differenz notierte, aber man könnte auch sagen, er suchte genauso gut die Identität, das Gemeinsame im Unterschiedlichen.

Von diesem Blick, diesem Perspektivwechsel, scheint die Gegenwart wieder so fasziniert wie vergangene Jahrhunderte. Doch die Panoptiken der Vergangenheit heißen heute «Doku-Soap», «Talkshow» oder «Körperwelten», auch sie sind Manegen, auch sie bieten als Selbstrechtfertigung an, das Abweichende als das Normale zu zeigen. Solche besonderen Menschen hat man nicht erst nach Tod Brownings legendärem Film von 1932 «Freaks» genannt, und der Ausdruck hat für eine viel größere Gruppe der Originellen, der Abweichler und Nonkonformisten überlebt. Ein «Freak of nature» ist, wörtlich genommen, nichts anderes als «eine Laune der Natur», also keine Ausnahme, sondern der Ausdruck ihrer Freiheit, eigentlich ihr Inbegriff. «Die meisten Menschen», sagt Diane Arbus zur Begründung eines Foto-Zyklus zum Thema, «gehen durch ihr Leben in der ständigen Angst vor einer traumatischen Erfahrung. Freaks wurden schon mit ihrem Trauma geboren. Sie haben ihre Prüfung im Leben bereits absolviert. Sie sind Aristokraten.»

In diesem Sinn wäre jede, die ihre Wunde zeigt, und jeder, der seine Narben entblößt, dank eigener Kraft selbst aristokratisch – um es noch einmal mit dem Furor des Valentin Knox beim jungen André Gide zu sagen: «Denn hören Sie jetzt einmal auf, die Krankheit als einen Mangel anzusehen; im Gegenteil: sie ist ein Zuwachs. Ein Buckliger ist ein Mensch plus dem Buckel, und mir wäre lieber, Sie fassten die Gesundheit als einen Mangel an Krankheiten auf.»

Raúl ist bei der Betrachtung seiner Situation denkbar gelassen, hat sie ihn doch befeuert zu werden, was er ist. Er ist kein Eiferer in Behindertenfragen, und die Pflege von Selbstmitleid empfindet er als Zeitverschwendung. Eher ist er für eine sprachlich exakte Fassung seiner Besonderheit: Nicht eine «Krankheit» ist sie, sondern ein Gendefekt. Wenn es eine sprachliche Diskriminierung gibt, dann liegt sie darin, nicht präzise zu sein. Eine Krankheit ist ansteckend, eine Krankheit für viele ist lukrativ für die Pharmazie. Ein Gendefekt aber ist weder ansteckend noch medikamentös zu beseitigen.

Wikipedia führt Raúl Krauthausen als «Aktivist». Wie habe ich mich gefreut, als ich das las! Von einem Aktivisten wird man nicht sagen, dass er an den Rollstuhl «gefesselt» sei, und dieser Rollstuhl ist ja zugleich auch, sagt Raúl, die

Bedingung seiner Freiheit. Ein Aktivist ist man dank der Beweglichkeit von Ideen und dank der Wirkung von Impulsen, deren Nachhall man in der tätigen Welt verfolgen kann. Der Aktivist ist ein Entzünder, ein Auslöser und Anreger. Er beweist Tatkraft und hat doch zugleich eine hohe Meinung vom Umgang mit Ideen. Und Ideen hat Raúl dauernd. Er verfolgt sie, sie verfolgen ihn, und was die meisten von ihnen nicht gewohnt sind: Er setzt sie um – Sozialheld, nicht Maulheld.

Man nehme allein dieses Beispiel: In einem Supermarkt stellen Raúl und sein Cousin fest, dass Kunden bisweilen gern Leergut abgeben, aber nicht Schlange stehen möchten, bis sie an der Kasse ihr Pfandgeld entgegennehmen können. Sie erfinden die «Pfandbox», die nahe der Leergutannahme aufgestellt wird, inzwischen in über 400 Supermärkten in Deutschland zu finden ist und durch die Kunden ihr Pfandgeld spenden können. 100 000 Euro sind auf diese Weise in einem einzigen Jahr allein in Berlin zusammengekommen und an eine Organisation für Bedürftige gegangen.

Auf dem Weg, der zu solchen Initiativen (und zum Bundesverdienstkreuz) führt, befindet sich Raúl schon lange, und die Stringenz, mit der er seinen Weg verfolgt, ist bemerkenswert, auch weil er weniger von Ehrgeiz, als von Leidenschaft befeuert ist.

Als ich Raúl kennenlernte, war er siebzehn, sehr zart und ebenso sehr entschlossen, in das öffentliche Leben hineinzuwirken – durch Gedanken, durch Medienkritik, durch Humor, durch Engagement. Ich sollte damals eine große Benefiz-Veranstaltung der «Aktion Mensch» moderieren. Durch diese wollte man vor allem Bewusstsein bilden für den Umstand, dass die Gleichstellung aller Menschen vor dem Gesetz ausdrücklich auch die Behinderten einschloss – etwas, das seit Jahren rhetorisch bekräftigt wurde, in der Umsetzung aber nicht erreicht war. Gerade öffentliche Gebäude waren oft nicht barrierefrei und damit behinderten Mitarbeitern verschlossen, ein Umstand, gegen den der einstige SPD-Vorsitzende Hans-Jochen Vogel lange gestritten hatte und der auch von dem damaligen Bundespräsidenten Roman Herzog zu seiner Sache gemacht worden war.

An jenem Abend sollte ich auf der Bühne zahlreiche Menschen, darunter viele mit Behinderungen, zu diesem Thema befragen. In der Überzeugung, dass aber auch einer von ihnen als Moderator denkbar sein müsste und dass ein Behinderter vielleicht andere Fragen stellen würde, fragte ich nach einem entsprechenden Co-Moderator, und ja, sagte man mir, da gäbe es einen mit Ambitionen auf diesem Feld. Wenn ich mich recht erinnere, habe ich dann erst mit Raúl telefoniert, dann habe ich ihn in Berlin besucht und ihn kurz vor der Gala-Moderation in meine wöchentliche ZDF-Sendung eingeladen, wo mit Michel Petrucciani seit Beginn immerhin ein Pianist mit Glasknochen am Flügel saß.

Das Ergebnis war ein Gespräch, an das sich noch Jahre später alle erinnerten, die es gesehen hatten. Raúl war 100 Zentimeter kleiner als ich, sein Rollstuhl wurde auf ein Podest geschoben, und so durchlässig und animiert sein Gesicht agierte, hätte man ihn eher für zwölf als für siebzehn gehalten. Er kannte den Effekt, der für einen Halbwüchsigen auch nicht eben leicht zu ertragen war. Von den ersten Sätzen allerdings war klar, dass dieser Gast seinen Platz behaupten würde. Erst einmal kritisierte er meine Aussprache seines peruanischen Vater-Namens «Aguayo», dann informierte er das Publikum über die Fakten zu dem, was Glasknochen heißt, und über die verschiedenen Weisen, «das Normale» zu begreifen, vor allem aber vermittelte er den Eindruck unkalkulierter Ehrlichkeit, und er wollte gefordert werden, denn er konnte viel ertragen. Das war nicht «altklug», wie er selbst später fand, es war entwaffnend geradlinig und sehr charmant.

Ob er glaube, dass in diesem Augenblick die Leute abschalteten, weil sie einen Behinderten sähen, wollte ich wissen. Er räumte ein, dass in der Tat der vermeintlich perfekte Mensch offenbar gut sei, wollte man sich die Anhänglichkeit des Zuschauers sichern. Ob ihm dann die Werbung nicht auf die Nerven gehe, mit all ihren künstlich vollkommenen Menschen? «Nee, ich falle ja selber drauf rein», erwiderte Raúl. «Siehst du im Fernsehen eher Paralympics oder *Baywatch?*», fragte ich. «Dann doch eher *Baywatch*», erwiderte er.

Als Raúl geboren wurde, zählten die Ärzte neunzehn Knochenbrüche. «Wie hat dir deine Mutter deinen Zustand erklärt?», wollte ich wissen. «Weiß ich nicht, da war ich noch ganz klein», erwiderte er und hatte die Lacher auf seiner Seite. «Die Ärzte dachten, ich würde nur zwei Tage leben, jetzt bin ich siebzehn, selber schuld», fügte er hinzu und fand, mit dreißig könne er die Ärzte vielleicht mal besuchen und ihnen zeigen, wie lebensfähig er war. Das könnte ihnen dieses Buch jetzt sagen.

Alles andere als selbstverständlich war das. Ein Jahr verbrachte Raúl in Kolumbien in einer Behindertenschule, ohne Rollstühle, Hefte, Stifte. Im Alter von drei Jahren kam er in einen Integrationskindergarten bis zur Vorschule, eine Integrationsschule, in der die Schüler, Behinderte und

Nicht-Behinderte, bis zur siebten Klasse zusammenblieben. Kontakt zu den nicht behinderten Schülern hatte er erst allmählich aufgebaut.

«Wann hast du dir zuletzt die Knochen gebrochen?» Kurzes Zögern. «Wann war'n das? Vor vier Wochen.» Beim Anrempeln oder Verdrehen könne das passieren, und schmerzhaft sei es immer. Ob es irgendein Feld gebe, auf dem er Vorteile habe? «Ich muss mir nicht alle drei Monate neue Schuhe kaufen», meinte Raúl und lachte darüber, kein Fashion Victim werden zu können. «Sitzt du, wenn du träumst, auch im Rollstuhl?» – «Nee, glaube ich nicht», erwiderte Raúl, aber er sehe im Traum auch nicht an sich runter. Einen starken Eindruck hatte er hinterlassen, und beim abschließenden Schwenk über das Publikum sieht man alle lächeln.

Die folgende Gala-Veranstaltung haben wir moderiert wie zwei Komplizen. Ich habe Raúl dann immer mal wieder besucht, verfolgt, welche Wege er nahm, und als ich einmal zu einer szenischen Lesung aus dem Buch über die Guantánamo-Häftlinge eingeladen wurde, bat ich ihn, die Fragen zu lesen. Da waren wir ganz selbstverständlich wieder auf der Bühne.

Heute hat sich seine Stimme gesenkt, er trägt einen Bart und Streetwear. Noch immer brennt er dafür, soziales Handeln zu erleichtern und den Funken auf andere zu übertragen. Sein Radius ist immer größer geworden, doch auch seine Erfolge haben seinen starken Charakter nicht deformiert. Manchmal hat er noch das Gesicht eines Schwärmers, dann ahnt man, hier könnte vielleicht gerade wieder eine Idee entstehen, und vielleicht könnte sie sogar die Welt verbessern. Raúl wäre es zuzutrauen.

Es ist noch Suppe da

«Der letzte Arbeitsauftrag ist für zu Hause», wandte sich einer der drei Dozenten im Assessment-Center an uns. «Die Aufgabe besteht darin, euch ein umfassendes Bild von einer asiatischen Nudelsuppe zu machen. Wie sieht sie aus, wonach riecht, wonach schmeckt sie?» Hinter dem Mann wurde mit einem Beamer das Bild einer bunten Tütensuppe an die Leinwand geworfen. «Probiert die Suppe auch in trockenem Zustand, bevor ihr sie wie auf der Packung angegeben zubereitet.» Manche sahen sich verwundert an. «Vergesst nicht, euch Notizen zu machen, und überlegt, wie sich das Produkt eventuell verbessern lässt. Habt dabei den möglichen Konsumenten und seine Bedürfnisse im Hinterkopf. Morgen besprechen wir eure Ergebnisse, vielen Dank.» Dann gingen Ahmet und seine beiden Kollegen herum und verteilten vierzig Tüten mit asiatischen Instantsuppen. Vierzig Tüten für vierzig Bewerber.

Zurück in meiner WG-Küche, betrachtete ich eindringlich die grellbunte, rechteckige Tüte, als könnte sie mir ein Geheimnis verraten. Ich war gespannt, denn ich hatte diese Art Fertiggericht bis dahin noch nie gegessen. Angesichts sonstiger Fertigprodukte erwartete ich aber, ehrlich gesagt, kein großartiges kulinarisches Highlight. Aber ich wollte ja vorurteilsfrei an die Sache rangehen. Insgesamt war die Nudelsuppe etwas dicker als die Fertigsuppen, die ich aus Supermärkten kannte, dennoch wog sie leicht in der Hand. Nach äußerer Begutachtung schüttelte ich die auffallend farbige Tüte. Der Inhalt raschelte. Die unterschiedlichen Bestandteile – wahrscheinlich Brühe, Nudeln und vielleicht noch irgendwelches Gemüse – konnte ich durch die Verpackung fühlen. Aufgrund meiner Behinderung brauche ich bei vielen Tätigkeiten Unterstützung. Also rief ich Tom, meinen Assistenten, der im Bad Wäsche in die Maschine stopfte. Ich bat ihn, die Tüte für mich zu öffnen.

«Gibst du sie mir wieder?», sagte ich, nachdem er meiner Bitte gefolgt war.

Tom schaute mich erstaunt an. «Wie? Ich dachte, das ist dein Abendessen. Was hast du damit vor?»

«Alles, was man mit einer Suppe anstellen kann. Eine umfassende Erforschung. Und das beinhaltet auch die Überlegung, ob die Verpackung, Nutzung oder die Rezeptur verbesserungswürdig ist.»

Hatte mich Tom schon vorher irritiert angeschaut, nun sah er aus, als würde er ein wenig an meinem Verstand zweifeln. «Sag mal, was für eine Art Assessment ist das eigentlich, das du da durchläufst?»

Gute Frage. Ich selbst war immer noch ganz gefangen von dem, was ich am ersten Tag an der HPI-School of Design Thinking erlebt hatte. Wir nannten sie nur D-School. Design Thinking wird dort als Zusatzstudium angeboten, die Schule selbst ist als Forschungsinstitut an die Uni Potsdam angegliedert. Ich hatte davon gelesen, und der Artikel hatte meine Neugier geweckt, sodass ich wenig später zum Tag der offenen Tür 2008 ging. An diesem Tag stellte der erste Jahrgang seine Projekte vor. Eine Gruppe hatte einen Leitfaden für Menschen mit geistiger Behinderung entwickelt, der es ihnen ermöglichen sollte, bei Bedarf mit Passanten in Kontakt zu treten, um letztlich allein in der Stadt zurechtzukommen. In einer Art Ort-Ordner waren beispielsweise Karten mit Fragen nach dem Weg zur nächsten U-Bahn-Station abgeheftet. Daneben befand sich das entsprechende Symbol, in dem Fall das Zeichen für U-Bahn. Eine andere Idee war eine Website, auf der man Wohnungen nicht nur nach Größe und Mietpreis suchen konnte, sondern auch nach Aspekten wie der Anzahl von Spielplätzen. Den Gesprächen mit Studenten entnahm ich, dass Querdenken und Experimentieren gefragt waren. Elektrisiert fuhr ich nach Hause.

Eigentlich war Querdenken nichts Neues für mich, denn seit 2002 studierte ich Gesellschafts- und Wirtschaftskommunikation an der Universität der Künste und arbeitete bei Radio Fritz. Das war eine ganze Menge. Dennoch hatte mich die Vorstellung ans Querdenken gepackt. Und was mir auch gefiel: Lehrende und Studenten kamen aus den verschiedensten Fachrichtungen und Nationen. Meine Mutter ist eine Deutsche, mein Vater Peruaner, geboren bin ich in Lima, aufgewachsen in Berlin. Und bei diesem unkonventionellen Studiengang sah ich die Chance, einmal nicht als der Mobilitätseingeschränkte im Rollstuhl, als der mit den Glasknochen wahrgenommen zu werden. So bewarb ich mich – und wurde mit vierzig anderen zu einem Assessment-Center eingeladen. Wir alle waren Konkurrenten um die begehrten Studienplätze.

Tom schüttelte den Kopf, während ich meine Nase über die geöffnete Tüte hielt. Ein extremer Maggi-Geruch strömte mir entgegen. Sonst nichts. Dann steckte ich einen Finger hinein und probierte etwas, was ich nicht ganz einordnen konnte. So undefinierbar es aussah, so undefinierbar schmeckte es.

«Und, Mr. Gourmet, erfreut das Zeug deinen Gaumen?» Tom sah mich skeptisch an.

«Na ja, von einem großartigen Geschmack kann kaum die Rede sein. Es ist verdammt salzig. Eigentlich schmecke ich nur Salz. Hochprozentiges Salz.»

Etwas komisch kam ich mir schon vor, als ich nun ein paar von den kleinen kringeligen Nudeln aß. Ihre Konsistenz fühlte sich ein wenig merkwürdig an, immerhin kaute ich ungekocht auf ihnen herum, und so etwas wie Eigengeschmack hatten sie auch nicht. Hatten Nudeln im Trockenzustand das überhaupt? Als großer Kochprofi konnte ich mich nicht gerade outen.

«Also, die Suppe kann ich so nicht empfehlen. Aber was nicht ist, kann noch werden. Auf der Verpackung steht, wie man sie zubereiten soll. Es wäre toll, wenn du mir dabei helfen könntest.»

Tom war ein perfekter Gehilfe bei diesem Experiment. Er setzte Wasser auf und gab den Tüteninhalt in eine Art Müsli-Schüssel. Als das Wasser heiß war, goss er es in der angegebenen Menge über das Instant-Etwas. Dampf stieg noch immer empor, als er sie vor mir auf den Küchentisch stellte. Ein noch intensiverer Maggi-Geruch umnebelte mich. Dann wurden Frühlingszwiebelröllchen erkennbar, sie schwammen an der Oberfläche. Auch ein paar dünne Karottenstreifen konnte ich ausmachen, fast ohne Lupe, und auf dem Grund der Schale die Nudeln.

Jetzt wurde es ernst. Ich nahm einen Löffel von der gelblichen, dünnen Brühe und pustete, um mir nicht die Zunge zu verbrennen. Anders als der Geruch vermuten ließ, schmeckte die fertige Suppe nicht salzig, sondern künstlich. Und extrem wässrig. Beim Essen war ich nicht sehr anspruchsvoll, aber sofort war klar: Nie wieder würde ich zu dieser Tüte greifen. Nur im Notfall, bevor ich verhungern würde. Gäbe man Fleisch oder frisches Gemüse hinzu, so wäre es eigentlich schade darum. Fazit: Verbessern konnte man die Suppe nur, wenn man ein neues Rezept erfand. Punkt.

Neben der Tütensuppe hatten die Dozenten jedem von uns eine weiße Kladde mitgegeben, der Papprahmen war metallbeschichtet. Sie sah sehr stabil aus, erwies sich aber für mich als unhandlich, weil sie zu schwer und zu groß war. Ständig hätte ich jemanden bitten müssen, sie aus meinem Rucksack hinten am Rollstuhl zu holen und sie wieder dort zu verstauen. Aus dem Grund war ich dazu übergangen, vieles mit meinem Handy abzufotografieren. So konnte ich zum Beispiel auf Dateien zurückgreifen, die in meiner Dropbox abgelegt waren. Nach dem Küchenexperiment nahm ich aber stattdessen einen Zettel zur Hand, um darauf meine Eindrücke von der Suppe festzuhalten.

Der zweite Tag begann mit einem Warm-up. Ahmet, der uns den Tütensuppen-Auftrag erteilt hatte, stellte sich in die Mitte des Raumes, breitete die Arme aus, legte den Kopf in den Nacken und sagte: «Ich bin ein Baum.» Bevor wir es uns versahen, war der zweite Dozent, Harry, in die Rolle eines Vogels geschlüpft, der um den Baum flog, und der dritte gab vor, ein Apfel zu sein. Nach anfänglichem Zögern folgten die ersten Studenten. Einer von uns Bewerbern schnappte sich einen der bunten Würfel, die als Sitzgelegenheit dienten, und mimte einen Gärtner mit Rasenmäher. Ein anderer stellte auf allen vieren eine Bank dar, auf der eine Kommilitonin Platz nahm und tat, als würde sie Zeitung lesen. «Kinder» spielten Fangen, eines davon versuchte, am «Baum» hochzuklettern. Schon bald war um mich herum ein wildes Treiben im Gange. Nach kurzem Überlegen entschied ich mich als einer der Letzten für die Rolle des Hundes und fuhr zwischen den anderen hindurch. Das schien mir am wenigsten gefährlich, denn ich hatte Angst, dass ich mir in dem Durcheinander Knochen brechen könnte.

Als Nächstes trugen wir unsere Ergebnisse zusammen. Dafür vorgesehen waren bunte Haftnotizen, um sie für alle gut sichtbar am Whiteboard anzubringen. Um meinen Verbesserungsvorschlag– eigentlich war es ja kein wirklicher, aber wäre es gut angekommen, wenn ich die ganze Tüte in den Müll geworfen hätte? – zu illustrieren, hatte ich eine Kuh gezeichnet, die man vor allem anhand ihres Euters erkennen konnte. Zeichnen konnte ich noch nie gut. Damit es schnell ging, hatte sie Ahmet für mich am Whiteboard angebracht. Am Vortag war er auch auf die Idee gekommen, eine Parkposition auf den Boden zu kleben, damit ich im Raum einen festen Platz hatte. Und die Rollen eines der Stehtische hatte er, als sich herausstellte, dass sie für mich zu hoch waren, einfach abgeschraubt. Schnell, unkompliziert.

Danach wurden wir aufgefordert, uns in Gruppen einzufinden. In meiner waren noch drei Männer sowie eine Frau.

«Wie eine asiatische Fertignudelsuppe zu goutieren ist, wisst ihr nun.» Ahmet wandte sich wieder an uns. «Doch wie schmeckt eigentlich eine richtige chinesische Nudelsuppe?» Er machte eine kurze Pause, in der er uns bedeutungsvoll ansah. «Das sollt ihr nun herausfinden. Mit der S-Bahn fahrt ihr von hier aus zur Haltestelle Charlottenburg. In der Kantstraße gibt es eine Vielzahl asiatischer Geschäfte und Restaurants. In einem der Läden kauft ihr eine Fertigsuppe. Schließlich sollt ihr wissen, woher die Suppe kommt, die ihr gestern gegessen habt.» Während er das sagte, wurden per Beamer das Foto einer S-Bahn und die Aufnahme eines Asia-Ladens an die Leinwand geworfen. «Anschließend geht ihr in ein Chinarestaurant und bestellt eine Nudelsuppe. Wie zuvor sollt ihr eure Eindrücke festhalten, um sie später zu präsentieren. Legt fest, wer in eurer Gruppe Beobachter ist und wer die Notizen macht.» Ahmet warf einen Blick auf seine Uhr. «Jetzt ist es gleich zwölf. Ihr habt insgesamt vier Stunden Zeit. Versucht, auch Bilder von der Küche zu machen. Das hat sich in der Vergangenheit als schwierig erwiesen, weil Restaurants Angst vor dem Gesundheitsamt haben und sich nicht gern in die Töpfe blicken lassen. Ihr solltet es aber auf jeden Fall versuchen. Und akzeptiert ein Nein, wenn es euch nicht gelingt.»

Ich schluckte. Oh Gott, jetzt beginnen die Probleme, war mein erster Gedanke, während Harry mit rahmenloser Brille und Glatze auf unsere Gruppe mit zwei Karten in der Hand zusteuerte. «So. Im letzten Jahr haben wir die Erfahrung gemacht, dass manche Ladenbesitzer und Restaurants das Gefühl hatten, von zu vielen Gruppen überfallen zu werden. Dem beugen wir vor, indem wir für jedes Team ein Geschäft und ein Restaurant ausgesucht haben. Hier habt ihr eure

Karten mit der jeweiligen Adresse.» Charlotte aus unserer Gruppe las sie laut vor.

«Äh, eine Frage. Sind die beiden Orte rollstuhlgerecht?»

Harry schaute mich an. «Was meinst du damit?»

«Wisst ihr, ob Stufen vor dem Eingang sind? Ich komme unter Umständen nicht rein.»

Harry überlegte kurz, dann sagte er: «Keine Ahnung. Wartet einen Moment, ich rufe dort an und frage nach.»

Um uns herum packten die anderen Gruppen ihre Sachen zusammen, und der Raum fing an, sich zu leeren. Harry kam kurz darauf zurück.

«Tut mir leid, ich habe dort niemanden erreicht», erklärte er.

In mir machte sich Erleichterung breit, denn mir war es unangenehm, dass er extra wegen mir angerufen hatte. Dabei hätte ich erleichtert sein können, wenn er mir erzählt hätte, Lokal und Laden wären barrierefrei.

«Habt ihr eine Rampe, die wir eventuell mitnehmen könnten?», wollte ich wissen.

«Nein, leider nicht.» Nun war es Harry, dem die Situation peinlich war.

Alternativ hatte ich über den Vorschlag nachgedacht, dass unsere Gruppe die Anlaufstellen mit denen einer anderen tauschen könnte, sollten diese Orte rollstuhlgerecht sein. Da ich aber weitere Unannehmlichkeiten vermeiden wollte, behielt ich die Idee für mich. Zudem spürte ich, wie sich leichte Nervosität breitmachte. Wir sollten ja schon um 16 Uhr wieder zurück sein.

«Geht auch Sushi?» Das war mein letzter, fast schon verzweifelter Versuch, weil ich in der Kantstraße ein Sushi-Restaurant kannte, das keine Eingangsstufen hatte.

«Nein, ausgeschlossen.» Harry fuhr sich mit einer Hand über die Glatze. «Euch bleibt nichts anderes übrig, als einen Laden zu finden, der rollstuhlgerecht ist.»

Das konnte uns ganz schön aufhalten. Ich hatte Schweißperlen auf meiner Stirn.

«Alles klar. Wir werden schon irgendwo reinkommen», sagte Philipp, einer der Männer aus meiner Gruppe. Er studierte Kommunikationswissenschaften, trug schwarze Jeans, ein schwarzes Shirt und schwarze Sneakers. Er sah aus, als wäre er gerade aus dem dunklen Teil der Welt entstiegen, machte aber einen ungemein sympathischen Eindruck.

«Dann viel Erfolg bei der Suche.» Harry scheuchte uns raus. Wir waren die Letzten, die das Abenteuer echte asiatische Nudelsuppe starteten.

Verdammt, alles wegen mir. Beklemmung stieg in mir auf. Dabei hatte sich alles so gut angelassen. Den Weg zur D-School – ein modernes Gebäude mit Aufzug und mehreren Behindertentoiletten – legte ich allein zurück. Für mich ein komplett neues Umfeld, aber schon jetzt wusste ich, wie lange ich brauchte und wo ich aussteigen musste, wenn der Aufzug an der Haltestelle Griebnitzsee kaputt war. Abgesehen davon, dass Einzelne mich gefragt hatten, wie ich hergekommen war, hatte mich keiner auf meine Behinderung angesprochen. Und jetzt das. Sollte ich anbieten, was ich in einem solchen Moment immer vorschlage? Sich einfach ohne mich auf den Weg zu machen? Zeit zum Überlegen blieb keine, denn das Quartett steuerte direkt auf die Treppe zu.

«Sorry, ich muss leider hier lang.»
Noch eine Verzögerung.

«Okay, dann komme ich mit dir.» Charlotte sagte das vollkommen selbstverständlich. Wie die meisten in meiner Gruppe war sie Mitte zwanzig. Sie war so bunt angezogen, dass ich kaum glauben konnte, dass sie Luft- und Raumfahrttechnik studierte. Ihre blonden Kurzhaarlocken zierte ein pinkfarbener Deckel. Darauf angesprochen, hätte sie bestimmt Hut dazu gesagt. Zum Glück befand sich der Raum im ersten Stock, sodass wir schnell unten waren. Im Eingangsbereich warteten bereits die anderen. Tür auf, draußen. Instinktiv bog ich zur S-Bahn-Station Griebnitzsee nach links ab, die anderen drängten nach rechts.

«Wieso links? Nimmst du nicht die Abkürzung durch den Wald?», fragte Malte, der über seine halblangen Haare eine blaue Baseballkappe gestülpt hatte.

«Tut mir leid, die kenne ich nicht. Ich muss den regulären Weg vorbei an der Bibliothek nehmen.»

Wieder gab es kein Murren, ohne Zögern schlossen sie sich mir alle an. Ich fuhr mit meinem Rollstuhl, so schnell ich konnte.

An der Bahnstation dasselbe Spiel. Diesmal waren wir zu dritt im Aufzug. Der Rest erwartete uns im Tunnel.

«Wie kommen wir denn zum Gleis?», meinte Markus, ein hochgewachsener angehender Psychologe, dem seine bayerische Herkunft noch deutlich anzuhören war. Die schicke Hose und das Streifenhemd hätten das nicht vermuten lassen.

«Da hinten ist ein Aufzug.» Ich wies den Weg.

Oben angekommen hatten wir Glück. Die S-Bahn fuhr gerade ein, und unmittelbar vor uns öffnete sich eine Tür.

«Kommst du allein rein, oder brauchst du Hilfe?», fragte Philipp.

Noch bevor ich antworten konnte, war ich auch schon ins Abteil hineingerumpelt.

«Na, dein Rollstuhl wird ja ordentlich strapaziert, was für ein Teil. Die arme Achse», meinte daraufhin Malte.

«Keine Sorge, der hält das aus, der ist dafür konstruiert.»

Die Fahrt nach Charlottenburg nutzten wir, um uns auf die bevorstehende Aufgabe vorzubereiten. Charlotte sah sich noch einmal genau die Verpackung der Tütensuppe an, damit wir sie auch gleich in einem der Asia-Geschäfte fanden. Wie sich herausstellte, war niemand von uns je in einem solchen Laden gewesen. Mich beschäftigte das alles jedoch nur bedingt, denn in meinem Kopf kreisten nur Bilder von Stufen und fehlenden Rampen. Verschwindend gering war meine Hoffnung, irgendwo reinzukommen. Das hatten mir meine Erfahrungen gezeigt.

Zwanzig Minuten später, um kurz nach halb eins, hatten wir unser erstes Ziel erreicht. Raus aus der Bahn, rein in den Aufzug, runter zur Straßenebene, da die Bahntrasse oberhalb verläuft. Immerhin konnte ich den anderen sagen, wie wir am schnellsten zur sogenannten Chinameile kamen. Als wir die vierspurige Kantstraße erreichten, tauchte das nächste Problem auf: nach links oder nach rechts?

«Wo sind denn die meisten Asia-Shops?», fragte Charlotte.

Alle zuckten mit den Schultern.

«Nach der Karte würde ich rechts vorschlagen», wagte ich vorsichtig in die Runde zu werfen.

«Okay, dann los.» Malte, der Kappenträger und Chemiestudent, setzte sich – und das auch für den Rest des Tages – an die Spitze. Wir eilten vorbei an chinesischen Möbelgeschäften und Kiosken, aber nirgendwo ein Asia-Laden. Weit und breit zeigte sich auch kein Asiate, den wir hätten fragen können. Endlich! Nach zehn Minuten erblickten wir einen Shop mit roten Lampions im Schaufenster. Natürlich auf der gegenüberliegenden Straßenseite. Es dauerte, bis wir die Straße überqueren konnten. Doch dann die Enttäuschung. Stufen am Eingang, die wir vorher nicht wahrgenommen hatten. Und keine Rampe.

«Macht nichts, weiter. Uns bietet sich bestimmt die nächste Chance», tröstete Philipp.

Würde es diesmal klappen? Es war gleich 13 Uhr. Hoffentlich, hoffentlich kommen wir rein, ging es mir durch den Kopf.

«Schon mal daran gedacht, ein Maschinengewehr an deinem Rollstuhl anzubringen?», unterbrach mich Malte in meinen Gedanken.

«Bislang nicht. Könnte ja mal drüber nachdenken.»

Malte lachte.

Ein schlechter Witz, wie ich fand.

Auch am Eingang des nächsten Geschäfts verhinderte eine Treppe den Zugang.

«Meinst du, wir können dich hochtragen?», fragte mich Charlotte, als wir davorstanden.

«Leider nicht, mein Rollstuhl ist zu schwer», antwortete ich. «Aber ihr könnt auch ohne mich reingehen.»

«Nein, wir wollen alle sehen, wo es die Tütensuppe zu kaufen gibt», beharrte Markus.

Hundert Meter weiter wieder dasselbe. Ich merkte, wie alle immer unruhiger wurden. Die Abstände, dass jemand auf die Uhr schaute, wurden von Mal zu Mal kürzer.

«Wir können uns doch aufteilen. Mit zwei Gruppen erhöht sich die Wahrscheinlichkeit, einen Laden zu finden, wo ich reinkann», versuchte ich, die anderen zu überreden.

«Ausgeschlossen, wir machen zusammen weiter.» Das kam unisono.

Die Schritte wurden schneller, wir wurden immer stiller, und ich hatte das Gefühl, dass mir das Wasser bis zum Hals steht. Vor allem schämte ich mich, dass die Gruppe wegen mir so viele Hindernisse zu bewältigen hatte.

«Sag mal, wie lange hält eigentlich dein Akku? Musstest du schon mal abgeschleppt werden? Und wie ...» Klar, dass es nicht Charlotte war, die das wissen wollte.

«Schaut mal da vorne, vielleicht haben wir diesmal Glück.» Malte wurde von Markus unterbrochen. Doch auch Laden Nummer vier hatte Stufen vor der Eingangstür. Inzwischen ging es auf 13:30 Uhr zu. Und wir hatten weder eine Suppe gekauft, geschweige denn eine gegessen. Ich blickte in ratlose Gesichter.

«Ihr könnt auch ohne mich rein ...» Ein erneuter Versuch, denn es durfte nicht sein, dass vier Leute wegen mir nicht angenommen werden.

«Nein, das geht nicht», beharrte Philipp. «Alle oder keiner. Langsam müsstest du doch unsere Devise kennen. Wir sind ein Team.»

Vor dem nächsten Laden befand sich nur eine Stufe.

«Wie ist es damit? Meinst du, wir schaffen es hier, dich reinzutragen?», fragte Philipp.

Ich schüttelte den Kopf. «Wenn wir aber so etwas wie ein Brett finden, können wir es davorlegen und eine Art Treppe bauen. Über zwei kleine Stufen schaffe ich das mit dem Rollstuhl ohne Probleme.»

Während wir uns suchend umschauten, lief Malte zurück zu einem Baumarkt, an dem wir eben vorbeigekommen waren. Vor dem Eingang hatte ich eine Metallrampe für Einkaufswagen erspäht. Malte anscheinend auch, denn nun machte er sich daran zu schaffen, um sie wegzuziehen.

Oje, er kann doch nicht die Rampe klauen!, schoss es mir durch den Kopf.

«Hey, kann mal einer mit anfassen?», rief Malte. «Ich krieg sie allein nicht getragen. Die ist schwerer, als ich dachte.»

Charlotte beeilte sich, ihm zu helfen, während Philipp, Markus und ich vor dem Laden warteten.

Das Geschäft war winzig. Das Erste, was ich wahrnahm, war ein abgestandener Geruch nach Maggi. Die Regale, die drei schmale Gänge bildeten, waren gefüllt bis unter die Decke. Im fahlen Neonlicht stapelten sich Süßigkeiten, winkende Maneki-nekos, Papierfächer, Waschmittel, Tee, Gewürze, irgendwelche Aufkleber. Hinter der Kasse am Eingang stand eine Frau mittleren Alters, die erstaunt unseren Gruß erwiderte.

Sofort machten wir uns in dem Chaos auf die Suche nach einer Nudelsuppe in einer Tüte. Aufgrund der Enge bewegten wir uns alle sehr vorsichtig, da wir nichts umstoßen wollten. Doch nirgendwo entdeckten wir eine dieser Tüten. Glas- und Reisnudeln zwar schon, aber keine Fertigsuppe.

«Entschuldigung, wir suchen eine chinesische Nudelsuppe in der Tüte. Wo finden wir sie?», fragte Charlotte die Asiatin, die bewundernd ihren pinkfarbenen Deckelhut beäugte. Farblich passte er perfekt in den bunten Laden.

Die Verkäuferin trat hinter der Kasse hervor und bahnte sich an uns vorbei einen Weg nach hinten. Als einer von zwei Leuten, die Notizen machen sollten, folgte ich ihr. Lächelnd deutete sie auf einen Korb, in dem drei Sorten Tütensuppe zur Auswahl lagen. Es gab jeweils fünf Exemplare. Direkt daneben standen Körbe mit Chips und DVDs. Um

Zeit zu sparen, hatte ich mir vorher überlegt, das Aussehen der Tüten, den Namen des Herstellers, die Warenpräsentation insgesamt etc. erst in der Bahn schriftlich festzuhalten. Nach mir beeilte sich Malte, mit der Digitalkamera Aufnahmen von den fünfzehn Tüten zu machen.

«Sagen Sie, kennen Sie ein rollstuhlgerechtes Chinarestaurant in der Nähe?» Wieder fragte Charlotte die Ladeninhaberin. Die Restaurants, an denen wir während unserer Suche vorbeigekommen waren, hatten ausnahmslos Stufen am Eingang gehabt. Die Asiatin runzelte die Stirn. «Ein Restaurant, in das man mit dem Rollstuhl reinkann?», versuchte Charlotte es erneut, wobei sie in meine Richtung gestikulierte. Keine Antwort.

«Ihr wollt echte Nudelsuppe?», fragte sie auf einmal, als wir schon im Begriff waren aufzubrechen.

«Ja, wir wollen richtige Nudelsuppe in einem Restaurant essen.»

«Kommen Sie mit, kommen Sie mit.»

Wir schauten uns fragend an. Was meinte sie? Wir hatten die Tütensuppe bereits bezahlt und verstaut. Dennoch: Einer nach dem anderen folgte ihr bis ans Ende des Ladens. Dort machte sich die Frau an einem Regal zu schaffen, das an der Wand befestigt war. Wollte sie uns noch mehr Tütensuppen zeigen? Hinter einer Art Schiebetür fiel unser Blick in einen kleinen Flur. Die Verkäuferin signalisierte uns, weiterzugehen. Vorher wollte ich von Malte noch wissen, ob er nicht die Rampe zurückbringen wolle, sie gehörte ja dem Baumarkt und würde sicher gebraucht.

«Nö, die lass ich da, bis wir hier weg sind. Sie wird schon keinem fehlen.»

Rechts vom Flur befand sich eine kleine Küche, in die

durch ein Fenster Licht hineinfiel. Auf den Flammen eines Gasherds brodelte etwas in einem großen verbeulten Blechtopf, über dem einfache Hängeschränke schief angebracht waren. Links, in einer Art Nische, stand ein längerer Tisch mit einer gelbweißen Plastikdecke, an dem eine ältere Asiatin und ein etwa sechsjähriger Junge saßen. Pappbecher, eine Flasche Sojasauce und ein Stapel weißer Papierservietten lagen auf dem Tisch. Während vorne im Laden der Straßenverkehr deutlich zu hören gewesen war, herrschte in der Essecke Stille, vollkommene Stille. Das Bild, das sich uns bot, hatte etwas sehr Intimes, und mir kam es vor, als ob wir eine Familie beim Essen störten.

«Sie wollen Suppe. Nehmen Sie Platz», forderte uns wohl die Mutter des Jungen auf. Verwundert sahen wir uns an. «Setzen Sie sich.» Die ältere Frau, die ihre Zeitungslektüre unterbrach, konnten wir eben noch davon abhalten, aufzustehen. Philipp und Charlotte blieben stehen, da es auch hier sehr eng war. Für mich wurde ein Stuhl zur Seite geschoben, auf den sich dann Malte setzte. Plötzlich hatte ich eine riesige Schale heiße, nach Hühnerfleisch duftende Suppe und einen Becher grünen Tee vor mir, dazu einen blauweißen Keramiklöffel und einfache Stäbchen aus Holz. Eine Gabel wäre mir lieber gewesen, da ich, ausgenommen bei Sushi, mit Stäbchen nicht zurechtkomme. Ich traute mich aber nicht, darum zu bitten. Als dann alle mit Suppe versorgt waren, stellte ich erleichtert fest, dass auch die anderen aus meiner Gruppe lange nicht so geschickt waren wie der kleine Junge, der schlürfend und in einer Wahnsinnsgeschwindigkeit Nudeln, Fleisch und Kartoffelstückchen aus der Brühe fischte.

«Hätten Sie etwas dagegen, wenn wir Ihre Küche fotografieren?», fragte Malte, als alle außer mir fertig gegessen hatten.

«Nein, nein, machen Sie nur, machen Sie nur», antwortete die Inhaberin.

Charlotte und Malte packten die Kameras aus und fingen an, Bilder aufzunehmen, während Markus die Suppenzutaten notierte.

«Ich glaube, wir sollten los, es ist schon nach drei», mahnte Philipp schließlich zum Aufbruch.

«Aber Sie sind noch nicht fertig», meinte die Mutter des Jungen zu mir.

Ich bin kein Schnellesser und schaffte die Portion sowieso nicht. Das ist immer so. Bei mir reicht ein «Seniorenteller».

«Es tut uns leid, aber wir haben einen wichtigen Termin und müssen los», warf Charlotte ein, noch bevor ich antworten konnte.

«Es war sehr lecker, und wir hoffen, dass wir Ihnen keine Umstände bereitet haben», bedankte ich mich bei der Ladenbesitzerin.

«Nein, nein, das ist normal.»

«Wieso? Haben Sie so etwas wie eine offene Küche?», fragte Philipp.

Die Verkäuferin nickte lächelnd: «Ja, ja, hier kommen oft chinesische Arbeiter zum Essen.»

Nachdem wir gezahlt hatten, fiel mir die Rampe wieder ein. Hoffentlich war sie noch da. Um aus der Küche und dem Geschäft herauszukommen, musste ich rückwärtsfahren, denn nirgendwo gab es eine Wendemöglichkeit. Vorsichtig manövrierte ich an den Regalen vorbei. Zum Glück fiel nichts um. Dann große Erleichterung, die Rampe war noch da. Charlotte und Philipp brachten sie zurück, und wir sahen zu, schnellstmöglich nach Potsdam zu kommen. Da wir uns aufgrund der Suche nach einem für mich geeigneten Shop weit von der S-Bahn-Station Charlottenburg entfernt hatten, beschlossen wir, am Savignyplatz einzusteigen. Mittlerweile war es 15:30 Uhr.

Erst in der S-Bahn ließ meine Anspannung nach. Charlotte und Malte lachten. Viel Zeit, uns darüber zu freuen, es am Ende doch noch geschafft zu haben, und uns über unsere Eindrücke auszutauschen, blieb uns nicht. Für 16 Uhr war die Präsentation angesetzt, die wir noch nicht einmal angefangen hatten vorzubereiten. Immerhin würden wir nicht zu spät eintreffen. Die Fahrt nutzten wir, um unsere Ergebnisse auf Haftnotizen zusammenzufassen und eine Bildauswahl zu treffen. Aufgrund der Dunkelheit in dem Laden waren die Aufnahmen teilweise undeutlich, das Wesentliche war jedoch gut zu erkennen.

Als letzte Gruppe betraten wir Punkt 16 Uhr die D-School. Während das erste Team anfing zu präsentieren, brach unter uns ein letztes Mal Hektik aus, da wir noch die Bilder ausdrucken mussten. Wir schafften aber alles rechtzeitig, denn wir waren erst als Drittes dran.

Anmoderiert als «die Gruppe, die nicht wusste, wohin sie geht», begaben wir uns nach vorne und erzählten unsere Geschichte. Angefangen bei der langwierigen, nahezu aussichtslosen Suche nach einem rollstuhlgerechten Laden bis hin zu unserem Eintritt in eine Parallelwelt, deren Existenz keiner auch nur hätte erahnen können. Highlight unserer Präsentation war das Foto vom Topfinhalt, das Charlotte aufgenommen hatte. Wir konnten es selbst kaum fassen, und wahrscheinlich hätte uns keiner die Geschichte geglaubt, hätten wir nicht die Bilder als Beleg gehabt.

Letztlich waren wir eine von drei Gruppen, die bis in die Küche gekommen waren. Dennoch ging keiner von uns davon aus, dass wir es deswegen automatisch geschafft hatten und zum Studium zugelassen würden.

Nachdem sich die Dozenten bei uns Bewerbern bedankt und Feedback innerhalb der nächsten Tage in Aussicht gestellt hatten, verabschiedete ich mich von den Leuten aus meiner Gruppe. Müde und erleichtert nahm ich die S-Bahn nach Hause. Wider Erwarten war es uns gelungen, innerhalb einer guten Stunde eine Tütensuppe zu kaufen und eine original chinesische Nudelsuppe zu essen. Das Gefühl war unbeschreiblich. Während ich aus dem Fenster sah, fiel mir auf, dass ich auch an diesem Tag kein einziges Mal über meine Behinderung gesprochen hatte. Denn normalerweise folgen mehr oder weniger unverhohlenen Blicken Fragen. Menschen, vor allem Kinder, möchten wissen, warum ich im Rollstuhl sitze. Als Nächstes interessiert es sie, warum ich Glasknochen habe, woher so etwas kommt und seit wann das so ist. Aber nicht nur, dass ich kein einziges Mal auf meine Behinderung angesprochen wurde – sie war es, der meine Gruppe und ich diesen unvergesslichen Einblick zu verdanken hatten. Unabhängig davon, ob man mich an der D-School aufnehmen würde oder nicht, war das mein persönliches Erfolgserlebnis.

Und in diesem Moment machte es klick. Meine Behinderung, die ich seit dem Ende meiner Kindheit nicht hatte annehmen wollen, die ich fast mein ganzes Leben lang versucht hatte zu überspielen und auszugleichen, genau sie war es, die Philipp, Charlotte, Malte, Markus und mir den Zugang in eine ganz eigene Welt verschaffte. Meine Behinderung war überhaupt kein Nachteil gewesen! Unfassbar kam mir das vor. Und es war so unfassbar, dass ich beschloss, sie anzunehmen und ab jetzt einfach ich zu sein. Mit allem, was dazugehört.

«Prima, drei Meter weit geworfen!»

«**Habt ihr an alles gedacht?**», fragte unser Sportlehrer Herr Peters, als wir uns auf dem Schulhof versammelten. In meinem Turnbeutel befanden sich eine Isostar-Flasche und meine Jeans, da ich wie alle anderen aus meiner Klasse die Trainingshose bereits anhatte. Vergessen hatte ich also nichts. «Wir machen uns jetzt auf den Weg zum Sportplatz. Bleibt bitte zusammen, dass mir keiner verlorengeht.»

Wir begaben uns zu den Bundesjugendspielen, die für mehrere Berliner Schulen gemeinsam auf einer Sportanlage in Friedenau ausgetragen wurden, jenem Stadtteil, in dem auch unsere Grundschule lag. Klassenkameraden wechselten sich beim Schieben meines Rollstuhls ab.

«Neue Turnschuhe?», meinte Jannis zu Olli, die beide links von mir auf dem Bürgersteig gingen.

«Ja, die haben wir gestern nach der Schule gekauft», sagte Olli. «Extra für die Spiele. Meine Mutter hat auch an den Traubenzucker gedacht, kannst gerne was davon abhaben. Bist du in Form?»

«Geht so, mein Bruder hat mir noch mal gesagt, worauf ich beim Werfen achten soll. Ich hoffe, dass ich die fünfunddreißig Meter schaffe. Und du?», fragte Jannis.

«Wird sich zeigen. Gestern Abend bin ich früh schlafen gegangen, um heute fit zu sein. Bin gespannt, wie gut die anderen sind.»

«Das wird schon, schließlich hast du dich in den letzten Wochen enorm verbessert, vor allem im Weitsprung», spornte Jannis ihn an.

Olli war in allen Fächern der Beste. Als Einziger in unserer Klasse hatte er bereits den Freischwimmer, und ich hatte mitbekommen, wie er und die anderen sich die letzten Wochen über die bevorstehenden Bundesjugendspiele unterhielten. Olli und Jannis waren meine engsten Freunde. Kennengelernt hatten wir uns im Alter von zwei, drei Jahren im Kinderhaus, einem integrativen Kindergarten für behinderte und nicht-behinderte Kinder. Jannis, zierlich und dunkelhaarig, war eher der Ruhige, der Tüftler, mit dem ich viel Lego spielte. Olli als schon immer der Größte von allen hatte mich oft in irgendwelchen Fahrzeugen über den Hof hinter dem Haus geschoben. Wir beide wollten als Kinder sogar heiraten.

Während Jannis und Olli ins Kinderhaus gingen, weil ihre älteren Geschwister bereits dort waren, landete ich dort eher zufällig. In einer Selbsthilfegruppe für Menschen mit Glasknochen und ihre Angehörigen hatten meine Mutter und ich Cleo kennengelernt. Sie war älter als ich, und sie besuchte das Kinderhaus. Als meine Eltern wegen des Medizinstudiums meiner Mutter nach einem passenden Kindergarten für mich suchten, stellte sich heraus, dass dort ein Platz frei war. Und so landete ich in Berlin-Friedenau.

Unsere Gruppe setzte sich zusammen aus zwölf Mädchen und Jungen ohne Behinderung sowie aus drei Kindern mit Behinderung. Ich war der Einzige im Rollstuhl, die beiden anderen waren lernbehindert. Vom Kinderhaus wechselten Olli, Jannis und ich mit den anderen geschlossen auf die Fläming-Grundschule, da es zwischen beiden Einrichtungen eine entsprechende Vereinbarung gab.

Nach gut zwanzig Minuten erreichten wir die Wettkampfstätte. Ich war vor ein paar Tagen zwölf geworden, und die Sommerferien standen unmittelbar bevor. Es war heiß, sehr heiß. Im Schatten seitlich der Laufbahn waren Biertische aufgebaut, hinter denen Eltern Kuchen und Erfrischungsgetränke verkauften. Meine Mutter hatte nicht kommen können, da sie arbeiten musste. Sie und mein Vater hatten sich getrennt, als ich drei war. Er war aus der gemeinsamen Wohnung nach Moabit gezogen, wo er immer noch lebt. Meine Mutter hatte danach mit einer Kommilitonin in Friedenau eine WG gegründet. Mit ihr verbrachte ich die Nachmittage, wenn meine Mutter neben ihrem Studium babysittete oder irgendwelche Hausmeisterjobs übernommen hatte. Mittlerweile arbeitete sie aber als Ärztin in einer Gemeinschaftspraxis in Kreuzberg. Seitdem wohnten wir im Stadtteil Lichterfelde, da uns die rollstuhlgerechte Wohnung vom dafür zuständigen Amt zugewiesen worden war. Dienstags und donnerstags sowie an den Wochenenden übernachtete ich bei meinem Vater, der bei Ambulante Dienste angestellt war, einem Assistenzservice für Menschen mit Behinderung.

«So, als Erstes steht Laufen an. Seht ihr da hinten das weiße Zelt auf der gegenüberliegenden Seite? Da ist der Start, da müssen wir hin. Denkt bitte daran, eure Taschen und alles, was ihr sonst noch dabeihabt, nicht irgendwo rumliegen zu lassen», wies uns Herr Peters an, ein großer Mann von Anfang vierzig mit Halbglatze.

«Raúl, du kommst mit mir», eröffnete mir die Pädagogische Mitarbeiterin, die erst vor Ort zu unserer Klasse gestoßen war. Friederike war als Unterstützung der Lehrer und der Schüler mit Behinderung meiner Klasse zugewiesen worden. Tatsächlich stand sie aber wie eine Art Zweitlehrerin allen Kindern mit Rat und Tat zur Seite. So war die Dreißigjährige mit dem kastanienbraunen Zopf näher an uns dran als die meisten Lehrer. Mich schob sie oft bei Ausflügen, oder sie half mir im Sportunterricht beim Umziehen und bei manchen Übungen. Hier, auf dem Sportplatz, brachte Friederike mich zum Wurfbereich, wo sich Jungen und Mädchen von anderen Schulen aufhielten, die bereits geworfen hatten oder darauf warteten, dass sie an die Reihe kamen.

«Ich bin gleich wieder da, ich kläre nur kurz, wann du dran bist», meinte sie und verschwand, um mit dem Lehrer zu sprechen, der darauf achtete, dass keiner die Abwurflinie übertrat. Wobei «dran sein», was meinte sie? Ich dachte, der Wurfbereich sei der Ort, von wo aus ich den anderen zusah und auf sie wartete, bis sie fertig waren. Somit musste es einen Grund fürs Tragen der Trainingshose geben, was ich jedoch nicht weiter hinterfragt hatte, als unser Lehrer uns in der letzten Sportstunde dazu aufforderte. Wie immer hatte ich mich genauso angesprochen gefühlt wie die anderen, ohne darüber weiter nachzudenken, wie für mich die Wettkämpfe verlaufen sollten.

Während ich in der brütenden Sonne auf die Rückkehr von Friederike wartete, sah ich, wie meine beiden Freunde mit sechs anderen Jungen im Laufen an den Start gingen. Olli hatte seinen Blick auf den Boden gerichtet und schüttelte ein letztes Mal seine Beine aus. Jannis steckte sein blaues T-Shirt in die Hose und fuhr sich durch die Haare. Das machte er immer, wenn er aufgeregt war. Auf irgendein Kommando, das ich auf die Entfernung nicht hören konnte, gingen alle acht gleichzeitig in die Hocke. Der Lehrer hinter ihnen hob die Arme, in seinen Händen eine Holzklappe, die er zusammenschlug. Der Knall war deutlich zu hören. Roter Staub wirbelte hinter ihnen auf, während sie über die Aschebahn rannten. Ich konnte sehen, dass Olli alles gab. Er setzte sich gleich an die Spitze. Sein Gesicht war bestimmt knallrot und vor Anstrengung leicht verzerrt, wie ich es schon oft erlebt hatte, wenn er spät dran war und sich beeilte, den Bus zu erreichen. Die anderen aus unserer Klasse feuerten ihn an, ich hörte, wie sie seinen Namen riefen.

Jannis wurde nach den ersten Metern von einem der anderen Jungen überholt, dann von noch einem. Olli schaffte es, als Erster ins Ziel zu kommen, so wie ich es mir schon fast gedacht hatte. Jannis, der am Ende Vierter geworden war, und er klopften sich gegenseitig auf die Schulter. Mein Freund Olli hatte gewonnen, wofür ich ihn – wie für alle seine anderen schulischen Leistungen – bewunderte. Während ich mich über seinen Sieg freute, kam mir in den Sinn, dass wir diese Erfahrung – zumindest in diesem Bereich – nie teilen würden.

«So, Raúl, zwei Mädchen werfen noch, dann bist du an der Reihe», meinte Friederike, die plötzlich neben mir stand und mir einen Ball in die Hand drückte.

Ich musste also tatsächlich werfen. Wie stellte sie sich das vor? Ich hatte noch nie in meinem Leben Schlagballweitwurf gemacht oder jemand anderem, der im Rollstuhl sitzt, dabei zugesehen. Wie sollte ich das anstellen? Doch bevor ich irgendetwas erwidern konnte, schob mich Friederike Richtung Abwurflinie.

«Jetzt zeig mal, was du kannst. Ich drücke dir alle beide Daumen.»

Ich wartete die beiden Teilnehmerinnen noch ab, hob dann langsam meine rechte Hand und zielte in Richtung der Markierung, die im Abstand von fünf Metern die Weite anzeigte. Der Ball war schwierig zu halten. Die Oberfläche war aus glattem braunem Leder, und ich hatte in der prallen Sonne angefangen zu schwitzen, was einen guten Griff zusätzlich erschwerte. So gut ich konnte, warf ich das Ding von mir und war froh, es los zu sein.

«Ja, nicht schlecht. Du hast noch einen zweiten Versuch», sagte Friederike munter, nachdem der Ball aufgeprallt und die Weite von einer Lehrerin in Radlerhose notiert worden war. Erneut hatte ich den Ball in der Hand. Erneut warf ich ihn in die angezeigte Richtung, mit annähernd demselben Ergebnis.

«Prima, drei Meter.»

Noch an Ort und Stelle schrieb Friederike meine Weite in eine Teilnahmeurkunde. Bevor sie sie in meinen Turnbeutel steckte, hielt sie mir das Stück Papier stolz unter die Nase und meinte: «Die kannst du nachher deinen Eltern zeigen.»

Ich fragte mich, wen meine Weite interessieren könnte. Von dem Schock, werfen zu müssen, hatte ich mich noch nicht erholt. Ich wäre in dem Moment am liebsten im Boden versunken, so unwohl hatte ich mich gefühlt. Das Ganze machte für mich keinen Sinn. Was sollte ich mit dem Nachweis über eine Leistung, die nicht mal mir als Teilnehmer wichtig war? Der Sportunterricht hatte mir Spaß gemacht, doch sportliche Ambitionen, geschweige denn ein Interesse daran, mich mit anderen zu messen, hatte ich nie auch nur ansatzweise verspürt. Und jetzt das: drei Meter! Wen interessierte das? Ich hatte ja keine Gegner in meiner Leistungsklasse. Ich schämte mich.

Anschließend brachte mich Friederike zum Kuchenbuffet, wo ich auf Hans-Jürgen wartete, einen Erzieher aus dem Schülerladen. Dort verbrachte ein Teil meiner Mitschüler, deren Eltern berufstätig waren, die Nachmittage. So auch Jannis und Olli. Hans-Jürgen, ein kleinerer Typ mit Dreitagebart und dunklen Jeans, brachte mich in die Lauterstraße. Zwei Stunden später trafen meine Freunde mit drei anderen aus unserer Klasse als Letzte ein. Sie hatten noch drei weitere Disziplinen absolvieren müssen.

«Das war echt cool, wie du den Ball geworfen hast. Der Lehrer auf Höhe der Vierzig-Meter-Marke zog sogar seinen Kopf ein. Gratuliere, das war super», sagte Olli zu Jannis, als sie hereinkamen.

«Danke. Zeig mal deine Ehrenurkunde», bat Jannis. «Schade, dass es keine Siegerehrung oder Medaillen gab. War eigentlich irgendjemand besser als du?»

Olli zuckte die Achseln. Beide trugen immer noch ihre Sportsachen und machten einen ziemlich verschwitzten Eindruck. Der weiteren Unterhaltung entnahm ich, dass außer mir nur noch meine Klassenkameradinnen mit der Lernbehinderung eine Teilnahmeurkunde erhalten hatten. Sie hatten zwar bei allem mitmachen können, aber wahrscheinlich nicht genug Punkte für eine Siegerurkunde erreicht.

«So Jungs, wollt ihr euch nicht langsam umziehen? Euer letzter Wurf ist nun eine Weile her, und wir haben mit dem

Essen extra auf euch gewartet», unterbrach Hans-Jürgen Olli und Jannis. Er war Anfang vierzig, und ich hatte ihn auf Anhieb gemocht, weil ich mit ihm so schön Blödsinn machen konnte. Einmal erzählte er, Fischstäbchen könnten vorwärts und rückwärts schwimmen. Sie würden sich dabei in Schlangenbewegungen fortbewegen. Die meisten von uns hatten ihm geglaubt, so auch ich. Das macht Sinn, dachte ich. Sie sehen an beiden Enden gleich aus. Später hinterfragte ich meine Logik und kam zu dem Schluss, dass sie doch nicht schwimmen könnten, sie hatten ja keine Augen.

Die Mutter eines Mädchens aus dem Schülerladen hatte für alle Spaghetti bolognese zubereitet. Den ganzen Nachmittag über waren die Ereignisse des Vormittags, die erzielten Weiten und gelaufenen Zeiten das vorherrschende Thema. Ich selbst hatte nicht viel zu berichten, umgekehrt sprach mich auch niemand auf meine Würfe an, was ich mir damit erklärte, dass sie es entweder nicht mitbekommen hatten oder es ihnen unangenehm war. Ich war froh, als um kurz nach 17 Uhr meine Mutter kam, um mich abzuholen.

«Raúl, du bist so still. Wie waren die Bundesjugendspiele?», fragte sie mich, als wir zu Hause waren.

«Es war okay. Eigentlich hatte ich gedacht, dass ich nur zugucke», erzählte ich.

«Du hast selber teilgenommen?»

«Ich musste werfen, wovon mir keiner etwas gesagt hatte. Die Urkunde ist in meinem Turnbeutel.»

Meine Mutter nahm sie heraus und warf einen Blick darauf. «Na, ist doch schön, dass du dabei warst.»

Ich nickte und sah ihr anschließend dabei zu, wie sie die Teilnahmeurkunde lochte und im Ordner mit den Zeugnissen und anderen Schulunterlagen abheftete.

Der Tag war schrecklich gewesen. Meinen Freunden hatte ich nicht gesagt, wie peinlich es mir gewesen war, werfen zu müssen. Meine Teilnahme an den Bundesjugendspielen schien der (vorläufige?) Höhepunkt eines Prozesses zu sein, der etwa ein Jahr zuvor begonnen und die große Sorge in mir hatte aufkommen lassen, wegen meiner Behinderung irgendwann nicht mehr dazuzugehören, dass mich meine Freunde deswegen nicht mehr mögen könnten.

Dass ich behindert bin, war nichts Neues, denn ich wurde mit Glasknochen geboren. Osteogenesis imperfecta, so der medizinische Fachbegriff, ist nicht heilbar und erblich bedingt, weswegen ich wahrscheinlich auch keine Geschwister habe. Ich bin kleinwüchsig und habe aufgrund der Schwere der Ausprägung nie laufen gelernt. Als ich jünger war, wurde ich viel getragen und saß anfangs in einem Buggy. Den ersten Schieberollstuhl bekam ich mit sechs. Meine Brüche habe ich irgendwann aufgehört nachzuzählen, ihre Zahl dürfte bei gut hundert liegen. Meine Extremitäten sind durch die vielen Frakturen deformiert. Der Name «Glasknochen» geht übrigens auf die auf Röntgenbildern durchscheinende Knochenstruktur sowie die hohe Brüchigkeit zurück. Die hat jedoch weder meine Eltern noch mich davon abgehalten, irgendwo mitzumachen. Natürlich gingen wir keine unnötigen Risiken ein und gaben Acht, dass nichts passierte. Wichtiger war aber, dass ich dabei war.

So auch im Sportunterricht, an dem ich bis zur fünften Klasse regulär teilgenommen hatte. Wir bildeten Paare und warfen uns Schaumstoffbälle zu. Oder es wurden mit Rollbrettern, auf denen wir bäuchlings lagen, Rennen ausgetragen. Mit ihnen veranstalteten wir auch Geschicklichkeitsübungen. Dafür hatte der Lehrer Zylinder aufgebaut, um die wir herumkurvten in dem Versuch, sie nicht umzukippen. Die anderen waren natürlich schneller und besser als ich – so fuhr ich zwar hinterher, was mir aber dennoch großen Spaß bereitete. Sicher, es gab Dinge, bei denen ich nicht mitmachen konnte, beispielsweise wenn mit Medizinbällen trainiert oder Medizinballweitwurf geübt wurde. Die Bälle waren für mich einfach zu groß und vor allem zu schwer. Und da ich schlechte Erfahrungen hatte mit Menschen und Dingen, die schnell auf mich zukamen oder mich unbeabsichtigt anrempeln könnten beziehungsweise auf mich draufgefallen waren, war mein Respekt vor ihnen gewaltig. Ich verbrachte die Zeit dann mit denen, die verletzt waren oder keine Lust hatten mitzumachen, auf der Bank. Gemeinsam guckten wir den anderen zu und kommentierten das Geschehen.

Alternativ war es meine Aufgabe, etwa beim Medizinballweitwurf die Weiten zu notieren oder Zeiten zu stoppen, wenn meine Klassenkameraden um die Wette liefen. Anfangs habe ich das gern getan. Doch irgendwann wurden die Rollbretter immer seltener hervorgeholt, die weichen Bälle dauerhaft durch solche aus Leder ersetzt und die Würfe meiner Klassenkameraden härter, sodass ich, statt dem Sportunterricht beizuwohnen, häufiger im Ruhe- und Geräteraum war, wo Friederike, die Pädagogische Mitarbeiterin, mit mir Krankengymnastik machte. Bei dem Raum handelte es sich um einen separaten, von der Sporthalle abgetrennten Bereich. Ab und zu tauchten Mitschüler auf, um Matten oder Ähnliches zu holen, während Friederike meine Arme und Beine dehnte. Dabei lag ich normalerweise auf dem Rücken, den Blick auf die Decke gerichtet. Ich wartete darauf, dass es irgendwann vorbei ist. Ich fühlte mich unwohl, da jemand anders als meine Eltern, kein Erwachsener aus meinem vertrauten Umfeld mir und meinem Körper so nahe kam.

«Herr Peters, wann kann ich denn wieder dabei sein?», fragte ich nach einer Weile unseren Sportlehrer.

«Vorerst nicht», gab er zur Antwort. «Momentan ist es zu gefährlich. In den nächsten Wochen steht nämlich Völkerball auf dem Programm.»

«Das ist aber schade, ich würde gern wieder mit den anderen Sport machen.»

«Das ist gegenwärtig wirklich eher schlecht. Dir könnte etwas passieren, worauf wir es nicht ankommen lassen möchten.»

«Wie schade ...», wiederholte ich. Irgendwann würde ich sicher wieder dabei sein können, glaubte ich. Es gab ja schließlich noch anderes außer Völkerball. Wahrscheinlich müsste ich nur ein bisschen Geduld haben, bis ich wieder mitmischen konnte. Die Hoffnung stirbt bekanntlich zuletzt; ich sollte mich noch wundern.

Die räumliche Trennung zwischen meiner Klasse und mir beschränkte sich jedoch nicht nur auf die Turnhalle und den Geräteraum. Früher hatte mich Friederike bei den anderen Jungen in der Umkleidekabine umgezogen. Das erledigte sie nun in dem «Séparée». Hinzu kam meist ein schlechtes Timing, sodass ich nicht wie früher zusammen mit Olli und Jannis in den Schülerladen aufbrechen konnte. Sport hatten wir in der Regel in den letzten beiden Stunden. Somit hatten meine Freunde oft schon für den späteren Nachmittag etwas ausgemacht, wenn wir uns im Schülerladen trafen.

«Was ist los, Raúl?», hatte mich meine Mutter einmal in der Zeit gefragt.

«Ich bin traurig.»

«Aber warum denn?»

«Ich finde es doof, dass ich wegen Sport nicht mehr dabei bin, wenn die anderen sich verabreden.»

«Das ist jetzt so. Du wirst dich daran gewöhnen müssen.»

Dabei beließen wir es, was nicht heißt, dass ich mich dadurch besser fühlte. Meine Mutter mochte recht haben, doch leichter machte sie es mir dadurch nicht. Je länger ich nicht am regulären Sportunterricht teilnahm, umso größer wurde meine Befürchtung, den Anschluss zu verlieren.

«Ich habe euch was aus Peru mitgebracht», begrüßte ich Jannis und Olli, nachdem die Sommerferien, die nach den Bundesjugendspielen folgten, vorbei waren und die Schule wieder angefangen hatte. Meine Freude, sie nach sechs Wochen wiederzusehen, war sehr groß.

«Echt, was denn?», wollte Olli gleich wissen.

«Na, guck mal da rein», forderte ich ihn auf, einen Blick in den Rucksack hinten an meinem Rollstuhl zu werfen.

«Hei Jannis, wow, Pfeil und Bogen!», meinte Olli begeistert.

«Wo hast du die denn her?», fragte Jannis.

Sein Exemplar hatte er schon herausgenommen und tat so, als würde er auf die Tafel im Klassenzimmer zielen. Vor allem mit Jannis hatte ich viel Cowboy und Indianer gespielt. Bei meinem Vater in Moabit war mein Wigwam aufgebaut. Wenn er mich im Schülerladen abholte, war Jannis oft kurzfristig mitgekommen. Ein Anruf bei seinen Eltern genügte, und gemeinsam übernachteten wir bei meinem Vater, der uns am nächsten Morgen wieder zur Schule brachte. Ich hatte gehofft, dass mein Mitbringsel gut ankommt. Olli war seine Begeisterung ebenfalls anzusehen.

«Na, ich war doch mit meinem Vater in Südamerika gewesen. Indianer haben die Sachen auf einem Markt in Lima verkauft. Wir haben sie sogar ausprobiert, bevor wir uns entschieden haben», fügte ich hinzu. «Diese hier liegen einfach am besten in der Hand. Die anderen schienen uns auch ein bisschen zu groß zu sein.»

«Guck mal, die Federn. Sind das welche von Adlern? Die sind ganz weich, nicht wie die aus Plastik, die sonst immer dran sind», stellte Olli bewundernd fest. «Und die Sehne am Bogen ist bestimmt auch echt.»

«Keine Ahnung, was das für Federn sind. Ihr könnt ja heute nach dem Schülerladen mit zu mir nach Hause kommen. Dann können wir damit spielen», schlug ich vor.

«Geht leider nicht, ich habe heute Tischtennis», meinte Olli zu meinem Vorschlag.

Jannis konnte auch nicht, weil in seiner Familie jemand Geburtstag hatte.

Ein paar Tage später versuchte ich es erneut, mich mit ihm zu verabreden. «Hast du heute schon was vor?», erkundigte ich mich bei Jannis, dessen Eltern ja bekanntlich selten etwas einzuwenden hatten.

«Nö, wieso? Was liegt an?»

«Ich dachte, wir könnten bei meinem Vater mal wieder einen Film schauen. Beim letzten Mal hatten wir doch so viel Spaß zusammen gehabt.»

«Gibt es auch Fischstäbchen mit Pommes?», vergewisserte sich Jannis.

«Klar. Mein Vater hat auch schon ganz viel Süßigkeiten für uns besorgt.»

Um 17 Uhr holte er uns ab, und der Rest des Tages verlief wie immer, wenn wir zu ihm fuhren. Bevor wir zusammen die U-Bahn nach Moabit nahmen, überredeten Jannis und ich ihn, uns ein Überraschungsei zu kaufen, was inzwischen Tradition war. Zu Hause angekommen, ließ er uns an seinem Computer – ein Atari – Spiele spielen, worauf wir beide abfuhren. Danach sahen wir uns einen Western mit Bud Spencer und Terence Hill an.

Seit den Bundesjugendspielen trieb mich immer noch der Gedanke um, aufgrund meiner Behinderung wäre es an diesem Tag zu einer grundlegenden Veränderung gekommen. Selbst das Jahr, das ich in Kolumbien zur Schule gegangen war, hatte unserer Freundschaft nichts anhaben können. 1989 waren die Stellen für ausgebildete Ärzte rar gesät, und meine Mutter – aufgewachsen in Südamerika – hatte keinen Job gefunden, woraufhin sie einen längeren Auslandsaufenthalt bei meinen Großeltern in Bogotá beschloss. Mein Opa, eigentlich Mathe- und Physiklehrer, arbeitete dort an verschiedenen deutschen Schulen und war an einem pädagogischen Zentrum für die Lehrerfortbildung zuständig. Seine Verrentung und somit die Rückkehr meiner Großeltern nach Deutschland war absehbar, von daher lag es für meine Mutter nahe, noch einmal für eine Weile nach Südamerika zu gehen.

Mit meiner Klasse stand ich in regem Briefkontakt, sodass ich immer auf dem Laufenden war. Nach unserer Rückkehr war es ein Anknüpfen, fast als wäre ich nie weg gewesen. Und nun fühlte ich mich ausgeschlossen, wenn ich mitbekam, dass Olli das Wochenende bei Jannis verbringen würde. Eine ganz neue Erfahrung. Das ließ mich sogar annehmen, dass ihnen aneinander mehr lag als einem von beiden an mir. Ich überlegte mir tausend Dinge wie Geschenke und Gründe, warum sich ein Besuch bei mir zu Hause lohnen würde, um meine Behinderung zu kompensieren, meine Beliebtheit aufrechtzuerhalten, da ich im Sport nicht mithalten konnte. Und durch Sprüche und Witze versuchte ich, genauso cool und interessant zu sein wie die anderen in unserer Klasse. Teilweise fing ich sogar an, Blödsinn zu machen, dabei bin ich eher zurückhaltend.

«Was ist los, Raúl?», erkundigte sich meine Mutter, nachdem sie einmal im Schülerladen gewartet hatte, bis meine Freunde und ich uns verabschiedet hatten.

«Olli und Jannis sind schon verplant», erzählte ich enttäuscht. «Ich möchte auch mitspielen.» Meine Mutter blieb stehen und sah mich an. «Das macht mich traurig, und ich fühle mich allein.» Anders wusste ich die mit meiner Behinderung zusammenhängenden Gedanken und Gefühle damals nicht zu beschreiben.

«Das kann ich verstehen, aber du kannst nicht immer mitspielen, und du musst den anderen auch die Möglichkeit geben, sich ohne dich zu treffen. Sie wollen sich manchmal einfach nicht mit dir verabreden, weil es noch andere Kinder in ihrem Freundeskreis gibt.» Ich nickte. «Und du musst auch nicht immer so tun, als ob du glücklich bist. Wenn ich dich manchmal mit den anderen sehe, habe ich den Eindruck, du bist der Klassenclown.» Ich schluckte. «Was hältst du davon, wenn du dich mal mit Kindern verabredest, die wie du Glasknochen haben?», schlug sie stattdessen vor.

«Nein, das möchte ich nicht», erwiderte ich mit Nachdruck.

«Und warum möchtest du das nicht? Du kennst doch Cleo und Henrik, ihr besucht dieselbe Schule.»

«Die sind mir zu alt, deswegen.»

Dabei waren sie mir gar nicht zu alt. Die Bundesjugendspiele hatten vielmehr und vor allem dazu geführt, dass ich mit meiner Behinderung nichts zu tun haben wollte. Ein Thema, über das meine Eltern und ich gesprochen hätten, war sie ohnehin nie gewesen – ausgenommen, ich hatte mir etwas gebrochen. Ich fing an, einen regelrechten Hass auf meine Behinderung zu entwickeln, und tat alles, sie zu verdrängen. Cleo und Henrik, die wie ich im Rollstuhl saßen, hätten mich daran erinnert. Dabei setzte ich alles daran, so zu sein wie Jannis und Olli.

Henrik war in der Klasse über mir. Ständig war er umringt von seinen Freunden, manchmal bekam ich mit, wie ihm jemand anerkennend auf die Schulter klopfte. Oder ich hörte, wie die anderen aus seiner Klasse über seine Scherze lachten. Henrik konnte auch mehr als ich, etwa allein in den Rollstuhl rein- und rausklettern und besser damit fahren, weil er mehr Kraft in den Armen hatte als ich. Deswegen führte meine Mutter ihn ins Feld, wenn sie versuchte, mich aus medizinischer Sicht zu überzeugen, auch meine Oberarme operieren zu lassen.

«Ich will das nicht», hielt ich dagegen.

«Ach Raúl. Du hast es doch bis jetzt nicht bereut, die Nägel in deine Oberschenkel operieren zu lassen. Seitdem hast du sie dir kein weiteres Mal gebrochen», merkte sie zu Recht an.

«Ja, aber anschließend habe ich ein halbes Jahr nur gelegen. Ich konnte gar nichts machen und habe meine Freunde kaum gesehen. Und es hat unheimlich weh getan», fügte ich leise hinzu.

Dieser Eingriff war mit das Schlimmste gewesen, was ich bis dahin erlebt hatte. In das Innere meiner Knochen waren von den Knien aus zur Stabilisierung Teleskopnägel eingeführt worden. Deren Länge passte sich meinem Wachstum an, sodass sie nicht ausgetauscht werden mussten. Nach der Operation war ein Spreizgips angelegt worden, und ich hatte höllische Schmerzen. Jede Bewegung tat weh. Genauso unangenehm war die Position, die mich die Ärzte hatten einnehmen lassen. Ich lag wochenlang nahezu bewegungsunfähig auf dem Rücken. Die Beine waren im 45-Grad-Winkel angewinkelt. Mein Kopf nahm jedoch nach einer Weile an, sie würden sich in ausgestreckter Lage befinden. Als der Gips dann endlich entfernt wurde, hatte sich nicht nur die Muskulatur zurückgebildet, sodass die Beine schlaff und nahezu reglos herabhingen. Hinzu kam das Gefühl, sie wären um 45 Grad nach hinten gebogen. Man kann es mit den ersten Tagen an Land vergleichen, nachdem man sich eine Weile auf einem Boot aufgehalten hat. Alles scheint zu schwanken. Dieses Gefühl hielt fast eine Woche an, bis der Körper sozusagen wieder geeicht war.

Seit dieser Operation habe ich große Narben, die oben vom Knie außen an den Oberschenkeln entlang bis zur Hüfte verlaufen. Obwohl die Wunden gut verheilt sind, sah man bis vor einigen Jahren die einzelnen Stiche. Die Narben sind ungefähr fingerbreit und der Grund, warum ich keine kurzen Hosen trage, wenn es warm ist. Henrik, der sich als Kind derselben Prozedur unterzogen hatte, hingegen schon. Ich staunte nicht schlecht, als ich ihn eines Sommers zum ersten Mal in Shorts sah. Sie gaben den Blick frei auf seine krummen Beine und Narben, die genauso aussahen wie meine. Meine Mutter hatte mir oft angeboten, mir kurze Hosen zu besorgen, doch ich lehnte es immer ab. Das eine oder andere Mal war es fast zum Streit gekommen. Doch am Ende sah meine Mutter ein, dass ich dem nie zustimmen würde.

«Du schließt also alle weiteren OPs für dich aus? In Ordnung. Krankengymnastik würde aber auch schon was bringen, wenn du nur nicht so faul ...»

«Ich hasse Krankengymnastik, allein das Wort. Ich bin nicht krank», unterbrach ich sie. Damit war auch das Thema abgeschlossen.

Insgeheim bewunderte ich Henrik, denn in meinen Augen hatte er alles, was ich mir wünschte: Freunde, die seine Behinderung offenbar nicht zu stören schien. Freunde, die ihn wegen seines Humors mochten und immer an seiner Seite waren. Sogar Mädchen suchten seine Nähe. Es ihnen gleichzutun, geschweige denn mich mit ihm auszutauschen, kam mir nun wirklich nicht in den Sinn.

Nur ein einziges Mal hatte meine Mutter gemeint, dass es wahrscheinlich gut für mich wäre, mit jemandem über meine Behinderung zu sprechen. Meine mangelnde Bereitschaft, mich diesbezüglich jemandem mitzuteilen, war vermutlich auch der Grund gewesen, warum ich nach den Bundesjugendspielen ein paarmal beim Schulpsychiater der Fläming-Grundschule war.

Herrn Ziebarth kannte ich bereits vom Sehen. Die Treffen fanden in seinem Büro statt, und als Typ Harley-Davidson-Fahrer, der aus dem übrigen Lehrpersonal herausstach, fand ich ihn faszinierend. Von daher war ich ihm gegenüber grundsätzlich aufgeschlossen. Er war sehr kräftig und zeigte mir zu Beginn unserer ersten persönlichen Begegnung Bilder von sich und seiner Harley. Er selbst kam in seiner Lederkluft ziemlich cool rüber. Anschließend zeichneten er und ich zusammen Bilder, in denen es um Ferien und Freundschaft gehen sollte, wofür wir Buntstifte verwendeten. Vorher hatte ich auch viel mit meinem Vater gemalt, der zweifellos mehr Talent besaß als ich. Er zeigte mir, wie man mit Aquarellfarben Landschaftsbilder aufs Papier bringen konnte.

Dann wollte der Psychiater wissen, wie es mir ging. Wahrscheinlich sollte das die Überleitung zu einem Gespräch sein, doch ich ließ ihn ins Leere laufen. Ein kurzes «Gut» war meine Antwort, und übergangslos erzählte ich ihm, mein Vater hätte versprochen, mir von seiner nächsten Südamerika-Reise eine Machete mitzubringen. Kurz danach war die «Sitzung» um, seitdem war ich gewarnt. Jedes Mal, wenn mich Herr Ziebarth in unserer Klasse abholte, stieg eine Wahnsinnsangst in mir auf. Denn ich sah den Tag kommen, an dem ich mit ihm über meine Behinderung sprechen sollte. Das wollte ich vermeiden, was mir bis zu meinem Übergang auf die weiterführende Schule auch gelang, indem ich sofort das Thema wechselte, sobald ich das Gefühl hatte, dass es darauf hinauslief. Ebenso schaffte ich es, sämtliche Dinge, die mich damals beschäftigten oder belasteten, außen vor zu lassen. Ich verstand es, Banalitäten und vermeintlich «sichere» Themen zu unserem Hauptgespräch zu machen.

Die allesamt gutgemeinten Versuche, mich zu einer Auseinandersetzung mit meiner Behinderung zu bewegen, haben meine Abwehrhaltung ihr gegenüber und deren Leugnungsversuche vermutlich noch verstärkt. Dabei wird meiner Mutter, dem Schulpsychiater und sicher noch dem einen oder anderen aus meinem Umfeld mit Sicherheit nicht entgangen sein, dass ich nicht immer glücklich und zufrieden war. Und ich kann mir vorstellen, dass es ihnen schwergefallen sein muss, meine Weigerung zu akzeptieren und nicht weiter in mich zu dringen.

Die Bundesjugendspiele waren eine Zäsur gewesen. Mit ihnen wurde offensichtlich, was sich das Jahr zuvor angedeutet hatte: Sport war nicht länger Spiel, sondern Wettkampf. Bis dahin hatte der gemeinsame Spaß an Bewegung im Vordergrund gestanden, nun konkurrierten meine Klassenkameraden um die besten Ergebnisse. Meine unvorhergesehene Teilnahme daran war wie ein Schock. Nun hatte ich die Gewissheit, aufgrund meiner Glasknochen anders zu sein als Olli und Jannis. Es war schlimm, zu erfahren, dass meine Behinderung sich nicht mehr egalisieren ließ, was in dem Moment klar wurde, als ich werfen musste. Auf mich wirkte der Nachweis darüber, drei Meter weit geworfen zu haben, wie eine Verlegenheitslösung. Es war einfach lächerlich, zumal ich niemanden hatte, mit dem ich mich hätte messen können. Ich war ja der Einzige in meiner Klasse, der im Rollstuhl saß. Henrik und die anderen mit Mobilitätseinschränkung gehörten einem anderen Jahrgang an. Und im Vergleich zu denen in meiner Klasse, die wie Jannis und Olli dreißig Meter und mehr warfen, hatte ich nicht mal den Hauch einer Chance. Warum hatte ich dennoch mitmachen müssen? Bis heute frage ich mich nach dem Sinn. Ich war ja nicht blöd, nicht mal mich als Werfer interessierte das Ergebnis, zumal es keine körperliche Ertüchtigung war, sondern nur Beschäftigung. Teilnehmen zu müssen war mir peinlich, nicht mehr. Und der Illusion, irgendwann der Supersportler zu werden, habe ich ja auch nie angehangen.

Damit will ich nicht sagen, dass Kinder mit Behinderung nicht in den Sportunterricht einbezogen werden sollten. Aber ein Wettkampf ohne ebenbürtigen Gegner ist kein Wettkampf und hat nichts mit Teilhabe zu tun.

In anderer Hinsicht war es den Lehrern an meiner Schule

hingegen sehr gut gelungen, mich einzubeziehen. Beispielsweise als den Sommer davor die Fahrradprüfung angestanden hatte. Zur Vorbereitung waren wir regelmäßig auf einen Übungsplatz in der Nähe gegangen. Auf dem Asphalt waren die üblichen Markierungen aufgezeichnet, es gab einen Kreisverkehr sowie Schilder. Und es gab «Autos», genauer gesagt Kettcars, in denen Friederike am Steuer und ich auf dem Beifahrersitz saßen. Während die Jungen und Mädchen aus meiner Klasse ihre eigenen Räder dabeihatten und einzeln den Parcours entlangfuhren, simulierten wir wie im echten Leben andere Verkehrsteilnehmer. Ich fand das super.

Es gab auch einen Schulgarten, wo wir Radieschen und Zucchini pflanzten. Meine waren immer die größten, weswegen ich sie «Tschernobyl-Zucchini» nannte. Dabei mag ich das Gemüse bis heute nicht, was meine Mutter nicht davon abhielt, es zuzubereiten, wenn ich sie zu Hause auf die Ernte in meinem Rucksack aufmerksam machte. Irgendwann kam sie auf die Idee, sie mir mit Hackfleisch unterzujubeln.

Oder als wir das *Dschungelbuch* aufführten. Im Rahmen einer Projektwoche sahen wir uns erst zusammen den gleichnamigen Zeichentrickfilm an, malten anschließend das Bühnenbild und bereiteten uns auf unsere Rollen vor. Olli war Mogli und Jannis Shir Khan, der Tiger. Auf meinen Wunsch hin war ich der Vorleser.

Ich denke, dass Aktivitäten wie diese mit dazu geführt haben, dass mich die Erkenntnis, mich aufgrund der Glasknochen von anderen zu unterscheiden, so überrascht und so getroffen hat. Wie in meiner Familie war ich an der Fläming-Grundschule, die seit ihrem Bestehen Modellcharakter hat, voll integriert. Dadurch muss bei mir der Eindruck entstanden sein, ich wäre wie die anderen und mir würde alles offenstehen. Plötzlich in einen Wettbewerb treten zu müssen, der keiner war, zu erkennen, dass es nicht meine Bühne war und anders zu sein, veränderte alles. Ich stellte nicht nur die Freundschaft zu Olli und Jannis in Frage, sondern lehnte meine Behinderung ab. Sie ließ sich nicht leugnen, und ich war derjenige, der sie sein Leben lang haben würde. So entschied ich, sie nicht auch noch zum Thema zu machen, über das ich mit anderen sprach.

Knick-knack

«**Hey, Raúl, benutzt du zum Waschen** eigentlich Glasreiniger?», meinte Peer im Vorbeigehen. Da war sie wieder, meine Behinderung. Peer war groß, blond und in seinem weißen Shirt und den Bermudashorts wie immer modisch gekleidet. Er gehörte zu den Sportlichen, spielte in seiner Freizeit Tennis und bewegte sich dementsprechend. Bei den Mädchen kam er gut an. Peer trug Hörgeräte und in unserer Klasse gab es eine Microportanlage, damit er im Bedarfsfall besser verstehen konnte, was die Lehrer oder ein Schüler sagte.

«Was ist denn das für eine bescheuerte Frage?», entgegnete Christian, der mit mir und ein paar anderen nach sechs Jahren Grundschule auf die Sophie-Scholl-Schule in Schöneberg gewechselt war.

Ich war völlig perplex. Peer grinste nur hämisch und verschwand in den Reihen hinter uns, ohne etwas zu erwidern. Christian und ich sahen uns an und verdrehten die Augen. Er war von ähnlicher Statur wie Jannis, nur dünner, trug eine Brille und war für jede Ablenkung zu haben.

Es war nur ein kurzer Moment, doch in mir kam hoch, was ich erfolgreich weggeschoben hatte. Meine Behinderung war bislang auf der weiterführenden Schule kein Problem gewesen. Im Vorfeld hatte ich mir Sorgen gemacht, dass die Neuen in meiner Klasse mich deswegen ablehnen könnten. Doch keine Spur davon. Niemand hatte wissen wollen, warum ich im Rollstuhl saß. Vielleicht hatte sich auch herumgesprochen, dass ich Glasknochen hatte.

Gab es denn nichts anderes, was Peer interessierte? Tennis bot sich als Einstieg in ein Gespräch nicht an, doch gerade weil wir uns noch nicht kannten, waren wir füreinander ein unbeschriebenes Blatt. Wir hätten uns über eine ganze Reihe von Dingen unterhalten können. Oder hatte er nur witzig sein wollen, so wie ich eine Phase hatte, in der ich den Klassenclown spielen wollte? Ich mochte gute Sprüche, fand seinen Gag aber alles andere als komisch. Peer gegenüber ließ ich es so stehen und dachte schließlich nicht weiter darüber nach. Auch Christian und ich gingen nicht noch einmal darauf ein – es sei denn, uns hatte jemand eine dumme Frage gestellt. Dann sahen wir uns an, nickten und meinten nur: «Ja, ja, Glasreiniger.» Peers Witz hatte mich nicht verletzt, ich fand ihn einfach nur dämlich. Näher kamen er und ich uns danach dann auch nicht.

Viel schlimmer war eine Begegnung kurz vorher in Lichterfelde gewesen. Meine Mutter und ich hatten eingekauft und wollten den Bus nach Hause nehmen. Uns blieben zehn Minuten, die sie nutzte, um noch schnell in der Apotheke Pflaster zu besorgen. Ich wartete auf sie an der Haltestelle.

Plötzlich gab es einen Schlag von hinten, der mich am Kopf traf. Dann sah ich, wie meine Mutter einem etwa neunjährigen Jungen hinterherrannte. Sie bekam ihn zu fassen, gab ihm eine Ohrfeige und fragte, was das sollte. Damit hatte der Junge nicht gerechnet, was seinem erstaunten Gesichtsausdruck anzusehen war. Ohne etwas zu erwidern, lief er davon.

Meine Mutter kehrte zurück, musterte mich und strich mir kurz über den Kopf. «Gott sei Dank ist dir nichts passiert. Der Schreck legt sich sicher bald.»

Das Ganze war innerhalb von Sekunden passiert. Im Bus fing ich an zu weinen, und dann kochte Wut in mir hoch. Eine Situation wie diese hatte ich noch nie erlebt. Ich fühlte mich hilflos und wehrlos, völlig auf mich allein gestellt. Wie gern wäre ich dem Jungen hinterhergelaufen und hätte ihm selbst eine reingehauen. Es gab nichts, das ich hätte tun können, außer laut schreien. In meinen Zorn mischte sich die Erkenntnis, dass ich Glück im Unglück hatte. Es hätte schlimmer ausgehen können. Wäre er von vorne auf mich zugekommen und hätte er mich mit derselben Wucht geschlagen, hätte er mir auch was brechen können.

Ich weinte, bis wir fast zu Hause waren. Als der Bus hielt, sagte meine Mutter: «Ich hätte den Jungen nicht hauen dürfen.» Mit dieser Bemerkung hatte sie nicht nur sich selbst überrascht. Denn bis dahin hatte ich meine Mutter als sehr besonnenen und überlegt handelnden Menschen erlebt.

An dem Tag sprachen wir nicht weiter über den Vorfall. Passiert war passiert. Das Gefühl von Hilflosigkeit machte sich bei mir bis zum Schlafengehen noch ein paarmal breit. Mir blieb nichts anderes übrig, als es hinzunehmen und zu hoffen, dass mich nie wieder jemand schlagen würde wie der Junge. Schon am nächsten Tag warteten meine Mutter und ich an derselben Haltestelle auf den Bus nach Hause.

Der Schulwechsel hatte überhaupt viele Veränderungen mit sich gebracht. Jannis und Olli gingen auf ein Gymnasium in der Nähe ihres Wohnorts, sodass wir uns höchstens am Wochenende sahen. Ich musste um sechs Uhr morgens aufstehen, da mich jetzt ein Fahrdienst zur Schule brachte. Das dauerte bis zu anderthalb Stunden, wenn noch andere Schüler mitgenommen wurden. Und auf dem Rückweg wurde ich oft als Letzter abgesetzt, sodass es meist früher Abend war, wenn ich zu Hause eintraf.

Schon bald kaufte ich mir ein kleines batteriebetriebenes Digitalradio, da ich keine Lust hatte, mich mit den Busfahrern zu unterhalten, die entweder Verkehrsfunk oder Schlager- und Oldie-Sender laufen hatten. Meine Mutter hatte eine Weile Radio Fritz gehört, ich selbst war dann bei diesem Sender hängengeblieben. Ich mochte die Moderatoren, die teilweise einen derben Humor hatten. Außerdem sprachen mich die tagesaktuellen Themen der Call-in-Sendungen an. Die Musik interessierte mich weniger.

Das Schulgebäude war riesig, jedes Stockwerk sah gleich aus, und im Vergleich zur Fläming-Grundschule mit dem braunen Teppich und der Kuschelecke machte es einen ungemütlichen Eindruck. Es gab aber dennoch den einen oder anderen Lieblingsort, und ein solcher war der sogenannte Fahrradkeller. Dieser Freizeitraum mit Sitzecken und Fotocollagen an den Wänden befand sich im Souterrain. «Fahrradkeller» wurde er genannt, weil man dort vor meiner Zeit Räder abgestellt hatte. Beaufsichtigt von Pädagogen, konnten wir in ihm Hausaufgaben machen, Gruppenarbeit aus dem Unterricht erledigen oder die Pause verbringen. Das war für mich eine ganz neue Erfahrung, denn an der Fläming-Grundschule durfte ich nicht auf den Schulhof.

Da dort getobt wurde, hätte ich mir etwas brechen können. Stattdessen blieb ich im Klassenzimmer, über einen wochenweise geregelten Pausendienst fanden sich immer Mitschüler, die gern mit mir malten.

Im «Fahrradkeller» spielte ich vor allem mit Pia Karten. Sie, die auch mit mir auf der Fläming-Schule gewesen war, hatte die Angewohnheit, auf dem Sofa im Schneidersitz eine entspannte Position einzunehmen und mit ihren blonden Locken zu spielen, wenn sie zuhörte. Manchmal war auch Christian dabei. Dass die beiden mit mir gewechselt hatten, erleichterte die Umstellung. Dadurch fehlten mir Olli und Jannis nicht so stark, wie ich vorher befürchtet hatte. Durch den umfangreichen Lehrplan und den langen Schultag hatte ich ohnehin weniger Zeit und war viel mit mir selbst beschäftigt.

In der Schule sah ich vor allem den Ort, wo ich meine Freunde traf. Und mit der Zeit lernte ich auch mehr Leute kennen. Als einer von mehreren Rollstuhlfahrern hatte ich einen Schlüssel für den Aufzug. Da das Schloss zu hoch war und ich nicht drankam, musste mich ein anderer Schüler begleiten, damit ich ihn nutzen konnte. Vom Fahrstuhl aus hatte man auf einem Stockwerk auch einen Zugang zur direkt angrenzenden Stadtbücherei. Eine Weile fanden wir es cool, sie außerhalb der Öffnungszeiten zu betreten. Etwas Verbotenes zu tun reichte als Anreiz. Aus dem Unterricht flog ich aber nur einmal, nachdem ich mit meinem Nachbarn gequatscht hatte. Für mich war das eine Art Erfolgserlebnis, denn mein Verhalten hatte dieselbe Bestrafung zur Folge wie bei allen anderen, die den Unterricht auf diese Art störten. Es gab keine Extrawurst wegen meiner Behinderung.

Mit meinen schulischen Leistungen bewegte ich mich nie

über das obere Mittelfeld hinaus. Manchmal stellte sich am Elternsprechtag heraus, dass ein Lehrer kein konkretes Bild von mir hatte. Er musste dann in seinem Heft nachschauen, wie ich in seinem Fach stand, denn ich war immer «unter seinem Radar». Irgendwann bezeichnete ich mich als «Betondrei», weil sich trotz guter Vorbereitung einfach nichts tat. Dass ich fächerübergreifend nicht über den Dreierbereich hinauskam, erklärte ich mir unter anderem mit der Vielzahl an Brüchen.

«Hallo, Raúl, da bist du ja. Ich hatte schon befürchtet, dich mit meinem Virus angesteckt zu haben», begrüßte mich eines Morgens Christian, der wegen einer Magen-Darm-Grippe zwei Tage nicht in der Schule gewesen war.

«Keine Sorge. Stattdessen habe ich das hier», sagte ich und drehte mich zu ihm, damit er die Schlinge sehen konnte, die ich um den Hals trug. «Ich bin gestern zu Hause geblieben, weil ich mir am Abend vorher den Arm gebrochen habe.»

«Was ist passiert? Tut es sehr weh?»

«Blöde Geschichte. Im Bus ist jemand auf mich draufgefallen, als der Fahrer abrupt bremsen musste.»

«Und dann?», hakte Christian nach.

«Es war ihm unangenehm, und der Typ hat sich tausendmal entschuldigt. Trotz der Schmerzen wurde es mir irgendwann peinlich, denn er konnte ja nichts dafür. Zu Hause hat meine Mutter dann meinen Arm verbunden, und ich habe meine übliche Dosis Ibuprofen und Paracetamol genommen.»

Schon vor Jahren waren meine Eltern dazu übergegangen, nicht mehr mit mir ins Krankenhaus zu fahren, wenn ich mir etwas gebrochen hatte. Röntgen war kaum erforderlich, da meist klar war, was kaputtgegangen war. Vielmehr bedeutete dieser Vorgang noch größeren Schmerz, da die betroffene Extremität dafür in eine bestimmte Position gebracht werden musste. Verstärkt wurde er durch meine Angst davor, weil ich dadurch verkrampfte. Meine Mutter hatte mir den Zusammenhang zwar oft erklärt, doch es half nichts. Und da meine Knochen so empfindlich sind, kann man keinen Gips anlegen, weil der zu schwer ist. Und nach einer Rippenfraktur kann man anders als bei einem gebrochenen Arm oder Bein keinen anbringen. Außenstehende bekamen nicht einmal mit, wenn sie in Mitleidenschaft gezogen worden waren. Als Ärztin war meine Mutter Expertin, die über reichlich Erfahrung verfügte; so war ich bestens versorgt. Mich ruhig halten und Schmerzmittel einnehmen konnte ich auch zu Hause. Waren mehrere Extremitäten oder war ein Bein gebrochen, fehlte ich natürlich in der Schule, und zwar mehr als einen Tag.

Ein anderer Grund, warum mich meine Eltern nach einem Bruch nicht mehr in die Klinik brachten, war meine Aversion gegen Krankenhäuser. Wahrscheinlich habe ich sie von Geburt an entwickelt. Dass ich Glasknochen habe, hatte sich bei der Entbindung herausgestellt. Die Ärzte in Lima waren unsicher. Einer riet meinen Eltern, mich in Watte zu packen, ein anderer empfahl, mich in Gips zu legen, und wieder jemand anderes ging davon aus, dass ich ohnehin nicht lange leben würde. Das war der Grund, warum meine Mutter Medizin studierte. (Sie hatte es aber auch unabhängig davon schon einmal in Erwägung gezogen.)

Ein knappes halbes Jahr war ich alt, als meine Eltern mit mir nach Deutschland gingen. Die Infrastruktur hier bedeutete eine bessere Versorgung als in Peru. Fast unmittelbar nach unserer Ankunft verabreichte mir ein Professor in Mainz, der zu Glasknochen forschte, ein spezielles Medikament, von dem meine Eltern sich Besserung erhofften. Vergebens.

An Krankenhäusern hasste ich den Geruch nach Desinfektionsmittel und Konvektomaten-, das heißt Mikrowellenessen, die kahlen Gänge mit den nichtssagenden Bildern an der Wand, das kalte Licht und die Hektik. Meiner Mutter gelang es immer, dass ich ein Einzelzimmer bekam, damit ich etwas Ruhe hatte. Angst machten mir die Visiten, denn ich befürchtete, dass mich einer der Ärzte oder das Pflegepersonal zu grob anfasste. Am schlimmsten war das Umbetten, wenn das Laken gewechselt wurde oder ich geröntgt werden musste. Da meine Mutter, die mich am besten kannte, eine Frau vom Fach war, erklärten sich die Ärzte glücklicherweise regelmäßig bereit, mich auf ihre Verantwortung frühzeitig zu entlassen, weil das ganze Umfeld für mich immer der reinste Stress war.

An eine Situation kann ich mich noch erinnern, bei der es erst aussah, als würde ich um einen Krankenhausaufenthalt herumkommen – aber dann entwickelt sich die Sache doch anders. Ich muss etwa vierzehn gewesen sein, als meine Mutter und ich ihre Freundin Gisela besuchten, die ihr erstes Kind zur Welt gebracht hatte. Der Sommer hatte gerade begonnen, und wir saßen zu dritt auf Giselas Balkon.

«Habt ihr wieder vor, in den Ferien mit deiner Schwester und ihrer Familie zu verreisen?», wollte sie von uns wissen.

«Genau, wir fahren zusammen zwei Wochen nach Holland ins Haus meiner Eltern», erzählte meine Mutter.

«Möchte noch jemand etwas trinken?», bot Gisela nun an und verschwand, ohne unsere Reaktion abzuwarten, in die Küche. In dem Augenblick schrie das Baby im Kinderzimmer.

«Ich schaue kurz nach, was los ist», meinte meine Mutter. Sie setzte mich vom Stuhl auf den Tisch, was sie oft tat, damit ich einen besseren Überblick hatte. Ich bin ja nur ca. einen Meter groß. Sie drehte sich um und machte drei Schritte Richtung Balkontür.

«Der Tisch kippelt», rief ich ihr nach. Weiter kam ich nicht. Während ich fiel, lief vor meinem inneren Auge der Film ab, der immer abläuft, wenn ich mir etwas breche. Ich sah, wie mein Vater mir am Computer ein neues Spiel zeigt, wie mein Cousin Jan und ich uns am Strand von Bahía Solano verrückte Geschichten ausdenken, Jannis, Olli, Hans-Jürgen und mich Jahre zuvor bei einem Zoobesuch und wie meine Mutter Pia und mir ein neues Kartenspiel beibringt. Jetzt soll noch nicht Schluss sein. Ich habe in meinem Leben noch so viel vor, schoss mir durch den Kopf, bevor ich auf dem Boden aufschlug. Dort blieb ich wie benebelt liegen.

«Raúl!», hörte ich meine Mutter entsetzt rufen. Sie kniete neben mir nieder und strich mir vorsichtig durchs Haar. «Was tut dir weh?», wollte sie als Erstes wissen. «Ist es schlimm?»

Das war es, doch ich konnte ihr keine Antwort geben, da ich aufgrund des Schocks nichts fühlte.

Gleich darauf erschien Gisela, die den Aufschrei meiner Mutter in der Küche vernommen hatte.

«Was ist passiert?», fragte sie erschrocken.

«Raúl ist vom Tisch gefallen. Ich habe nicht aufgepasst»,

sagte meine Mutter in ruhigem Ton. Dann wollte sie erneut von mir wissen: «Was ist gebrochen?»

«Ich weiß es noch nicht», sagte ich. «Bring mich hier weg, ich möchte nach Hause!»

Während meine Mutter und Gisela überlegten, wie sie mich am besten transportieren konnten, spürte ich an Armen und einem meiner Beine einen Druck, der sich nach einem Bruch als Erstes einstellt. Ich musste versucht haben, den Sturz mit den Armen aufzufangen, was ich in ähnlichen Situationen noch nie gemacht hatte. Hinzu kam das übliche Herzrasen, als meine Mutter kurz in die Wohnung verschwand und mit einer Babytragetasche auf den Balkon zurückkehrte.

«So, Raúl, ich bin ganz vorsichtig. Gisela leiht uns die Tasche und hat noch ein Kissen und eine Decke für dich, damit du während der Fahrt gut darin liegst. Sie wird mir helfen, wenn ich dich dort hineinlege. Bist du bereit?»

«Ja. Bitte vorsichtig.» Dann schloss ich kurz meine Augen. Behutsam und ohne zu zögern schob meine Mutter einen Arm unter meinen Oberkörper, mit der freien Hand fasste sie mich am Becken, um mich umzudrehen, denn ich war vornüber auf dem Boden des Balkons gelandet. Dann hob sie mich hoch, wobei ihr Oberarm meinen Kopf stützte, und Gisela schob die Tasche unter mich. Zusammen stopften sie die Decke gut um mich, um den durch die bevorstehenden Erschütterungen verursachten Schmerz so gering wie möglich zu halten. Das war schon mal geschafft.

Der Schmerz setzte ein, nachdem meine Mutter mich in der gut ausstaffierten Babytragetasche auf der Rückbank des Autos abgestellt hatte. Er ging bis ins Mark. Ich konnte nichts tun. Mein ganzer Körper fühlte sich an, als würde er innerlich von stumpfen Rohren durchbohrt. Ein Gefühl wie bei Seitenstichen, die ich vom Schwimmen her kannte, nur um ein Vielfaches schlimmer. Ich fing an zu weinen, sodass meine Mutter noch einen Moment wartete, bis sie das Auto anließ.

«Ich möchte nach Hause, ganz schnell!», rief ich unter Tränen, als sie die Kupplung langsam kommen ließ. Unsere Wohnung war in dem Moment mein Sehnsuchtsort, den ich so schnell wie möglich erreichen wollte. Danach hörte ich, wie meine Mutter die Handbremse löste.

«Au, es tut so weh!», entfuhr es mir, als sie langsam ausparkte.

«Entschuldige, Raúl, es wird bald besser. Ich werde so vorsichtig wie möglich fahren.»

«Oh Gott, es tut so weh … Kann uns niemand nach Hause beamen?»

In Berlin dauert es immer mindestens eine halbe Stunde, um irgendwohin zu kommen, auch wenn die Strecke nicht weit ist. Doch diesmal hatte ich das Gefühl, Jahre unterwegs zu sein. Bei jeder kleinen Unebenheit durchzuckte mich ein höllischer Schmerz.

«So ein Mist, so ein Mist, so ein Mist», hörte ich meine Mutter sagen. Kurz darauf fing auch sie leise zu weinen an. Erst war sie gefasst, dann folgten der Ärger und schließlich die Tränen, aber immer nur für einen kurzen Augenblick. Diese Reihenfolge hatte ich bei meiner Mutter nie anders erlebt.

«An der nächsten Kreuzung müssen wir halten, die Ampel ist rot», bereitete sie mich auf die nächste Erschütterung vor.

Wann würden wir endlich da sein? Und musste ausgerechnet heute auf den Straßen so viel Verkehr sein?

Zu Hause angekommen, war meine Mutter wieder ganz gefasst. Sie brachte mich ins Wohnzimmer, weil es der angenehmste Raum war. Dort hatte sie selbst Teppich verlegt, weil der in der auf rollstuhlfahrende Menschen zugeschnittenen Wohnung glatte PVC-Boden kalt und ungemütlich war. Auch wenn er auf dem Untergrund schlecht hielt und ständig Falten warf, waren wir am liebsten im Wohnzimmer, wo es außerdem am meisten Platz gab.

«Wo tut es weh?», fragte sie wieder.

«Überall. Mein ganzer Körper, Arme, Beine, alles», gab ich zur Antwort.

Meine Mutter ließ mich kurz allein und brachte nach und nach Mullbinden, eine Schale mit Wasser für den Zinkleimverband, eine Schere, Stiefmütter – die mit weißem Gummiband verbundenen Klammern – und Tape zum Befestigen. Griffbereit legte sie alles neben die Tragetasche. Als Erstes gab sie mir mit einem Glas Wasser ein Schmerzmittel, denn es dauerte, bis es wirkte. Dann machte sie sich ans Verbinden.

In all den Jahren hatten wir viel experimentiert. Gelenke sparten wir dabei grundsätzlich aus, damit ich mich, wenn möglich, zumindest ein bisschen bewegen konnte. Obwohl von Gips wegen seines Gewichts abgeraten worden war, hatten wir mal versucht, ihn zu verwenden. Schnell erwies er sich als Sauerei und ihn anzulegen als unpraktisch, vor allem, wenn man unterwegs war und ich mir etwas brach. Das passierte damals etwa dreimal im Jahr. Auch die von der Gesellschaft für Osteogenesis imperfecta – der Verband für Menschen mit Glasknochen und ihre Angehörigen, wo wir Cleo und ihre Mutter kennengelernt hatten – vorgeschlagenen Schienen hatten wir ausprobiert. Die formbaren Alu-Stäbe pikten jedoch zu sehr, während die aus Plastik beim

Anlegen große Schmerzen verursachten, obwohl wir sie, wie empfohlen, vorher in heißes Wasser gelegt hatten.

«Gut, ich fange mit den Armen an», bereitete meine Mutter mich vor. Vorsichtig nahm sie meinen linken Arm, schob den Ärmel des T-Shirts hoch und strich erst mal nur darüber, was schon Schmerzen verursachte. «Der Oberarmknochen ist gebrochen», stellte sie fest.

Da ich meinen Oberkörper nicht aufrichten konnte – mehrere Rippen mussten durch den Aufprall gebrochen sein –, konnte ich meinen Arm fürs Verbinden nicht abwinkeln. Also platzierte ihn meine Mutter mit dem Ellenbogen auf dem Rand der Tragetasche, um ihn zunächst mit Mullbinde zu umwickeln, zwei Handbreit groß. Normalerweise stützte ich mich dabei auf, um ausreichend Platz und Bewegungsfreiheit zu haben, das war heute aber nicht möglich.

«Bitte fest, ja?», bat ich.

Die ersten Tage nach einem Bruch sind die schlimmsten. Bei der kleinsten Bewegung reibt der gebrochene Knochen aneinander, und die Knochenhaut schmerzt. Von einem eng angelegten Verband versprach ich mir Halt, was eher eine Kopfsache war. Als Nächstes trug meine Mutter eine Schicht Zinkleimverband auf, der braun ist und einen komischen Eigengeruch hat. Zuletzt folgte wieder Mullbinde, deren Ende mit Stiefmüttern befestigt wurde.

«So, jetzt die andere Seite.»

Ich schrie auf, als meine Mutter prüfte, wo genau der rechte Arm gebrochen war.

«Entschuldige. Doch so, wie es sich anfühlt, hast du hier nur einen der Unterarmknochen gebrochen. Das ist gut. So kann der heil gebliebene Knochen dem gebrochenen Halt geben. Schlimm wäre, wenn beide gebrochen wären.»

Die Nachricht beruhigte mich. «Bitte auch fest, ja?»

«Ja, Raúl, ich weiß. Noch fester geht aber nicht, deine Hand soll schließlich durchblutet werden», erklärte sie mir.

Erstes Aufatmen. Blieb nur noch das Bein, das bandagiert werden musste.

«Aua, aua, du bist so grob! Kann Papa nicht weitermachen? Es tut so weh», schrie ich, als sie anfing, mein Bein zu bandagieren. Obwohl meine Eltern getrennt lebten, kam mein Vater immer, wenn ich mir etwas gebrochen hatte.

«Papa ist unterwegs, Gisela hat ihn sofort angerufen, als wir losfuhren. Du musst da jetzt leider durch. Und je schneller ich es mache, umso schneller hört auch der Schmerz auf. Wirklich, bald hast du es geschafft.»

Normalerweise drückte ich beim Anlegen eines Verbands mit einer Hand einen Unterarm meiner Mutter, um ihr zu zeigen, wie nah sie meiner Grenze des Erträglichen gekommen war. Das ging dieses Mal nicht, da beide Arme gebrochen waren. Ebenso unmöglich war es, für das Bandagieren des Beins meine Hose auszuziehen, weil mir alles weh tat und ich mich nicht rühren konnte. Meine Mutter griff zur Schere und schnitt das entsprechende Hosenbein oberhalb des Knies einfach ab. Die Prozedur wurde dadurch erschwert, dass ich mein Bein beim Verbinden anheben musste, damit es umwickelt werden konnte. Das war wahnsinnig anstrengend und extrem schmerzhaft. Ich weiß nicht, wie oft meine Mutter mir zuredete, noch einmal zu versuchen, das Bein nur ein paar Zentimeter oberhalb der Unterlage zu halten.

Zwischenzeitlich war mein Vater erschienen, der beruhigend auf mich einredete. Es tat gut, ihn bei mir zu haben.

«Versuch ein bisschen zu schlafen, Raúl», sagte er, als

meine Mutter fertig und damit beschäftigt war, die Sachen im Bad zu verstauen.

Die Arme und das Bein pochten. Mein Vater strich mir vorsichtig über den Kopf. Ich war zwar fast aus dem Alter raus, wo Eltern ihren Kindern den Kopf streichelten. Mich beruhigte es immer sehr.

«Ich habe Angst einzuschlafen», gestand ich.

Genauer gesagt bereitete mir das damit verbundene Aufwachen durch akuten Schmerz, ausgelöst aufgrund einer ungewollten Bewegung, Sorgen. Von daher war es in solchen Fällen seit jeher mein größter Wunsch, entweder gleich tief und fest zu schlafen und bis zum nächsten Morgen nicht mehr wach zu werden. Oder ich habe versucht, den Moment des Einschlafens so lange wie möglich hinauszuzögern. Auf diese Angst führe ich auch die Angewohnheit zurück, beispielsweise einen gebrochenen Arm durch vorsichtiges Festhalten in einer weniger schmerzhaften Position zu belassen. Beim Einschlafen entspannt sich jedoch die Muskulatur, sodass ich in der ersten Woche, nachdem ich mir etwas gebrochen habe, häufig aufwache. In der ersten Zeit verkrampft sich fast die gesamte Muskulatur, weil ich jede unnötige Bewegung vermeiden möchte, um nicht noch mehr Schmerzen zu haben.

«Schlaf würde dir guttun. Möchtest, du, dass ich dir noch ein bisschen vorlese?», fragte meine Mutter, die mit einem Glas Wasser zurückgekehrt war. Mein Vater stand währenddessen auf, um den Raum etwas abzudunkeln. Leider musste er danach gehen, da er zu arbeiten hatte.

Die Frage meiner Mutter beantwortete ich mit einem knappen Nicken. Sie holte ein Buch, und ich versuchte, mich auf die Geschichte zu konzentrieren, die sie mir vorlas. Früher hatte sie mir an dieser Stelle den Rat gegeben, mir vorzustellen, den Schmerz in eine Kiste zu sperren, damit er erträglicher wird. Das hatte ich nie verstanden. Viel lieber hätte ich ihn für immer ins All geschickt, denn das machte aus meiner damaligen Sicht mehr Sinn.

«Hörst du das auch?», wollte ich am nächsten Morgen von meiner Mutter wissen, als sie ins Wohnzimmer trat, um nach mir zu sehen. Ich hatte unruhig geschlafen und war bereits wach.

«Meinst du das Radio in der Küche?», fragte sie nach.

«Nein, die Geräusche in der Wohnung über uns.»

Meine Mutter schaute mich an. «Ich höre nichts, um die Zeit ist auch niemand mehr da.»

«Doch, da läuft jemand mit Stöckelschuhen rum», versuchte ich, ihr das Geräusch, das ich vernahm, näher zu beschreiben.

«Nein, Raúl, bei den Nachbarn ist alles ruhig.»

«Kannst du bitte hochgehen und nachschauen?»

In meiner Erinnerung verließ meine Mutter tatsächlich die Wohnung und klingelte oben, um mir hinterher zu berichten, dass ich mich wohl getäuscht hätte. Niemand hätte auf ihr Klingeln hin die Tür geöffnet. Erneut versicherte ich ihr, dass ich jemanden in Stöckelschuhen durch die Wohnung gehen hören würde.

«Okay, ich glaube, wir fahren besser ins Krankenhaus und lassen dich durchchecken», meinte sie daraufhin.

Die Untersuchung in der Klinik ergab: Beim Sturz musste ich auch auf den Kopf gefallen sein, denn man hatte bei mir Gehirnblutungen festgestellt. Das erklärte neben den Geräuschen, die ich hörte, auch den Druck am Anfang, den ich meiner Mutter gegenüber nicht erwähnt hatte. Nach dem Gespräch mit dem behandelnden Arzt kamen meine Mutter und mein Vater in mein Zimmer. Er streichelte mir wieder über die Schulter.

«Hallo, Papa», sagte ich. Seine Augen blickten ernst, während er sich auf meine Bettkante setzte.

«Uns bieten sich zwei Möglichkeiten», eröffnete mir meine Mutter. «Durch die Blutung ist ein Hämatom entstanden, das operativ entfernt werden kann. Damit ist jedoch ein gewisses Risiko verbunden.»

«Was für ein Risiko?», hakte ich nach.

«Dein Kopf müsste geöffnet werden, was kompliziert und grundsätzlich gefährlich ist. Und um dich operieren zu können, müsstest du betäubt werden. Das ist für den Organismus immer eine Belastung», erklärte sie.

«Und was ist die Alternative?», wollte mein Vater wissen.

«Das Hämatom in Raúls Kopf zu belassen. Die Ärzte können aber nicht ausschließen, dass es zu späteren Beeinträchtigungen kommt.»

Gemeinsam wogen wir das Für und Wider ab.

«Was denkst du, Raúl?», fragte meine Mutter irgendwann.

Ich überlegte einen Moment. «Schiefgehen kann immer etwas. Die Ärzte haben das schon ein paarmal gemacht, oder? Aber sie können nicht sagen, welche Folgen es hat, wenn sie nicht operieren.»

Meine Mutter sah mich ruhig an. «Eine Garantie gibt es nie, auch nicht bei Routineoperationen», sagte sie.

Mein Vater nickte.

Gemeinsam entschieden wir uns für den Eingriff, denn das schien uns das geringere Risiko zu sein, zumal die Zahlen dafür sprachen, dass er erfolgreich sein würde.

Ich fand es gut, dass mir alles erklärt wurde und meine Eltern nicht einfach über meinen Kopf hinweg entschieden hatten. Dann ging alles sehr schnell, und noch am selben Abend wurden die ersten Vorbereitungen getroffen. Eine Schwester rasierte mir vorsichtig den Kopf, und ich musste für die OP nüchtern bleiben. Meine Mutter blieb die Nacht über bei mir im Krankenhaus.

Aus meinem Kopf ragte, als ich wieder aus der Narkose erwachte, ein Schlauch, und die Nachtschwester erklärte, dass ich mir bei zu großem Schmerz die Menge an Morphin selbst verabreichen könnte, die ich bräuchte. Links von meinem Bett stand ein Tropf, und über einen Zugang in meinem linken Arm gelangte das Schmerzmittel in meinen Körper. Heute würde ich mich entsprechend bedienen, doch damals hatte ich Angst, etwas falsch zu machen oder gar abhängig davon zu werden. Ohnehin wollte ich immer von meiner Mutter wissen, wie die ganzen Paracetamol-Tabletten sich auswirkten, die ich nach einem Bruch einnahm. Was die anging, achtete sie als Ärztin auf eine angemessene Dosierung, damit meine Leber nicht unnötigen Schaden nahm.

Nach etwa einer guten Woche – der Schmerz und die damit einhergehende Angst hatten nachgelassen – setzte die übliche Langeweile ein. Natürlich kamen meine Eltern, sooft es ihnen möglich war, zu Besuch, um mir vorzulesen oder mit mir Fernsehen zu gucken. Auch an meinen Gameboy und an Kartenspiele hatten sie gedacht; ich konnte diese Dinge jedoch nicht benutzen, weil ich mich komplett ruhig halten musste. Außerdem musste ich dafür sitzen können, was für jemanden wie mich, der weder stehen noch laufen kann, ein großer Rückgewinn seiner Bewegungsfreiheit ist. Ich war davon allerdings noch weit entfernt. Wenn ich allein war, hörte ich viel Radio, auch Kassetten, doch vor allem Radio.

Eines Nachmittags klopfte es zu einer ungewöhnlichen Uhrzeit. Meine Mutter hatte mir gerade aus der *Berliner Zeitung* vorgelesen, wir schauten uns verwundert an. Ich rechnete mit niemandem, und sie hatte nichts in der Richtung erwähnt. Auf einmal ging die Tür auf, und mein Cousin Jan und seine Familie schauten vorbei, um sich von uns zu verabschieden. Jan, ein knappes Jahr jünger als ich, war für mich damals schon wie ein Bruder. Obwohl er in Hildesheim wohnte, wuchsen wir quasi zusammen auf. Die Schulferien, viele Wochenenden sowie Weihnachten und Ostern, die wir mit der gesamten Familie im Haus unserer Großeltern in Holland feierten, verbrachten wir immer gemeinsam. Aus diesem Urlaub wurde aber nun nichts. Das war traurig, denn mit Jan hatte ich immer viel Spaß. Am Ende überwog jedoch die Freude über den Besuch.

Pia war diejenige von meinen Freunden gewesen, die mich schon nach meiner Oberschenkeloperation häufig und teilweise über mehrere Stunden im Krankenhaus besucht hatte.

«Hey, Pia, wie läuft's in der Schule?», begrüßte ich sie.

«Ganz gut. Aber es gibt viel zu lernen.» Pia schob einen der beiden Stühle näher an mein Bett und machte es sich darauf bequem.

«Sollen wir erst Mathe machen, und wir erzählen hinterher?», fragte sie.

Spätestens wenn ich mehr als drei Tage in der Schule fehlte, übte sie, meine Mutter und manchmal auch andere aus meiner Klasse mit mir für die unterschiedlichen Fächer. Dabei war es egal, ob ich zu Hause war oder im Krankenhaus lag. Während sie mich das fragte, spielte sie mit einer ihrer Haarsträhnen, die lose in ihr Gesicht fielen. Ich konnte noch nie warten, also bat ich Pia zu erzählen, was in unserer Klasse abging.

Es dauerte sechs Wochen, bis ich nach der Kopf-OP aus der Klinik entlassen wurde – die Oberschenkeloperation ausgenommen, war es der längste Aufenthalt. Danach konnte ich für weitere anderthalb Monate nicht wirklich das Haus verlassen. Stattdessen klingelten an unserer Wohnungstür: Jannis, Olli, Christian und Pia sowie andere Freunde und Mitschüler. Das hieß Abwechslung. Nach einem Bruch reduziert sich zwar erst einmal alles, sprich, ich trinke und esse weniger, gehe seltener zur Toilette, auch sehne ich den ersten Verbandswechsel und die damit verbundene Dusche herbei. Das ist die größte Wohltat und trotz der Schmerzen regelrecht erholsam. Ich werde demütig und freue mich über Kleinigkeiten wie einen Wechsel der Perspektive. Als Kind ermöglichte es mir eine Art Schale, die mein Vater auf einem Trödelmarkt erstanden hatte. Man konnte sie an zwei Griffen gut tragen, sodass ich darin halb sitzend, halb liegend beispielsweise meiner Mutter beim Kochen zusehen konnte. Nachdem ich dafür zu groß war, musste ich warten, bis der Schmerz einen Positions- oder Raumwechsel zuließ.

Während Glasknochen und Brüche unweigerlich miteinander zusammenhängen, versuchte ich, sie und meine Behinderung zu meinem Vorteil zu nutzen.

«Raúl, trägst du uns bitte vor, was du geschrieben hast?», bat mich die Englischlehrerin nach meiner langen Abwesenheit, nachdem sie unsere Hefte ausgeteilt hatte. Als «Betondrei» hatte ich für meinen Aufsatz die erste Eins meines Lebens bekommen. Ich war stolz wie Bolle und gerade dabei, ihren Kommentar zu lesen, der unter meiner Arbeit stand. Die Blicke meiner Klasse richteten sich erwartungsvoll auf mich.

Oh Gott, ich muss vorlesen, schoss mir durch den Kopf. Was mache ich jetzt? Panik erfasste mich.

«Ich?», vergewisserte ich mich, um noch ein bisschen Zeit zu gewinnen, denn in meiner Klasse hieß nur einer Raúl. Ich.

«Ja. Es gab zwar mehrere Einsen, doch dein Aufsatz ist der beste von allen. Von daher musst du heute vorlesen.»

Puh. Es gab kein Entrinnen. Ich räusperte mich, dann begann ich mit meinem Brief:

Dear David,
my name is Raúl and I live in Berlin. How are you? I sit in
a wheelchair, because I can't walk. So the other boys and
girls from my class play football without me. They play in
front of my house every day. I see them from my window
and I'm always sad when they play football. Nobody wants
to play with me. Do you have many friends? ...

Als ich geendet hatte, herrschte Stille. Meine Englischlehrerin kämpfte mit den Tränen, und meine Mitschülerinnen und Mitschüler hatte es vor Überraschung die Sprache verschlagen.

«Aber das stimmt doch alles gar nicht», ergriff Sebastian als Erster das Wort.

Die Lehrerin legte den Kopf schief. «Das zu schreiben war sehr mutig von Raúl», sagte sie, ohne auf Sebastians Einwurf einzugehen.

«Er hat gelogen, die ganze Geschichte ist ausgedacht!»,
rief nun auch Christian, der es mit am besten wusste.

«Raúl, was meinst du dazu?», wandte sich die Lehrerin
schließlich an mich.

Ich stotterte vor mich hin und wollte am liebsten vor
Scham im Boden versinken.

«Du behauptest, du hättest keine Freunde. Das stimmt
doch gar nicht! Es ist ungerecht, dass er dafür eine gute Note
erhalten hat, weil es die Unwahrheit ist», setzte Christian
nach.

Diesen Aspekt wie auch die Tatsache, möglicherweise
als Klassenbester vorlesen zu müssen, hatte ich in meinen
Vorüberlegungen nicht berücksichtigt. Denn als uns unsere Lehrerin mitteilte, das Thema der nächsten Arbeit wäre
ein Brief an einen imaginären Freund, sah ich meine Chance
gekommen, endlich eine bessere Note zu erhalten, nicht nur
die ewige Drei.

Unsere Englischlehrerin war nämlich sehr nah am Wasser gebaut, nahezu jede zweite Stunde brach sie in Tränen
aus. Nachdem wir das einmal herausgefunden hatten, legten
wir es irgendwann darauf an. So auch ich, indem ich im Brief
behauptete, ein total trauriges Leben zu führen, und aus-
führlich beschrieb, wie wenige Freunde ich hätte, dass sich
keiner für mich interessieren würde und wie einsam und
allein ich oft wäre. Dem imaginären David teilte ich weiter
mit, wie gern ich doch mit den anderen Fußball spielen würde, es aufgrund meiner Behinderung aber nicht könnte. Von
meinem Fenster aus hätte ich einen direkten Blick auf die
Straße, wo meine Klassenkameraden jeden Nachmittag vor
dem Haus kickten.

Neben der Note hatte die Lehrerin unter den Aufsatz geschrieben, wie toll sie es fände, dass ich so offen gewesen wäre. Ich hätte Mut bewiesen, einen so tiefen Einblick zu gewähren und zu meiner Einsamkeit zu stehen. Sie wäre stolz auf mich, und ich könnte jederzeit zu ihr kommen, wenn ich möchte.

Vom Protest meiner Mitschüler nahm sie letztlich nichts an. Ihnen war es hauptsächlich darum gegangen, dass ich einen auf Mitleid gemacht hatte. Doch nicht nur meine Freunde waren sauer, auch meine Mutter. Als ich ihr am Abend stolz und zugleich verschämt die Arbeit zeigte, sagte sie nur: «Mach das nie wieder.»

Da ich meine Freunde kannte, hatte mich ihre Reaktion nicht überrascht. Dass meine Mutter darüber verärgert war, hätte ich ebenso absehen können. Ins eigene Fleisch geschnitten hatte ich mir, indem ich, wie gesagt, nicht bedacht hatte, eventuell vorlesen zu müssen. Sonst wäre das Ganze ja nie herausgekommen. Ich hatte das Schicksal herausgefordert und erhielt dafür die Quittung. Am Ende war es nicht nur die einzige Eins in meiner gesamten Schullaufbahn, sondern auch das einzige Mal, dass ich bewusst andere hinterging. Mein Plan war aufgegangen, doch die Menschen, die mir wichtiger waren als eine gute Note, fühlten sich zu Recht getäuscht. Das Ganze war mir sehr unangenehm, und ich war froh, dass sich die Sache schnell erledigt hatte.

Dass ich meine Behinderung in den Mittelpunkt stellte, bedeutete jedoch nicht, dass sich mein Umgang mit ihr veränderte. Ich würde mein damaliges Verhalten mit dem eines Kindes vergleichen, das seinen vermeintlich unschuldigen Charme einsetzt, um so viel Süßigkeiten zu erhalten, wie es gern hätte. An meinem Unwillen, über meine Behinderung zu sprechen, änderte sich nach meiner Eins in Englisch nichts, zumal ich nun ein Alter erreicht hatte, in dem Äußerlichkeiten eine zunehmende Rolle spielten und es Menschen wie Peer schlicht und ergreifend im Leben leichter hatten.

Dachdecker kannst du auch nicht werden

«Habt ihr alle unterschrieben?», fragte Jonas.

Clara, ein Mädchen aus unserer Klasse, hatte uns zu ihrem dreizehnten Geburtstag eingeladen, und jemand hatte einen CD-Gutschein für sie besorgt.

Als wir vom Unterschreiben im Flur zurück in Claras Zimmer kamen, brannte nur noch eine Lichterkette mit kleinen bunten Lampions an der Pinnwand, und es lief Musik. Verwundert blickte ich mich um. Die ganze Feier war schon nicht nach dem üblichen Muster aus Kuchenessen und irgendwelchen Spielen abgelaufen. Stattdessen hatten Clara und ihre Mutter auf dem Schreibtisch eine Art Buffet aufgebaut, mit Muffins, Marmorkuchen, Fleischbällchen, Chips usw. Drumherum lag allerhand Deko – Luftschlangen, Glitzer-Konfetti und die für Mädchen typischen Herzchen aus Glas.

Jonas, der die Neigung hatte, undeutlich zu sprechen, überreichte Clara den Umschlag mit dem Gutschein, den sie ungeduldig öffnete. Dabei fiel ihr langes rotblondes Haar immer wieder in ihr Gesicht, das übersät war mit Sommer-sprossen. Sie strahlte, als sie ihn sah, und bedankte sich bei allen mit einer Umarmung. Mir gab sie nur die Hand.

Ich fühlte mich etwas verloren und war froh über Jonas' Vorschlag, sich aufs Sofa zu setzen. Die Musik wurde lauter, und auf einmal lief «Kiss From A Rose» von Seal, was so gar nicht mein Fall war.

«Clara muss das neue Kuschelrock-Album haben», bemerkte Jonas.

Die ersten Mädchen fingen an zu tanzen, und es wurde viel gekichert und getuschelt. Ein paar von ihnen hatten sich zurechtgemacht. Nach und nach bildeten sich vereinzelt Pärchen, die nicht viel anderes taten, als ihr Gewicht von einem auf das andere Bein zu verlagern. Manche wirkten etwas unbeholfen und verlegen. Clara hatte ihre Hände im Nacken eines Jungen verschränkt, den ich nicht kannte. Seine Hände ruhten auf ihrer Hüfte. Auch Mädchen bildeten Paare, da sie in der Mehrzahl waren und außer Jonas und mir noch andere Jungen keine Anstalten machten, sie aufzufordern. Ab und zu kam Claras Mutter rein, um zu gucken, ob wir noch gut versorgt waren. Diskret zog sie sich zurück, sobald Clara ihr leicht genervt zu verstehen gab, dass kein Bedarf bestand. Ihr schienen diese Unterbrechungen peinlich zu sein.

Es war ein komischer Abend gewesen. Ich hatte mich zwar die ganze Zeit mit Jonas unterhalten, mich dabei aber nicht wohl gefühlt. Warum hatte Clara mich nicht umarmt?

Nach der zweiten, dritten Einladung, die ähnlich verliefen, ging ich dazu über, meine Mutter oder meinen Vater anzurufen, damit sie mich früher abholten. Mit der Begründung, ich wäre müde. Während der Feiern hielt ich mich grundsätzlich am Rand auf. Es gab immer jemanden zum Reden, aber mit der Zeit langweilte ich mich. Ich konnte mit den Kuschelpartys nichts anfangen. Mich hatte bis dahin kein Mädchen zum Tanzen aufgefordert, umgekehrt war ich auf niemanden zugegangen. Wie auch? Ich hatte keine Ahnung, wie wir miteinander hätten tanzen können. Ich saß im Rollstuhl und war kleiner als die anderen.

Etwa gegen Ende der siebten Klasse bildeten sich die ersten Pärchen. Jungs und Mädels, die meist nur für kurze Zeit miteinander «gingen». Sie saßen dann bei diesen Anlässen kuschelnd auf Matratzen und Sofas, Kopf an Schulter, oder sie hielten Händchen. Das Tanzen hatte ich für mich abgehakt. Selber ein Mädchen im Arm zu halten, ihre Nähe, ihre Wärme zu spüren – das hätte ich gern gehabt. Ich stellte es mir aber nie konkret vor, weil es niemanden gab. Der Wunsch, mit den anderen diese Erfahrung zu teilen, wurde hingegen immer größer. Wegen meiner Behinderung entsprach ich jedoch nicht dem Beuteschema. Der Gedanke, dass kein Mädchen mit mir kuscheln wollte, machte mich traurig, und ich fühlte mich von Feier zu Feier einsamer. (Eigentlich war mein imaginärer Brief an David doch nicht ganz falsch gewesen, nur dass es hier nicht um Fußball ging.) Hinterher schlief ich mit der Frage ein, ob sich das jemals ändern würde.

Die nächste Party sollte bei Anna steigen, einem Mädchen aus meiner Klasse, mit dem ich bis dahin nicht so viel zu tun gehabt hatte. Von Pia und Christian wusste ich, dass sie eingeladen waren. Mich hatte Anna nicht gefragt.

«Na, Anna, wie läuft's?», sprach ich sie zwei Tage vor der Party nach der Pause an.

«Hey, Raúl, alles prima. Und bei dir?», wollte sie wissen.

«Gut. Was machen die Vorbereitungen für Samstag?», erkundigte ich mich.

«Ich bin noch mittendrin. Dann die Deutscharbeit nächste Woche ... du weißt ja.»

«Ich wollt fragen, ob ich auch kommen kann», murmelte ich. Geschafft, raus war es. Kurzes Schweigen.

«Ja klar, kein Thema. Ich hab einfach vergessen, dich zu fragen. Tut mir leid», beeilte sich Anna zu sagen.

«Ist schon okay, passiert halt. Wann geht es los?»

«Gegen acht.»

Lange hatte ich darüber nachgedacht, Anna zu bitten, auch kommen zu dürfen. Ich hatte mit mir gekämpft, und der Schritt hatte mich Überwindung gekostet. Denn es war mir nicht nur unangenehm, Anna direkt zu fragen. Ich konnte überhaupt nicht einschätzen, wie sie auf mein Anliegen reagieren würde. Wichtiger war gewesen, bei einem Event dabei zu sein, wo meine Freunde hingingen. Anders als das Fest selbst waren sie der eigentliche Anlass.

Danach änderte ich meine Strategie, weil ich mich nicht noch einmal selbst einladen wollte.

«Wann startest du eigentlich deine Party?», fragte ich danach Sarah, die fast der ganzen Klasse Bescheid gesagt hatte – nur mich hatte sie außer Acht gelassen.

«Du meinst, wann ich meinen Geburtstag feiere?», vergewisserte sie sich.

«Ja, genau.»

«Aber du weißt, dass wir im vierten Stock wohnen?», gab Sarah daraufhin zu bedenken.

«Ist mir schon klar, aber das wird kein Problem sein. Mein Vater bringt und holt mich ab.»

«In Ordnung, also bis nächste Woche Freitag dann.»

Meine Freunde waren es mir wert, mich so «anzubiedern», denn Partys hatten sich ja nicht als meine Bühne erwiesen. Und nichts deutete darauf hin, dass es irgendwann anders sein würde.

Neben meinen Freunden hatte ich aber noch meinen Computer, einen ehemaligen Rechner aus der Praxis meiner Mutter. Erstmals mit einem PC in Berührung gekommen war ich mit Jannis, als er und ich am Atari meines Vaters die ersten Spiele ausprobierten. Er hatte uns auch gezeigt, wie man mit einer Maus umgeht.

«Ey, was machst'n da?» Erschreckt drehte ich mich um. Vor meinem gekippten Zimmerfenster standen zwei Jungs aus unserem Haus. Wir wohnten im Erdgeschoss. Die beiden waren mir immer etwas suspekt gewesen. Im Vorbeifahren mit meinem Rollstuhl hatte ich beobachtet, wie sie über andere aus der Nachbarschaft lästerten oder sie hänselten. Manche aus ihrer Clique machten auch Mist wie Mülleimer und Wände beschmieren. Um wegen meiner Behinderung nicht in ihre Schusslinie zu geraten, hatte ich sie gemieden. Und jetzt standen sie vor meinem Fenster. Was wollten die nur?

«Ich spiele Computer.»

«Ist ja nicht zu übersehen. Welches Spiel?» Das wollte der Größere wissen. Der Kleinere von ihnen hatte mich angesprochen.

«*Counter Strike*.»

«Echt?» Die beiden sahen sich an. «Können wir mitmachen?»

«Okay ... meinetwegen.»

«Super. Wir holen nur schnell unsere Rechner.»

Während sie das taten, sagte ich Silvia Bescheid. Die ehemalige Erzieherin aus dem Schülerladen war inzwischen meine sogenannte Einzelfallhelferin, die gern lachte und sehr unkompliziert war. Wenn meine Mutter nach mir nach Hause kam, kauften sie und ich schon mal zusammen ein, bereiteten das Abendessen vor oder gingen manchmal ins Kino.

Ein bisschen nervös war ich schon, als die beiden mit ihren Computern in meinem Zimmer standen.

«Kann einer von euch meinen Rechner zur Seite schieben und den Ordner ins Regal stellen, damit wir genug Platz haben? Ich kann das nicht wegen meiner Glasknochen», bat ich sie. Somit war klar, warum ich im Rollstuhl saß. Das war meine neue Taktik, wenn ich auf unbekannte Menschen traf. Nur in wenigen Situationen hatte das weitere Fragen nach sich gezogen.

«Kein Problem. Hast du ein Verlängerungskabel?», erkundigte sich der Größere, der sich als Mike vorgestellt hatte. Von Glasknochen hatten sie offensichtlich schon gehört, denn sie kamen nicht noch einmal auf sie zu sprechen.

«Guck mal rechts hinter dem Schreibtisch, da müsste ein Mehrfachstecker liegen», wies ich Mike an, damit es endlich losgehen konnte.

Mike, Georg und ich wurden Kumpels. Sie waren okay. Ich fand es vor allem praktisch, in unmittelbarer Nähe Leute zu haben, mit denen ich zocken konnte.

Mein persönliches Highlight ab der achten Klasse war die Computer-AG. Herr Westphal, mein Lehrer in Informationstechnischer Grundbildung, kurz ITG, bot sie mittwochs nach dem Unterricht an. Die Gruppe setzte sich aus sechs, sieben Schülern zusammen, von denen die meisten älter waren als ich. Zu den Spielen, die ich mit Georg und Mike spielte, war das eine willkommene Abwechslung. Herr Westphal war außerdem mein Lieblingslehrer. Er hatte etwas Jungenhaftes, obwohl er schon über vierzig war. Meist trug er irgendwelche Jeans und T-Shirts mit nerdigen Sprüchen. Außer ITG unterrichtete er noch Mathe und Physik. Für Computer und alles, was damit zu tun hatte, brannte er richtig, und seine Begeisterung war deutlich spürbar.

Ein paar Plätze weiter von mir in der AG saß Ben. Er war zwei Klassen über mir. Mit seinen bunten Haaren und den schwarzen Tour-T-Shirts von irgendwelchen Punk-Bands, deren Namen mir nicht viel sagten, war er mir nicht ganz geheuer. Die Leute in meiner Klasse waren anders drauf, und ich musste grinsen, wenn ich mir einen von ihnen in seinem Outfit vorstellte. Ich selbst hatte keinen großartig ausgeprägten Musikgeschmack, und neben Radio lief bei uns zu Hause die Weltmusik von meiner Mutter. Mit der Folge, dass ich jahrelang in dem Glauben gelebt hatte, Tracy Chapman wäre ein Mann. Zu meinem Besitz zählten *Dangerous* von Michael Jackson auf Kassette und ein paar CDs von den Prinzen. Diese Art von Musik war mehrheitsfähig, ich fiel damit nicht auf, was ich ja ohnehin schon tat.

Bens äußeres Erscheinungsbild schien für etwas zu stehen. Er redete nicht viel und erweckte den Eindruck eines Eigenbrötlers. Seinen wenigen Kommentaren entnahm ich, dass er bereits programmierte. Davon war ich noch weit entfernt. Ich spielte vor allem viel mit Word und bastelte damit Geburtstagseinladungen und Visitenkarten. Nebenbei hatte ich angefangen, mir selbst HTML beizubringen, eine

Seitenbeschreibungssprache, mit der man Websites baut. In PC-Magazinen, die ich regelmäßig am Kiosk erstand, waren entsprechende Crashkurse enthalten. Und ich hatte eine erste E-Mail-Adresse.

Ben bewunderte ich heimlich für seine Ergebnisse, traute mich aber nicht, ihn anzusprechen. Bevor sich eine Gelegenheit ergab, sich kennenzulernen, hatte er die AG auch schon verlassen. Manchmal sah ich ihn noch auf dem Schulhof, wenn er mit seinen Freunden in der Raucherecke abhing. Mehr auch nicht.

Stattdessen gab es in der AG einen Neuzugang. Dominic. Ein netter Typ, blond, Brille, zwei Jahre jünger als ich und auf technischer Ebene super.

«Sag mal, hast du Bock, mit zum Potsdamer Platz zu kommen und die neuesten Rechner anzuschauen?», fragte Dominic einmal nach der AG.

«Klar, ich brauche auch noch ein paar Rohlinge.»

Wir nahmen die S-Bahn, und im Elektronikmarkt vergaßen wir einfach alles. Das war unsere Welt. Wir streiften stundenlang durch die Regale, sahen uns die Neuheiten an, fachsimpelten und verloren jegliches Zeitgefühl.

«Weißt du, warum man die ungenutzten Prozessoren einer Soundkarte nicht verwenden kann, um Dateien schneller zu zippen?», wollte Dominic plötzlich von mir wissen.

Hä? Was ging durch seinen Kopf? Fragen wie diese waren aber typisch für ihn. Außer ihm kannte ich niemanden, der die amerikanische Computerzeitschrift *Dr. Dobb's* las. Ich habe bis heute nicht verstanden, worum es darin genau ging. Aber egal. Wir funkten auf derselben Welle, Internet und Computer waren unser Ding. Und nach einem guten Jahr waren Dominic, Lutz Westphal und ich mehr oder weniger die Einzigen in der AG. Vielleicht hätten wir uns besser «Freundeskreis» oder so nennen sollen, das wäre dem näher gekommen.

ITG war dann auch das Fach, das mir am meisten Spaß machte und in dem ich besser als drei stand. Alle anderen Fächer strengten mich an, und es nervte mich, dass ich trotz eines hohen Lernaufwands nicht besser wurde. Egal ob Mathe, Englisch, Bio oder Deutsch, ich war bei der «Betondrei» geblieben. Die anderen in meiner Klasse beneidete ich für ihre guten Zensuren und die scheinbare Leichtigkeit, mit der ihnen das gelang. Ich konnte mich noch so reinhängen, ich bekam am Ende immer – mehr oder weniger – dieselbe Note. Es war frustrierend, und ich kann mir das Phänomen bis heute nicht erklären. Denn ich habe keine Prüfungsangst oder so. Meine Motivation sank jedenfalls kontinuierlich, und irgendwann war sie auf dem Nullpunkt.

«Ich habe einfach keine Lust mehr», meinte ich einmal zu meiner Mutter, mit der ich für die nächste Mathearbeit übte.

«Sind es die Gleichungen?», fragte sie nach.

«Nein, insgesamt. Die ganze Lernerei zahlt sich doch überhaupt nicht aus. Wo ist da der Sinn?»

«Was heißt das für dich?»

Ich zögerte einen Moment mit meiner Antwort. «Mir stellt sich die Frage, ob ich nach der Zehnten nicht abgehe.»

Meine Mutter legte ihren Stift beiseite. «Also kein Abitur? Und was hast du dir stattdessen überlegt?»

«Keine Ahnung ...»

Sie schaute mich ernst an.

«Du musst kein Abitur machen. Aber dir muss klar sein: Dachdecker kannst du auch nicht werden.»

Danach war erst einmal Stille. Meine Mutter stand auf,

ging in die Küche und erledigte den Abwasch. Ich blieb noch eine Weile am Esstisch sitzen und dachte über ihren Satz nach. Ohne es offen anzusprechen, wusste ich genau, was sie mir damit hatte sagen wollen. Meine beruflichen Möglichkeiten als Rollstuhlfahrer wären begrenzt. Mit dieser Erkenntnis ging ich in mein Zimmer und beschloss, das Abitur zu versuchen.

Parallel zu dieser Entscheidung wurde mein Medieninteresse stärker. Als Kind hatte ich die Redaktion der Zeitung besucht, in der ein Onkel von mir arbeitete, auch hatte ich einmal eine Druckerei besucht. Mein Vater teilte mein Interesse, und zusammen gingen wir ins Museum für Verkehr und Technik, machten Führungen mit, wenn es bei einem der Berliner Radiosender einen Tag der offenen Tür gab, und verbrachten ganze Samstage im Filmpark Babelsberg.

Als wir in der neunten Klasse ein Praktikum machen mussten, war klar, dass ich mich bei Radio Fritz bewarb. Von den gut achtzig Leuten in meiner Stufe wollten noch andere dorthin, und es hatte sich herumgesprochen, dass es eine Warteliste gab. Für die, die keinen Praktikumsplatz fanden, gab es eine Art Backup. In einer Gärtnerei zu arbeiten war für mich jedoch keine Alternative. Was tun? Meine Mutter bot mir an, die drei Wochen Praktikum in ihrer Praxis zu absolvieren, was für mich keine echte Alternative war.

Doch es klappte. Kurz darauf erhielt ich von Radio Fritz die Zusage, und für mich ging ein kleiner Traum in Erfüllung. In meine Freude mischte sich Ehrfurcht. Ich würde echten Profis über die Schulter schauen und nicht nur von Lehrern und Pädagogen indirekt die Welt außerhalb der Schule vermittelt bekommen. Neben der Technik war ich vor allem gespannt auf die Moderatoren, deren Stimmen mir seit Jahren vertraut waren.

Zum Sender nach Potsdam brachte mich der Fahrdienst. Meine Aufregung legte sich sofort. Bei den «Fritzen» ging es so locker zu, wie sie im Radio rüberkamen. In der ersten Woche wurden den anderen Praktikanten und mir die Senderstruktur mit ihren unterschiedlichen Bereichen sowie die Arbeitsabläufe erklärt. Schon bald übernahmen wir kleinere Aufgaben wie Fragen überlegen für ein Hörer-Quiz. Gegen Ende des Praktikums sollten wir raus auf die Straße, um O-Töne einzufangen. Ich blieb stattdessen im Sender, übernahm an dem Tag den Telefondienst in der Aufnahmeleitung, was ich super spannend fand. Die Call-in-Sendungen, bei denen Hörer anriefen, die Fragen oder einfach Sorgen hatten, waren schon immer eines meiner Lieblingsformate gewesen. Danach konnte ich mir vorstellen, Radiomoderator zu werden.

Gerade schrieb ich meinen Praktikumsbericht, als mich Silvia eines Nachmittags ans Telefon rief. Draußen färbte sich bereits das Laub, und ich war für den Abend mit Mike und Georg vage zum Computerspielen verabredet.

«Wer ist es denn?», fragte ich nach, während ich mich Richtung Flur begab, wo der Apparat stand.

Silvia zuckte mit den Achseln und reichte mir den Hörer. Am anderen Ende der Leitung war jemand von der «Aktion Sorgenkind». Ich erfuhr von einer Plakataktion, in deren Rahmen ich zitiert werden sollte. Auf mich aufmerksam geworden wäre man durch einen Dokumentarfilm über meine Grundschulklasse, woran ich mich aber nur dunkel erinnerte. Ein Fernsehteam des ZDF hatte einen meiner damaligen Mitschüler und mich bei einem Zoobesuch begleitet, und im

Hinblick auf Behinderung, meine Schulklasse und Freundschaft hatte ich in irgendeinem Zusammenhang die Frage gestellt: «Was ist schon normal?» Diese Aussage wollte die «Aktion Sorgenkind» gern verwenden, man bräuchte dafür jedoch mein Einverständnis. Anschließend fragte man mich, ob ich mir vorstellen könnte, eine Gala zu moderieren. Ich sollte doch mal mit meiner Mutter sprechen, ich sei ja noch nicht volljährig. Damals war ich siebzehn.

Als sie am Abend nach Hause kam, erzählte ich ihr als Erstes von der Plakatidee.

«Ach, das muss doch nicht sein. Das ist ein ganz gewöhnlicher Satz, den sicherlich schon viele andere vor dir gesagt haben», war ihre Reaktion.

«Ich glaube, ich fände das aber gut.»

Sie schwieg dazu, was ich nur kurz registrierte, denn als Nächstes wollte ich von ihr wissen: «Und wer ist Roger Willemsen?»

Verblüfft von der Frage, schaute meine Mutter mich an. «Ein Journalist und Autor. Warum interessiert dich das?»

«Sie fragten, ob ich mit ihm zusammen eine Jubiläumsgala moderieren möchte.»

«Was für eine Gala?», hakte meine Mutter nach.

«Die ‹Aktion Sorgenkind› plant gemeinsam mit dem ZDF eine Veranstaltung. Dass Menschen mit Behinderung laut Grundgesetz nicht benachteiligt werden dürfen, soll gefeiert werden.»

«Stimmt, das Grundgesetz wurde vor etwa drei Jahren, 1994, novelliert. Wann und wo soll das denn stattfinden?»

«Im November, hier in Berlin. Wie fändest du es denn, wenn ich die Gala mit moderiere?»

«Keine Einwände. Aber du wirst dich sicherlich gut vorbereiten müssen. Denn der Willemsen macht das garantiert auch.»

Nicht nur die Anfrage, auch meine Mutter hatte mich überrascht. Einmal damit, dass sie der Co-Moderation zugestimmt hatte, und dann, dass sie so positiv über einen Medienmenschen sprach. Henrik und ich waren einmal in einem Beitrag auf RTL II zu sehen gewesen. Das Fazit meiner Mutter darauf: «Nie wieder Privatfernsehen.»

Nachdem meine Klassenlehrerin erzählt hatte, dass ein Fernsehteam einen Film über Integrationsklassen und behinderte Schüler machen wollte, war sie auf mich zugekommen. Man bräuchte noch jemanden, den sie einem älteren Schüler – Henrik – an die Seite stellen könnte und ob ich Lust hätte mitzumachen. Ich war Feuer und Flamme, wovon mich auch meine heimliche Bewunderung für Henrik nicht abhalten konnte. Meine Mutter reagierte hingegen skeptisch und sagte gleich, dass sie für Interviews nicht zur Verfügung stehen würde. Sie wolle auch nicht, dass bei uns zu Hause gedreht würde.

Die Aufnahmen dauerten den ganzen Tag. Am Morgen wurden Henrik und ich dabei gefilmt, wie wir an der Schule eintrafen. Dann ging es auf den Schulhof.

«Super, vielen Dank. Als Nächstes möchten wir euch beim Tischtennis filmen», meinte die Aufnahmeleiterin munter.

Oh nein, das konnte doch nicht ihr Ernst sein. Ich hasste Sport und hatte damit abgeschlossen. Seit dem Wechsel von der Grundschule war ich zum Glück davon befreit, da die hiesige Sporthalle nicht rollstuhlgerecht war. Tischtennis war Henriks Hobby, nicht meins. Immerhin hatte er mit mir einen auf den ersten Blick ebenbürtigen Gegner. Hätten wir bei den Paralympics teilgenommen, wären wir bestimmt in derselben Punkteklasse gewesen. Allerdings mit dem Unterschied, dass ich noch nie in meinem Leben Tischtennis gespielt hatte. Musste das wirklich sein?

«Die Zuschauer sollen sehen, was ihr alles könnt», fuhr die Aufnahmeleiterin fort.

Ich hatte keinen Plan, wie das funktionieren sollte. Henrik stützte sich auf die Lehnen seines Rollstuhls und rutschte auf die Tischtennisplatte. Er hatte seinen eigenen Schläger dabei. Mir half unsere Pädagogische Mitarbeiterin, um auf die Platte zu kommen. Ich hatte so was von keinen Bock auf die Aktion. Gut, ich hatte mitwirken wollen – und musste nun da durch.

«Zeigt mal, wie viel Spaß ihr habt», rief uns ein Assistent aus der Filmcrew zu.

In dem Versuch, den Ball zu treffen, vergaß ich um mich herum alles. Es gelang mir nicht ein einziges Mal. Ein aussichtsloses Unterfangen.

«Sehr schön, das habt ihr gut gemacht.»

Endlich kamen wir von der blöden Platte runter. Inzwischen war Mittag, und es folgten weitere Dreharbeiten in der Mensa. Henrik und ich wurden in dem Getümmel an der Essensausgabe gefilmt und wie wir mit anderen Schülern an einem der langen Tische aßen. Abschließend sollten noch Alltagssituationen in unserer jeweiligen Klasse eingefangen werden, und zwischendurch hatte es immer wieder Interviews gegeben, in denen vor allem Henrik das Wort ergriff, weil er der Ältere und Reflektiertere von uns beiden war. Faszination und Unwohlsein hatten sich den Tag über abgewechselt, sodass ich mit gemischten Gefühlen daraus hervorgegangen war.

Die Sendung auf RTL II sah ich gemeinsam mit meiner

Mutter. Unterlegt war der Beitrag mit melancholischer Musik, und man stellte uns als die «kleinen Helden» vor. Ich war froh, dass nur meine Mutter dabei war, als wir es uns anguckten. In dem Bericht wurden Henrik und ich porträtiert als Schüler, mit denen die Zuschauer Mitleid haben sollten. Ich selbst habe uns nie so wahrgenommen. Das Schlimmste war, mir bei meiner eigenen Unsportlichkeit zusehen zu müssen, wie ich vergeblich versuchte, auf der Tischtennisplatte den Ball zu treffen. Den Beitrag anzuschauen fühlte sich an, als würde ich in einen Spiegel blicken, was ich nie tat. Mich und meinen krummen Körper darin zu betrachten, war unerträglich, und ich schämte mich vor mir selbst. Vermutlich, weil ich mich als weniger behindert und «schöner» empfand, als mein Spiegelbild mir nahelegte. Auf der Straße oder im Fernsehen zu beobachten, wie Menschen mit und ohne Behinderung miteinander umgehen, war dasselbe. Ich erkannte immer mich, wenn ein Fußgänger mit jemandem im Rollstuhl sprach, und wäre am liebsten im Boden versunken. So ist es also, wenn ich auf Menschen ohne Behinderung treffe, dachte ich dann. Ich war froh, als der Bericht vorbei war und dass der Fokus auf Henrik gelegen hatte. Am Ende sah ich es wie meine Mutter: «Nie wieder Privatfernsehen.»

Von da an hatte ich den Eindruck, dass sie mich bremsen wollte, wenn es um meine Faszination für Radio und Fernsehen ging. Kamen wir darauf zu sprechen, sagte sie offen, sie wolle nicht, dass meine Behinderung zur Schau gestellt werde und ich mich in den Mittelpunkt dränge. Sie wollte mich schützen und hatte Angst, dass ich für irgendeinen medialen Effekt herhalten musste.

Nun also Roger Willemsen, gegen den meine Mutter nichts einzuwenden hatte. Das hieß schon mal was, außerdem war mir ihr «Go» wichtig. Auch meine Oma sprach sehr respektvoll von ihm, und Silvia erwies sich als absoluter Willemsen-Fan.

Kurz nachdem wir der «Aktion Sorgenkind» zugesagt hatten, besuchte er mich zu Hause. Meine Mutter musste an dem Nachmittag arbeiten, so war Silvia wieder da. Ihr war ihre Aufregung anzumerken, und sie hatte extra noch gesaugt, gewischt und herumliegende Dinge wie Zeitungen weggeräumt. Für mich war Roger Willemsen ein Mann aus dem Fernsehen, der wahrscheinlich in derselben Liga spielte wie Thomas Gottschalk. Er kam mit dem Taxi zu uns nach Lichterfelde, und nachdem wir uns begrüßt hatten, gingen wir drei ins Wohnzimmer

«Wie bei einer Talkshow werden uns Moderatoren von der Redaktion Informationen über die Gäste zugeschickt, die bei der Gala dabei sind», erklärte er mir. «Da brauchst du dir keine Sorgen machen. Es wird alles dafür getan, dass wir uns gut vorbereiten können.»

«Ist denn schon klar, wer kommt?», wollte ich wissen.

«Nein. Soweit ich weiß, hat die ‹Aktion Sorgenkind› verschiedene Menschen aus Kultur und Politik angefragt. Es dauert immer eine Weile, bis sie Rückmeldung geben», fuhr Roger Willemsen fort. «Doch uns bleibt genügend Zeit für alles.» Er wirkte überhaupt nicht so aufgesetzt freundlich, wie ich es manchmal bei anderen erlebte. Ich mochte ihn auf Anhieb. Und Silvia war natürlich hin und weg.

«Verstehe.»

«Wenn die Gäste feststehen, überlegen wir beide uns mit Hilfe der Unterlagen Fragen, die wir ihnen auf der Gala stellen.»

«Schließen Sie sich mit Raúl vorher noch kurz?», wollte Silvia wissen.

«Unbedingt. Wir wollen ja vermeiden, dass interessante und wichtige Dinge unausgesprochen bleiben. Ich reise gern noch mal nach Berlin, damit wir uns abstimmen können. Was meinst du?»

Beruhigt nickte ich.

«Hast du etwas Vergleichbares schon mal erlebt?»

«Nein, bislang noch nicht.»

Roger Willemsen nahm sich Zeit, uns nun alles genau zu erklären. Währenddessen kam meine Mutter aus der Praxis. Im Laufe des Gesprächs erwähnte er Michel Petrucciani, den Jazzpianisten mit Glasknochen, der regelmäßig in seiner Sendung auftrat. Silvia und meine Mutter kannten ihn. Willemsen hob ihre Freundschaft und noch mehr Petruccianis besonderes Talent hervor. Mich interessierte er nicht, auch wenn er dieselbe Behinderung hatte wie ich. Der Altersunterschied war einfach zu groß.

Als wir den Moderator zur Tür brachten, versprach er, dass wir beide das sicher gut hinbekommen würden.

Das Treffen hatte etwa drei Stunden gedauert, und ich war mit einem sehr guten Gefühl daraus hervorgegangen. Selten hatte ich einen so offenen Menschen getroffen, der auffallend viele Fragen stellte und ein echtes Interesse an mir zu haben schien. Meine Mutter fragte sich hingegen immer noch, warum ich Co-Moderator sein sollte.

Als Nächstes teilte man mir die Namen der Gäste mit: unter anderem Matthias Reim und Herta Däubler-Gmelin. Die damalige Bundesjustizministerin war mir wie der Journalist Roger Willemsen kein Begriff gewesen, da ich mich nicht groß mit Politik beschäftigte. Zusammen mit meiner Mutter überlegte ich mir Fragen, die ich den Gästen stellen könnte. Das war gar nicht so einfach.

Dass ich auf dem richtigen Weg war, bestätigte das zweite Treffen mit Willemsen. Für meine Mutter und Silvia brachte er eine Flasche Wein mit, denn Silvia wollte hinterher für uns alle kochen. Wir kamen gut voran, und neben weiteren Informationen zu den Gästen, die in der Gala auftreten würden, hatte Roger Willemsen noch ein paar allgemeine Tipps fürs Moderieren. Als wir beide uns verabschiedeten, lud er mich in seine Sendung ein. Damit hatte er mich überrascht, zumal ich *Willemsens Woche* immer noch nicht gesehen hatte.

«Roger Willemsen hätte mich gerne als Gast in seiner Talkshow», sagte ich zu meiner Mutter, die dabei war, die Geschirrspülmaschine einzuräumen.

«Wollt ihr nicht erst mal die Gala moderieren?», entgegnete sie.

«Ja, natürlich. Aber seine Talkshow wird vorher aufgezeichnet und kurz vor der Gala ausgestrahlt. Er hat mich eingeladen, um im Fernsehen auf die Veranstaltung hinzuweisen.»

«Und was sollst du da machen?», wollte sie wissen.

«Keine Ahnung. Er sagte, ich solle einfach bei ihm auftreten. Vorbereiten müsste ich mich nicht.»

Mitte November fuhren meine immer noch skeptische Mutter und ich mit dem Zug nach Hamburg. Mit Silvia hatte ich vorher einen Blick in meinen Kleiderschrank geworfen und das Schickste ausgesucht. Von einem karierten Hemd hatte uns die Redaktion abgeraten, das würde auf dem Bildschirm zu sehr flimmern.

Am Bahnhof holte uns ein Wagen der Fernsehproduktionsfirma ab und brachte uns zum Hotel. Die Aufzeichnung für *Willemsens Woche* sollte am nächsten Morgen im Studio der Produktionsfirma stattfinden. Zeitig ging ich schlafen, denn ich wollte in der Sendung voll da sein.

«Oh Mann, ich bin so aufgeregt», meinte ich zu meiner Mutter auf dem Weg dorthin.

«Konzentrier dich auf die Fragen, die Roger Willemsen dir stellt. Höre ihm gut zu, und rede nicht einfach drauflos», riet sie mir.

«Hoffentlich mache ich alles richtig.»

«Da musst du jetzt durch, du hast die Einladung angenommen.»

Wo sie recht hatte, hatte sie recht.

Die Technik bei Radio Fritz hatte mich schon sehr beeindruckt, doch ein Fernsehstudio war eine andere Liga. Überall standen Kameras und Beleuchtung, und mir fiel gleich die Wärme auf. Mir wurde auch das Podest gezeigt, auf das mich später Tontechniker heben würden, da das Studio nicht rollstuhlgerecht war. Bevor es in die Maske ging, erklärte mir noch die Teamassistentin den genauen Ablauf.

Kurz vor Aufzeichnungsbeginn begrüßte mich dann Roger Willemsen. Das Wiedersehen war herzlich, aber kurz, da es gleich darauf schon losging.

Zwanzig Minuten sprachen wir miteinander, sie vergingen wie im Flug. Willemsen erwähnte die Jubiläumsgala und wollte im Laufe des Gesprächs von mir wissen, ob es in Deutschland keinen Fernsehmoderator mit Behinderung gäbe, weil die Zuschauer abschalten würden, sähen sie so jemanden auf dem Bildschirm. Und ob ich annehmen würde, dass sie es auch bei mir tun. Eine Frage, die ich mir so nie gestellt hatte. Viel Zeit zu überlegen blieb nicht. Ich erklärte das Fehlen behinderter Moderatoren im deutschen Fernsehen mit dem Streben nach Perfektion. Die Verantwortlichen in den Sendern würden sicher davon ausgehen, dass erst mit einem möglichst großen und schönen Moderator, der auch noch gut reden könnte, eine hohe Zuschauerquote zu erzielen wäre. Und das träfe auf einen Menschen mit Behinderung nicht zu. Anders ausgedrückt: Sie passen nicht ins Beuteschema.

«Wie fandest du es denn?», erkundigte ich mich auf dem Rückweg ins Hotel bei meiner Mutter, die im Publikum gesessen hatte.

«Es war ganz okay», meinte sie. Mit anderen Worten: Es hatte ihr gefallen.

Die Ausstrahlung von *Willemsens Woche* am folgenden Freitagabend konnte ich kaum erwarten. Silvia war auch da, und pünktlich saßen wir alle vor dem Fernseher – doch ich fand mich einfach nur doof. War ich tatsächlich so altklug? Wer war dieser besserwisserische Junge?

«Ich möchte ausschalten», sagte ich, nachdem der Teil mit mir vorbei war.

«Aber warum?», fragte meine Mutter.

«Ist meine Stimme tatsächlich so hoch?», entgegnete ich, ohne weiter auf ihre Frage einzugehen.

«Man selbst hört sich immer tiefer», meinte Silvia. «Das ist normal und für jeden erst mal ungewohnt.»

«Mir gefällt meine Stimme nicht.»

«Wie Kinder haben kleinere Menschen eine höhere Stimme, Raúl», sagte meine Mutter. «Das weißt du doch.»

Ich drehte mich um und verschwand in meinem Zimmer. Sie und Silvia sahen weiter *Willemsens Woche*, während ich in meinem Rollstuhl im Kreis fuhr. Was für ein peinlicher

Auftritt. Und erst der Klang meiner Stimme! Er ging mir nicht mehr aus dem Kopf. Und damit sollte ich die Gala moderieren? Absagen konnte ich sie nicht mehr, da musste ich jetzt durch. Wieder einmal.

Eine gute Woche später war es dann so weit. Am Vortag der Jubiläumsgala der «Aktion Sorgenkind» gab es noch eine Generalprobe in der Berliner Universal Hall, wo sie stattfinden sollte. Ich hoffte, ausreichend vorbereitet zu sein, denn ich wollte meine Sache gut machen. Der Gedanke, dass meine Mutter, meine Oma und Silvia im Publikum saßen, beruhigte mich etwas. Mit Silvia hatte ich mich für eine Weste aus Peru entschieden, die mein Vater und ich auf einer unserer Reisen gekauft hatten.

Ich war so angespannt, dass ich mich an die Gala und das, was unmittelbar davor passierte, nicht erinnere. Wahrscheinlich spulte ich wie ferngesteuert ein Programm ab. Willemsen war der Erste, der sich hinterher bei mir bedankte: «Raúl, das haben wir sehr gut gemacht.» Eine ganze Reihe von Menschen, die ich noch nie gesehen hatte, schüttelte meine Hand. Darunter der damalige Bundespräsident Roman Herzog, wie ich hinterher erfuhr.

«Du kannst gern wieder in meine Sendung kommen», meinte Willemsen, als wir uns verabschiedeten. «Überleg dir doch einen Talkgast, den du interviewen möchtest.»

Ich freute mich über die erneute Einladung, denn ich hatte gedacht, dass sich an dieser Stelle unsere Wege trennen würden. Ich nahm sie an. So viele Zuschauer konnten also nicht ausgeschaltet haben, als ich das erste Mal in seiner Sendung war. Außerdem müsste ich mich ja hinterher nicht hören und sehen. Ich war dabei, sodass ich am besten wusste, was passierte. Damit war das Problem für mich erledigt.

Meine erste Wahl als Interviewpartner fiel auf Wolfgang Back und Wolfgang Rudolph vom WDR Computerclub. Sie wären leider eher ungeeignet, erfuhr ich von Willemsen, als wir deswegen telefonierten. Ich sollte mir jemanden aussuchen, der bekannter wäre und für den sich mehr Zuschauer interessieren würden. Mit meinen Eltern überlegte ich abwechselnd hin und her. Am Ende entschied ich mich für Oliver Kalkofe, der nach Otto Waalkes mein liebster Comedian war. Sonntagmorgens moderierte er auf Radio Fritz das «Frühstyxradio», was ich sehr witzig fand. Vor allem liebte ich *Kalkofes Mattscheibe*, eine großartige Persiflage, die unverschlüsselt auf Premiere zu sehen war. Nachdem Willemsen meiner Wahl zugestimmt hatte, überlegte ich mir Fragen für Oliver Kalkofe, was deutlich leichter fiel als für die Gäste der Jubiläumsgala.

Dennoch war ich nervöser als bei der ersten Sendung. Diesmal begleitete mich Silvia nach Hamburg. Meine Mutter gab mir vorher noch den Tipp, nicht so oft «Ähm» zu sagen. Ich glaube, ihr war der ganze Medienrummel inzwischen zu albern geworden. Sie mochte auch Kalkofes Comedy nicht.

Wieder war alles sehr schnell vorbei. Dem Feedback nach musste es gut gelaufen sein, sodass ich mir vorstellen konnte, nach der Schule im Bereich Medien Fuß zu fassen. Der eigentliche Grund waren aber der Mensch Roger Willemsen und seine Art, wie er mir begegnete. Durch sie hatte ich erstmals das Gefühl, dass ich die eingeschlagene Richtung mit meiner Behinderung weiterverfolgen kann. Bis zum Abitur waren es aber noch drei Jahre, eine Wegstrecke, von der ich ahnte, dass sie es in sich hatte.

Wirklich beste Freunde

Im Klassenzimmer war ich dabei, meine Sachen zusammenzupacken, als mich Herr Brunswicker ansprach. Bei ihm hatte ich seit Beginn des neuen Schuljahrs Politische Weltkunde. Die anderen aus meinem Englischkurs waren schon in die Pause gegangen, und er musste mich vom Flur aus gesehen haben.

«Wissen Sie eigentlich, dass Sie für Klausuren mehr Zeit beantragen können?», fragte er mich, als er an meinem Platz stand. Herr Brunswicker, Anfang fünfzig, mit Halbglatze, war mein Lieblingslehrer. Er hatte ein enormes Wissen, und ich mochte die Art, wie er uns forderte. Beispielweise hielt er uns dazu an, jeden Tag Zeitung zu lesen, was ich ohnehin schon tat. Schüler, die durch Quatschen den Unterricht störten, fragte er, ob sie zu Hause auch so viel reden würden. Herr Brunswicker lispelte, und an seinem Auto klebte eine Regenbogenfahne.

«Andere Lehrer haben mir schon davon erzählt. Aber ich denke, dass es nicht erforderlich ist», lehnte ich sein Angebot ab.

«Ich frage deshalb, weil übermorgen die Klausur ansteht. Arbeiten in der Oberstufe sind ja jetzt vierstündig. Und als Schüler mit körperlicher Behinderung mehr Zeit in Anspruch zu nehmen ist ein absolut gängiges Verfahren.»

«Ich weiß, aber ich habe mich für Donnerstag schon gut vorbereitet.»

Herr Brunswicker kramte in seiner Ledermappe, die er unter dem Arm trug, und breitete ein Formular vor mir aus.

«Was halten Sie davon, die Zeitverlängerung einfach mal zu beantragen?» Er gab nicht auf. «Ich nehme den unterschriebenen Zettel mit ins Sekretariat, all Ihre Lehrer sind dann informiert, und Sie entscheiden während der Klausur, ob Sie später als die anderen abgeben möchten oder nicht.» In dem Moment musste ich an die Kommentare meiner Englisch- und vor allem Deutschlehrer denken, die sie im letzten Schuljahr unter oder an den Rand meiner Aufsätze geschrieben hatten: «Mehr ausführen» oder «Warum? Zusammenhang?» Von meiner Mutter wusste ich, dass Henrik und Cleo von dieser Möglichkeit Gebrauch machten. Dass ich i-Punkte und t-Striche vergaß, begründete sie damit, dass ich Zeit sparen wollte, was ich bestritt.

«Okay», murmelte ich widerstrebend, denn ich hasste Sonderrollen und tat alles dafür, mit meinen nicht-behinderten Mitschülern mitzuhalten. Sie waren mein Maßstab, und im Augenblick fühlte ich mich erinnert an die Bundesjugendspiele in der sechsten Klasse auf der Fläming-Grundschule. Dass ich unterschrieben hatte, behielt ich dann auch für mich, und ich schloss aus, mehr Zeit in Anspruch nehmen zu wollen. Vier Stunden würden sicher reichen.

Herr Brunswicker war nicht nur mein Lieblingslehrer, Politische Weltkunde war auch neben Informationstechnischer Grundbildung – das ab der elften Klasse Informatik hieß – mein Lieblingsfach. Thema der Klausur zwei Tage später sollte der Regierungswechsel 1998 nach sechzehn Jahren Helmut Kohl als Bundeskanzler sein.

Vor den Sommerferien hatte ich mit Dominic an einem Samstag eine Veranstaltung von der SPD auf dem Gendarmenmarkt besucht. Die heiße Phase des Bundestagswahlkampfs hatte kurz vorher begonnen, ich war gerade achtzehn geworden. Im September wurde gewählt, und in der ganzen Stadt hingen Plakate mit dem Hinweis auf Schröders Wahlkampfauftritt.

Vor allem mit meinem Vater sprach ich damals viel über die tagesaktuelle Politik. Immer intensiver las ich den Politikteil der *Berliner Zeitung,* und wenn ich mit ihm verabredet war, diskutierten wir über die verschiedenen Parteien oder über die Abhängigkeit der Politik von der Wirtschaft. Einmal fragte ich ihn, ob er sich vorstellen könnte, dass es irgendwann eine Weltwährung gäbe. Dazu bestand auch ein aktueller Anlass: In der Schule hatten wir die Währungsreform nach der Wiedervereinigung durchgenommen, und in den Medien wurde berichtet, dass Helmut Kohl in Brüssel mit den anderen europäischen Staatschefs die Einführung des Euro beschlossen hatte. Mein Vater bezweifelte das mit der Begründung, die Amerikaner würden es nicht zulassen, dass der US-Dollar als Handelswährung abgelöst wurde.

Bei der Wahlkampfveranstaltung hatten Dominic und ich dann den Eindruck, auf einem Volksfest gelandet zu sein. An einem Stand wurde Freibier ausgeschenkt, Helfer verteilten kleine Transparente, die Gruppe Pur spielte, und neben Schröder sprachen noch Klaus Wowereit und Peter

Struck. In der Luft lag eine besondere Energie, und die Leute um uns herum ließen sich vom Kanzlerkandidaten und seinen Worten mitreißen. Ihn und die anderen Politiker auf der Bühne zu erleben war etwas völlig anderes, als sich eine Übertragung der Reden im Fernsehen anzuschauen.

Am Montag darauf hatte ich in der Pause Pia von der Wahlkampfveranstaltung erzählt. Pia hatte in der Mittelstufe angefangen, sich politisch zu engagieren. So setzte sie sich beispielsweise mit einer Mitschülerin für die Abschaffung von Zensuren ein. Gemeinsam organisierten sie eine Zeugnisverbrennung auf dem Schulhof. Mit ihren Ansichten und ihrem Einsatz für Gerechtigkeit eckte sie bei den anderen in unserer Klasse oft an und wurde teilweise gemobbt. Mit Sicherheit fühlte sie sich damals nicht ausreichend von mir unterstützt, aber ihre Haltung konnte auch ich nicht immer ganz nachvollziehen. Außerdem scheute ich mich, eine klare Position zu beziehen; ich war ohnehin schon anders.

«Ein guter Redner ist der Schröder schon», meinte Pia.

«Meinst du, wir können von ihm einen Wandel erwarten, sollte er gewählt werden?»

Pia winkte ab. «Eine SPD-geführte Regierung wird ihre Versprechen nicht halten und unter dem Deckmantel der Gerechtigkeit härtere Sparmaßnahmen durchsetzen können, um die Schäden der Vorgängerregierung zu beheben. Das war bisher immer so gewesen.»

«Aber glaubst du nicht, dass es diesmal anders sein könnte?» Ich wollte Pias Pessimismus nicht akzeptieren.

«Du bist naiv – oder blind. Siehst du denn nicht, dass jede Partei nur Augenwischerei betreibt? Und die SPD hat sich das Wort ‹sozial› auf ihre Fahnen geschrieben, dass ich nicht lache!»

So war es immer, wenn Pia und ich diskutierten. Mir fehlten irgendwann die Argumente.

In besagter Klausur bei Herrn Brunswicker gingen sie mir nicht aus, im Gegenteil. Als Erstes stellte ich einen kleinen schwarzen Wecker vor mich auf den Tisch. Ich hatte ihn extra eingesteckt, um die Zeit im Blick zu haben. Dann teilte unser Lehrer einen Artikel aus der *Süddeutschen Zeitung* aus, in dem es um den möglichen Wahlsieg von Rot/Grün sowie die Ziele einer neuen Bundesregierung wie die Einführung einer Ökosteuer ging. «Ära Kohl beendet? Alles neu durch Schröder?», lautete die Aufgabenstellung. Wie die anderen in meinem Kurs las ich erst den Zeitungsartikel, in dem ich einzelne Aussagen mit einem Marker grün hervorhob. Dann machte ich mir Stichpunkte, wofür die schwarzgelbe Vorgängerregierung gestanden hatte, und ordnete die im Text angekündigten Reformen entsprechend zu. Ab und zu räusperte sich jemand, ansonsten war es ruhig, weil alle konzentriert die Fragen beantworteten. Ich konnte mit der Aufgabenstellung etwas anfangen, sukzessive arbeitete ich mich von Punkt zu Punkt vor.

«Ihr habt noch zehn Minuten. Kommt jetzt bitte alle zum Ende, außer Raúl, sollte er noch mehr Zeit benötigen», meinte auf einmal Herr Brunswicker.

Völlig in das Abwägen von Pro und Contra vertieft, hatte ich darüber meinen Wecker völlig vergessen. Oh Gott, in zehn Minuten soll ich fertig werden? Panik erfasste mich.

«Wieso darf Raúl länger schreiben?», entrüstete sich Frank, den ich immer als etwas nervig empfunden hatte, weil er ständig drangenommen werden wollte.

«Weil Raúl das Schreiben mehr anstrengt als euch», antwortete Herr Brunswicker.

«Ich bin aber auch noch nicht fertig», rief Meike, die vorher in meiner Parallelklasse gewesen war.

«Ich diskutiere das jetzt nicht. Ihr habt nur noch neun Minuten.»

Im Kurs machte sich eine leichte Unruhe breit, und ich sah, wie andere mit hektischen Bewegungen in ihre Hefte kritzelten. Ich setzte ebenfalls zum Schreiben an, um meinen Gedanken, den ich zuletzt gehabt hatte, auszuführen. Mit einem Mal merkte ich, wie sehr mich die vier Stunden erschöpft hatten.

Nach und nach gaben einzelne Schüler die Klausur ab und verließen den Klassenraum. Sosehr ich mich auch bemühte und egal wie kurz ich mich auch fasste, in mir stieg die Gewissheit auf, in der regulären Zeit nicht fertig zu werden. In mir tobte ein innerer Konflikt, zumal ich es meinen Mitschülern gegenüber nicht fair fand, wegen meiner Behinderung einen Vorteil eingeräumt zu bekommen. Denn unter ihnen gab es einige, die auch immer länger brauchten. Schließlich rang ich mich dazu durch, die Verlängerung doch in Anspruch zu nehmen. Eine Viertelstunde nach den anderen gab ich dann ab. Ich konnte sowieso nicht länger schreiben, mein Kopf war leer, und meine rechte Hand tat weh.

Während er auf mich wartete, hatte Herr Brunswicker einen ersten Blick in die Hefte der anderen Kursteilnehmer geworfen. Mit einem Augenzwinkern bedankte er sich, als er meine Klausur entgegennahm. Ich war froh, endlich fertig zu sein, und hoffte, dass sich meine Vorbereitung und das Mehr an Zeit positiv auf das Ergebnis auswirkten.

Nicht nur die exponierte Rolle, die ich durch diese Sonderregelung in meiner Stufe einnahm, hatte Unwohlsein in mir ausgelöst. Dem Lehrer, bei dem ich in der nächsten

Stunde Unterricht hatte, musste ich erklären, warum ich später kam. Es wurde nicht weiter kommentiert, woraus ich schloss, dass sie es von anderen Schülern bereits kannten.

Auf die Frage meiner Mutter, wie die Klausur gelaufen wäre, erzählte ich ihr, dass ich eine Viertelstunde länger geschrieben hatte. Mit einem Schmunzeln meinte sie, dass ich ja jetzt genug Zeit gehabt hätte, um i-Punkte zu setzen und t-Striche zu machen.

Bei jeder weiteren Klausur – Mathe, Informatik und die naturwissenschaftlichen Fächer ausgenommen – ließ ich es zunächst offen, ob ich von der Möglichkeit Gebrauch machte, bis zu eine Stunde später abzugeben. Auch wenn sich meine Mitschüler im Laufe des Schuljahrs daran gewöhnten – anfangs wollten manche von ihnen auch mehr Zeit gewährt bekommen mit der Begründung, ihr Füller oder ihr Block wäre leer –, war die Entscheidung dafür immer mit Stress verbunden. Hinzu kam mein Ehrgeiz, mit den anderen pünktlich fertig zu werden. Am Ende lohnte es sich, denn meine Noten wurden tatsächlich etwas besser, wozu – in geringem Umfang – auch das Schummelpotenzial beigetragen hat, das die Zeitverlängerung bot.

Politische Weltkunde, Informatik – wo ich zu den Besten zählte – und Mathe hatte ich mit Simon. Er war neu in meiner Stufe, weil man ihn nicht versetzt hatte. Im zweiten Halbjahr des zwölften Schuljahrs begann der Freitag mit einer Doppelstunde Informatik, dann hatten wir Mathe, was in einem anderen Gebäudetrakt unterrichtet wurde. Um dorthin zu gelangen, musste ich den Aufzug nehmen, den ich, wie gesagt, allein nicht bedienen konnte. So kam es, dass Simon mich regelmäßig begleitete und wir uns näher kennenlernten. Er war ein netter Typ, etwas kräftiger, und er trug eine Brille. Die Fünf-Minuten-Pause reichte ohnehin nicht, um rechtzeitig zum Matheunterricht zu erscheinen, sodass wir uns Zeit ließen und uns oft einen Spaß daraus machten, den Aufzug während der Fahrt anzuhalten und die Wände zu bekritzeln. Wie ich begeisterte Simon sich für Computer und Internet.

Er war während der Oberstufe nicht der einzige Neuzugang in meiner Stufe. Ben, den ich aus der Informatik-AG kannte, der mit den schwarzen Band-T-Shirts, hatte zweimal hintereinander wiederholen müssen, und Herr Westphal bat uns zu Beginn der dreizehnten Klasse, uns an einen Tisch zu setzen.

«Thema dieses Halbjahrs ist HTML. Ist euch das ein Begriff?», fragte Herr Westphal. Ben und ich nickten, während die meisten anderen in unserem Kurs bislang nur davon gehört hatten. Anschließend gab es eine kleine Einführung in die Seitenbeschreibungssprache, und Herr Westphal teilte die ersten Übungsblätter mit Aufgaben aus. Dann kam er zu uns.

«Hört mal, ich weiß aus AG-Zeiten, dass ihr beide bereits viel weiter seid. Was haltet ihr davon, bei Bedarf den anderen im Kurs zu helfen?»

«Klar, kein Problem», antwortete Ben.

Als wir mit den Aufgaben fertig waren, entspann sich zwischen uns ein lockeres Gespräch. Es stellte sich heraus, dass Ben bereits anfing, die Programmiersprache C++ zu lernen, während ich Spaß daran hatte, Websites über mich zu bauen. Über die Startseite und was ich so machte, war es aber nie hinausgegangen. Ich freute mich also, neben Ben zu sitzen, da er schon damals mein Interesse geweckt hatte.

Zur nächsten Informatikstunde traf ich zu früh ein. Der Unterricht fand im Souterrain der Schule statt, doch die Tür zum Raum stand bereits offen. Ich warf einen Blick hinein und sah Ben, der dabei war, einen Rechner und einen Monitor miteinander zu verbinden. Der für Elektronik typische Geruch erfüllte die Luft.

«Hier muss erst mal das Kabel ausgewechselt werden, auf dem Bildschirm ist kein Saft», murmelte er vor sich hin. «Vielleicht liegt's am Stecker. Kannst du das mal kurz nehmen?»

Ben reichte mir das Kabel, und ich fragte ihn, warum er sich so gut mit Hardware auskenne.

«In meiner Familie gibt es viele Technikfreaks», erklärte er, «nämlich meine vier Brüder. Und auch mein Vater ist ein Bastler. Er kauft sich immer den neuesten Kram, da fällt einiges für uns ab.»

«Alles klar. Und was ist dein Job hier?», wollte ich von ihm wissen.

«Herr Westphal hat mich gebeten, ihm bei der Bereitstellung und Wartung der Geräte zu helfen, und da war ich sofort dabei.»

Die ersten Schüler trudelten ein, und nachdem Ben PC und Monitor verbunden hatte, setzten wir uns auf unsere Plätze. Die HTML-Aufgaben unseres Lehrers waren schnell bearbeitet, sodass wir unser Gespräch über Computer leise fortsetzten. Am Ende der Stunde bot Ben an, mir in der nächsten Woche das Spiel *Age of Empires* mitzubringen.

Ich hatte sofort gewusst, dass ich von ihm etwas lernen konnte, so wie von Dominic. Technisch war Ben so gut aufgestellt, dass manche Spiele auf meinem Rechner nicht funktionierten, weil er veraltet war. Ben besaß auch Konsolen und abonnierte Spiele-Zeitschriften, wie er durchblicken ließ.

Zwischen uns entspann sich bald ein reger und enger Austausch. Ich kann mich nicht daran erinnern, mit einem Menschen so viel Zeit verbracht zu haben wie mit Ben – Olli und Jannis in der Grundschulzeit ausgenommen. Informatik und Bio waren zwar unsere einzigen gemeinsamen Kurse, aber wir telefonierten oder chatteten unheimlich oft. Bald besuchte Ben mich auch zu Hause. Das war einfacher geworden, weil meine Mutter und ich im Frühsommer desselben Jahres nach Schöneberg gezogen waren und ich nun fast um die Ecke wohnte.

Bei der Wohnung handelte es sich um eine Ladenwohnung, auf die meine Mutter zufällig im Vorbeifahren gestoßen war. Lichterfelde war zu weit draußen gewesen, wir hatten ewig gebraucht, um irgendwohin zu kommen. Nicht mehr den Fahrdienst beanspruchen zu müssen war also eine große Erleichterung und Zeitersparnis.

Nachdem der Mietvertrag unterschrieben war, hatte meine Mutter eine Reihe von Umbaumaßnahmen veranlasst. Mir war es vor allem darauf angekommen, dass das neue Zuhause hinterher nicht aussah wie ein Krankenhaus. Die für rollstuhlfahrende Menschen ausgelegte Wohnung in Lichterfelde mit ihren nicht abschließbaren und nicht schallisolierten Schiebetüren sowie dem kalten, glatten Boden – trotz des Teppichs im Wohnzimmer – war einfach ungemütlich gewesen.

In der neuen Wohnung wurden als Erstes die Fenster ausgetauscht. Das Bad beließen wir, wie es war. Es wäre möglich gewesen, es durch Herausnehmen der Wand zur separaten Toilette nebenan zu vergrößern, doch unser Budget war erschöpft. Sämtliche Schwellen wurden aber herausgenommen, und über den Estrich im Wohnzimmer legten Handwerker Laminat. In der Küche war unsere Wahl auf Linoleum gefallen, und in meinem Zimmer, dem meiner Mutter und im Flur wurde strapazierfähiger Büroteppich verlegt, der auch keine Falten warf. Die Lichtschalter wurden um zehn Zentimeter nach unten versetzt. Der ehemalige Verkaufsraum mit dem großen Schaufenster – einst war es ein Kleidergeschäft gewesen – wurde unser Wohnzimmer. Von der ehemaligen Ladeneingangstür gelangte ich direkt hinein, es gab aber noch einen Eingang vom Treppenhaus.

Der Aufwand, den wir tätigten und der uns für die ersten Monate Mietfreiheit bescherte, hatte sich gelohnt. Wir fühlten uns beide in den neuen Räumen gleich wohler, und an Rollstuhlgerechtigkeit stand die Wohnung der alten in nichts nach.

Obwohl Ben und ich stundenlange Gespräche führten, ging es nie um Politik. Wir quatschten über Echtzeit-Strategiespiele wie *Age of Empires*, das über Wochen unser unangefochtener Favorit war.

«Hi, Raúl, ich hab was für uns», rief Ben mich eines frühen Abends an.

«Was denn?»

«Dominic hat ein neues Spiel aufgetan.»

«Welcher Dominic?»

«Na, mein Bruder.»

Alles klar. Ich erinnerte mich, dass Dominic vor nicht allzu langer Zeit auch vier Brüder erwähnt hatte. Ich hatte mich darüber gewundert, denn wie viele Menschen gab es schon, auf die das zutraf und die sich so für Computer und

Internet interessierten. Aber am Ende hatte ich nicht weiter darüber nachgedacht.

Ich sagte: «Den kenne ich.»

Nun staunte Ben, und ich erzählte ihm, dass Dominic und ich uns in der Computer-AG kennengelernt hatten. Damit war alles geklärt.

«Wie heißt denn das Spiel?», wollte ich jetzt von ihm wissen.

«*Command & Conquer*. Hier kämpfen nicht Pferde, sondern Panzer gegeneinander.»

«Klingt nach Spaß. Bring es morgen doch mal mit.»

Als Ben mich am nächsten Tag zu Hause besuchte, sah er gar nicht gut aus.

«Was ist los?», fragte ich ihn als Erstes.

«Die Trennung von meiner Freundin ist wieder hochgekommen.»

«Oh, das tut mir leid.» Bis dahin hatte ich nicht gewusst, dass Ben überhaupt eine Freundin hatte. «Möchtest du darüber reden?», bot ich ihm an. Zuhören war das Einzige, was ich für ihn tun konnte. Ich selbst verfügte in Frauenfragen über null Erfahrung. Nach Bens Erzählung konnte ich annehmen, dass es sich bei ihm um eine On-off-Beziehung handelte. Ihm musste viel an seiner (Ex-)Freundin liegen, denn er hatte sich noch einmal auf sie eingelassen, nachdem sie sich von ihm getrennt hatte. Er tat mir leid, und als er geendet hatte, schlug ich vor, *Command & Conquer* auszuprobieren.

Es wurde zu meinem neuen Lieblingsspiel. Daneben sah ich zu, meine Noten mindestens zu halten, denn in gut einem halben Jahr sollte ich Abitur machen. Informatik war ein Selbstläufer, und meine Noten in Politischer Weltkunde waren okay. In den anderen Fächern musste ich was tun. Hinzu kam, dass die Klausuren in den Leistungskursen nun sechsstündig waren und aufgrund der Zeitverlängerung, die ich immer wieder in Anspruch nahm, teilweise noch länger ausfielen.

«Weißt du schon, was du nach der Schule machen möchtest?», fragte ich Pia, als wir eines Abends bei mir zu Hause mit Lernen fertig waren. Unser Austausch über die aktuelle politische Lage hatte sich in der letzten Zeit zu teilweise hitzigen Debatten entwickelt. Ich machte mir einen Spaß daraus, sie mit meinem Fortschrittsglauben zu provozieren. So war ich überzeugt, dass sich mit Technologie, Bildung und Innovationen alles verbessern ließe. Menschen würden mit Hilfe von bestimmten Informationen automatisch die richtigen Entscheidungen treffen, alle Probleme könnten dadurch leichter gelöst werden. Pia hingegen gab grundsätzlich dem Kapitalismus für diese die Schuld. Ich mochte unsere Gespräche, obwohl ich nach wie vor aus fast jeder Diskussion als der Unterlegene hervorging.

«Vielleicht studiere ich Jura, wenn ich mit meinem Notendurchschnitt den benötigten Numerus clausus erreiche», antwortete Pia.

«Willst du damit in die Politik gehen oder Anwältin werden?»

«Ich möchte Menschen, die zu Unrecht mit dem Gesetz in Konflikt geraten sind, direkt helfen. Und ich glaube nicht, dass mir eine Partei diese Möglichkeit bietet.»

«Ja, ich finde, das passt zu dir.»

Wir saßen in meinem Zimmer auf dem Sofa, inzwischen war es draußen dunkel geworden. Nur noch die Schreibtischlampe gab Licht. Pia saß im Schneidersitz neben mir, und ich fühlte die große Vertrautheit, die uns seit Jahren verband.

«Du weißt, dass meine Provokationen, wenn wir miteinander diskutieren, nicht persönlich gemeint sind?», fuhr ich fort.

«Ja, das weiß ich», sagte Pia mit einem Lächeln.

«Ich mag deine Ehrlichkeit und nehme aus unseren Gesprächen immer viel mit.»

«Oh, das freut mich. Auch wenn du manchmal ein bisschen oberflächlich bist, diskutiere ich immer gern mit dir», meinte sie mit einem Augenzwinkern, woraufhin wir beide lachen mussten. Dann lehnte ich meinen Kopf an ihre Seite, was ich manchmal beim Lernen tat, wenn ich Zuspruch brauchte. Pias Kopf ruhte nun auf meinem, und es war schön, ihre Nähe zu spüren. So eng hatten wir noch nie beieinandergesessen. In die Wärme, die mich erfüllte, mischte sich ein bis dahin unbekanntes Kribbeln. So saßen wir eine ganze Weile beieinander und hörten, wie es leise anfing zu regnen.

«Darf ich dich küssen?», unterbrach ich die Stille, die uns umgab.

Pia hob langsam ihren Kopf von meinem, strich sich das Haar aus dem Gesicht und sah mich nachdenklich an. «Ach Raúl, ich weiß nicht. Ich glaube, ich möchte das nicht», sagte sie.

Erst einmal fühlte ich nichts, in mir war Leere. Dann machten sich große Traurigkeit und Schwere in mir breit. Wie gern hätte ich Pia geküsst, ihre Lippen, ihren Mund berührt, aus dem so viele kluge Sachen sprudelten. Aber es war ja zu erwarten gewesen, dass ich einen Korb bekomme, schoss mir durch den Kopf. Wieso habe ich sie das überhaupt gefragt? Ich musste an die Kuschelpartys denken, bei denen ich mich verloren gefühlt hatte.

Nach einer kurzen Pause fügte Pia hinzu: «Das hat aber nichts mit deiner Behinderung zu tun.» Sie strich sanft über meine Hand, auch eine häufige Geste von ihr.

«Raúl, ich mag dich wirklich sehr, und ...», setzte sie noch einmal an.

«Ich bin müde», unterbrach ich sie. «Ich will schlafen gehen.»

Da wir uns unter der Woche zum Lernen getroffen hatten, übernachtete Pia bei mir. Am nächsten Morgen wollten wir zusammen zur Schule fahren. Während sie im Bad war, rutschte ich vom Sofa ins Bett. Wie jedes Mal, wenn Pia über Nacht blieb, schlief sie auf dem Sofa in meinem Zimmer. Bevor sie sich hinlegte, schaltete sie das Licht aus und sagte leise gute Nacht.

Sehr bald hörte ich Pias Atemzüge. Ich dachte noch lange über ihre Antwort nach. Hätte es für mich nicht von vornherein klar sein müssen, dass sie nein sagen würde? Was würde Pia nun von mir denken? In meinen Ärger über mich selbst mischte sich die Sorge, durch meine Frage unsere Freundschaft aufs Spiel gesetzt zu haben. Vor allem konnte ich mir nicht vorstellen, dass es nicht meine Behinderung war, die sie davon abgehalten hatte, mich zu küssen. Würde ich es überhaupt jemandem glauben können? Wem, wenn nicht ihr? Mein letzter Gedanke vor dem Einschlafen war, dass ich nie wieder einer Frau sagen würde, was ich für sie empfinde.

Meiner Mutter gegenüber ließen Pia und ich uns am nächsten Morgen nichts anmerken, und auf dem Weg zur Schule sprachen wir so gut wie nicht miteinander.

Nach Schulschluss machte ich als Erstes meinen Rechner an. Ich sah, dass Ben bereits online war.

«Hi, Raúl, wie geht's?», wollte er wissen.

«Nicht so gut.»

«Wie kommt's?»

«Pia hat mir einen Korb gegeben.»

«Oh. Ich habe gemerkt, dass du sie sehr magst. Ab und zu habe ich euch zusammen in der Pause gesehen.»

«Gestern haben wir uns bei mir zum Lernen getroffen, und da ist es passiert.»

«Tut mir leid, das ist doof.»

«Sie sagte, dass es nichts mit meiner Behinderung zu tun hätte. Ich weiß nicht, ob ich das glauben kann.»

«Warum nicht? Ich kann mir nicht vorstellen, dass deine Behinderung für sie der Grund war.»

«Sicher?»

«Ganz bestimmt. Ich würde dir sagen, wenn es anders wäre. Wahrscheinlich hat es bei ihr nicht klick gemacht.»

«Bei wem dann, wenn nicht bei Pia? Meinst du, dass ich jemals eine Freundin haben werde?»

«Ich kann mir nicht vorstellen, dass du allein bleibst. Du wirst mit Sicherheit jemanden finden.»

Wollte Ben mir nur Mut machen, ohne wirklich überzeugt zu sein?

«Ich weiß nicht ...», schrieb ich verunsichert.

«Manche Frauen werden mit deiner Behinderung Schwierigkeiten haben», antwortete Ben. «Aber nicht alle. Du bist ein supertoller Freund, du hörst zu, und ich finde, man kann mit dir über alles reden.»

«Aber glaubst du nicht auch, dass meine Glasknochen bei jeder Frau Thema sein werden?»

«Sie werden Thema sein, so wie es meiner Ex ständig um Ernährung ging», antwortete Ben. Er hatte mir erzählt, dass sie Veganerin war.

«Könntest du dir denn vorstellen, mit einer Frau mit Behinderung eine Beziehung einzugehen?», wollte ich abschließend von Ben wissen.

«Ja. Durchaus.»

Am Ende unseres Chats fühlte ich mich besser. Pia und ich lernten zwar weiterhin zusammen, erwähnten aber den besagten Abend nicht mehr. Von Pia einen Korb bekommen zu haben hatte weh getan. Da half es wenig, zu wissen, dass andere ebenso von einer Frau zurückgewiesen wurden. Auch wenn ich ihr geglaubt hatte, dass ihre Ablehnung nichts mit meiner Behinderung zu tun hatte, konnte ich mir nicht vorstellen, dass jemals eine Frau über sie hinwegsehen könnte – trotz Bens Bezeugung. Denn Pia war die Einzige, der ich das zugetraut hatte. Ich ging davon aus, dass meine Behinderung immer zwischen einer Frau und mir stehen würde. Meine Enttäuschung musste ich allein verarbeiten, doch mir war klar, dass ich jederzeit auf Ben zählen konnte. Auch wenn er und seine Art, sich auf Dinge einzulassen, mich unwissentlich und indirekt dazu ermutigt hatten, Pia um einen Kuss zu bitten.

«Was ist das für ein Film?», fragte Ben kurz vor Weihnachten, als wir das letzte Mal Informatik hatten.

«Da habe ich synchronisiert.»

«Du hast was?», hakte Ben nach.

«Vor zwei Jahren war ich Gast in einer Talkshow, und danach rief mich ein Produzent an», erzählte ich. «Sie suchten jemanden mit einer hohen Stimme, der einen kleinwüchsigen Anwalt in der amerikanischen Fernsehserie *Ally McBeal* spricht. Normalerweise machen das Kinder, aber aus arbeitsrechtlichen Gründen hatte das nicht geklappt. Da meine Stimme aufgrund meiner Größe auch hell ist und ich volljährig bin, kamen sie auf mich zu.»

«Du hast mir aber soeben *Simon Birch* gegeben», entgegnete Ben.

«Genau. Denn nachdem ich den Anwalt synchronisiert hatte, landete ich in einer Kartei, in der bundesweit alle Sprecher sowie ihre stimmlichen Charakteristika enthalten sind. Nach *Ally McBeal* rief wieder ein Produzent an, für die deutsche Fassung brauchten sie für die Rolle von Simon Birch, einem kleinwüchsigen Jungen, noch einen Sprecher.»

«Aha. Das wusste ich ja noch gar nicht von dir. Wann hast du das alles gemacht?»

«Die Aufnahmen für *Ally McBeal* fanden an drei Nachmittagen in einem Berliner Studio statt. Für *Simon Birch* war ich in den Ferien eine Woche in München.»

«Interessant. Worum geht es eigentlich in dem Film?», wollte Ben noch wissen.

«Schau ihn dir an. Bin gespannt, was du sagst.»

Nach den Weihnachtsferien hatten wir gleich am Montag Informatik, und Ben gab mir die Videokassette zurück.

«Und?», fragte ich zögernd.

«Der Film hat mir gefallen. Ein bisschen kitschig, aber gut.»

«Ich kenne nur die Szenen, die ich gesprochen habe», räumte ich ein. Ben schaute mich erstaunt an.

«Wie kommt's?»

«Ich kann mich selber nicht hören. Deswegen», antwortete ich ihm.

«Echt? Aber du klingst nun mal so, und ich finde, dass es passt – Simon.»

Simon Birch wurde für Ben und mich vorübergehend zum Sinnbild unserer Freundschaft, sodass wir uns eine ganze Weile mit den Namen der Filmfiguren ansprachen, wenn niemand anders dabei war. Die Tragikomödie basiert auf dem Roman *Owen Meany* von John Irving und erzählt die besondere Freundschaft von zwei Jungen. Simon ist kleinwüchsig und hat selbst bei seinen Eltern einen schweren Stand. Von Anfang an hat er das Gefühl, eines Tages Großes zu vollbringen. In seiner Nachbarschaft lernt er Joe kennen, einen Außenseiter, dem seine Mutter nicht verrät, wer sein Vater ist. Im Laufe des Films begeben sich die beiden nicht nur auf die Suche nach ihm, sondern auch nach dem Sinn des Lebens. Simon rettet am Ende eine Gruppe von Kindern vor dem Ertrinken und stirbt dabei, woraufhin Joe als Erwachsener seinen Sohn nach ihm benennt.

Der eigentliche Punkt aber war, dass Simon und Joe nie über Behinderung sprachen – ähnlich wie bei Ben und mir. Uns war klar, dass wir wie die Protagonisten im Film füreinander da sind. Dass Ben für mich zu dem Freund wurde, wie ich ihn mir immer gewünscht habe, führe ich vor allem darauf zurück, dass er meine Behinderung nie thematisiert hat und da war, als ich erstmals in meinem Leben das Bedürfnis hatte, über sie zu reden. Auch wenn ich bis heute meinen Zweifel von damals nie wirklich habe ablegen können und immer mal wieder denke, dass meine Behinderung eine Beziehung verunmöglicht, hat das Sprechen darüber unglaublich gutgetan. Und es war ein Anfang.

Allein zu Haus mit anderen

Meine Behinderung war für Olli nie etwas gewesen, das ihm Schwierigkeiten bereitet hätte. An einem Morgen Anfang September 2001, das Abitur lag noch nicht lange hinter uns, kam er zu uns zum Frühstück. Nachdem wir uns darüber unterhalten hatten, wie es war, nicht mehr lernen zu müssen und Zeit zu haben und in den Tag hineinzuleben, schaute meine Mutter auf die Uhr: «Apropos Zeit. Wollen wir eben ins Bad und Olli zeigen, was ihn erwartet?» Sie musste gleich in die Praxis.

«Ich muss aber gar nicht», erwiderte ich.

«Los jetzt, Olli ist hergekommen, damit er den Ablauf kennenlernt.» Ich schluckte. Nun war der Moment eingetreten, vor dem ich mich am meisten scheute. Denn bis dahin waren nur meine Mutter, mein Vater und meine Einzelfallhelferin Silvia mit mir auf die Toilette gegangen.

Olli und meine Mutter erhoben sich von ihren Stühlen in der Küche. Dann ging es ins Bad, wo meine Mutter ein gepolstertes Holzbrett, das auf dem Wannenrand an der Wand lehnte, herunterklappte. Danach hob sie mich aus dem Rollstuhl und legte mich darauf, half mir beim Ausziehen und von dort auf die Toilette. Anschließend wiederholten wir alles in der umgekehrten Reihenfolge.

Das Ganze hatte keine fünf Minuten gedauert. Ich weiß nicht, was Olli dachte, denn ich war ausschließlich mit mir selbst beschäftigt. Dabei war es nicht nur Scham vor ihm, die ich empfand, sondern auch Unwohlsein aufgrund meiner Hilflosigkeit. Es war etwas völlig anderes gewesen, sich in der Schule nach dem Schwimmen nackt unter der Dusche zu sehen als aufgrund von Behinderung und dem Angewiesensein auf Unterstützung. Ich war sehr angespannt und hatte auch etwas Angst – Olli und ich waren bis dahin Freunde gewesen, die sich seit dem Kinderhaus kannten. Wenn er mein Zivi war, würde für uns beide eine neue Rolle hinzukommen, es würde eine veränderte Situation bedeuten.

«Ist doch alles ganz einfach», meinte Olli, als wir wieder in der Küche waren.

Ich nickte. Froh darüber, dass es geschafft war.

«Gibt es sonst noch etwas, das ich wissen sollte?», erkundigte er sich bei mir, nachdem er sich einen weiteren Kaffee genommen hatte. Meine Mutter hatte sich inzwischen von uns verabschiedet, um ihre Arbeit in der Praxis aufzunehmen.

«Nein, eigentlich nicht», sagte ich. «Schuhe und Hose an- und ausziehen kennen wir ja schon aus dem Kinderhaus. Getragen und umgesetzt hast du mich damals ebenfalls.»

«Wie ist es mit duschen?»

«Ich bade lieber. Hier stellt sich nur die Frage nach der richtigen Temperatur und nach welchem Zeug ich duften möchte. Ich sage dir Bescheid, wenn ich fertig bin. Hinterher abtrocknen, anziehen, das war's. Alles andere wie Zähneputzen, Körperpflege und so mache ich selbst. Du musst mir nur die entsprechenden Dinge reichen, wenn ich nicht drankomme.»

«Alles klar.»

Ich dachte noch einen Moment nach. «Schmerzmittel für den Notfall habe ich immer dabei, wenn ich unterwegs bin. Ansonsten fällt mir nichts ein. Dann können wir eigentlich 'ne Runde zocken, oder?»

Ollis Zivildienst hatte an diesem Tag begonnen. Silvia, meine Einzelfallhelferin, hatte der Sozialpädagogische Dienst geschickt und war vom Sozialamt bezahlt worden. Irgendwann gingen meiner Mutter und mir die Argumente aus, um den sozialpädagogischen Bedarf zu begründen, sodass ab 1998 nur meine Mutter für mich zuständig war.

«Ich pack das alles nicht mehr allein, Raúl», hatte sie dann im Herbst 2000 gemeint. Ich schaute sie fragend an. «In der Praxis ist so viel zu tun, und ich schaffe es nicht, in dem erforderlichen Maße für dich da zu sein. Wir benötigen jemanden, der mich entlastet.»

Uns war stets klar gewesen, dass es irgendwann jemanden geben würde, der mir statt meiner Mutter hilft. Wir hatten auch immer mal wieder darüber gesprochen. Doch solange Silvia zu ihrer Unterstützung kam, hatte ich das erfolgreich verdrängt, zumal es keine Deadline gab oder wir so etwas wie einen Pakt geschlossen hatten. Dass eine Lösung gefunden werden musste, war jedoch nicht verhandelbar, und ich fühlte mich in dem Moment von meiner Mutter unter Druck gesetzt.

Die Vorstellung, mich auf jemand anderes einzulassen als

auf sie, meinen Vater oder Silvia, mit der ich quasi aufgewachsen bin, fiel mir ungemein schwer. Denn als Mensch mit Behinderung, der bei bestimmten Tätigkeiten die Hilfe anderer benötigt, gebe ich mehr als andere meine Intimsphäre preis und muss Nähe zulassen, was immer eine Herausforderung bleiben wird. Wir fanden jedoch einen Weg, sodass uns mit Friedo ab Januar 2001, also noch vor Olli, ein sanfter Übergang gelang.

Friedo kannte ich flüchtig, hauptsächlich vom Sehen, denn er war bis zu seinem Abi auch auf der Sophie-Scholl-Schule gewesen. Offiziell war er mein erster Zivi, ich habe ihn jedoch nie als solchen wahrgenommen. Denn wir machten nichts anderes, als die Nachmittage bei mir zu Hause zu verbringen, bis meine Mutter aus der Praxis zurückkehrte. So jedenfalls zu Anfang, da zockten wir meist stundenlang am Computer. Doch dann kamen Dinge hinzu wie gemeinsames Einkaufen oder Kochen, also all das, was ich vorher mit Silvia gemacht hatte. Irgendwann begleitete er mich zu Verabredungen mit Freunden, überhaupt mochte ich ihn für seine Unternehmungslust. Dennoch war es ein monatelanger Annäherungsprozess gewesen, an dessen Ende ich zuließ, dass Friedo mich trug und zum Beispiel aus meinem Rollstuhl aufs Sofa setzte.

Menschen sind bekanntlich sehr verschieden, und ich brauche eine Weile, um ein Gefühl für sie zu entwickeln, Vertrauen aufzubauen und die mit dem Tragen einhergehende Nähe zuzulassen. In dieser Hinsicht werde ich immer auf andere angewiesen sein. Menschen, die mich unterstützen, teile ich in drei Kategorien ein. In die erste fallen automatisch die Leute, mit denen ich Zeit verbringe, mithin Mitschüler, Kommilitonen oder Arbeitskollegen. Zur zweiten Kategorie zählen die, denen ich erlaube, mich zu tragen. Kategorie drei bedeutet: Jemand kann mit mir auf Toilette gehen.

Kurz nach dem Abi stellte sich die Frage, wer Friedo ab dem Spätsommer nachfolgen könnte – sein Zivildienst endete. Hatte ich mich zwar in dem halben Jahr an ihn gewöhnt, bedeutete das noch lange nicht, dass man mir vom Kreiswehrersatzamt irgendeinen Zivi zuweisen konnte. Lange fiel mir niemand ein, der Friedo ersetzen könnte, was mich ein wenig belastete. In einem Gespräch mit meiner Mutter erwähnte ich dann Olli. Von ihm wusste ich, dass er noch keinen Zivi-Platz hatte, und meine Mutter schlug vor, ihn einfach mal zu fragen.

Olli war einer der umsichtigsten und pflichtbewusstesten Freunde, die ich hatte. Ob im Schülerladen oder bei einem von uns zu Hause, nach dem Spielen räumte er immer auf und war in allem unheimlich akkurat. Wichtiger war jedoch, dass er von Kindesbeinen an ein Bewusstsein entwickelt hatte, worauf es bei mir ankommt. Wie Jannis hatte er ein Gefühl für Bordsteinkanten, und ich hatte ihm schon zu Grundschulzeiten erlaubt, mich einhändig zu schieben. Dabei gibt es Menschen, von denen ich mich auch nach Jahren ungern schieben lasse.

Olli hatte sofort zugesagt, und nach seiner Einarbeitung machte sich große Erleichterung in mir breit. Ich war froh, als ich das Schlimmste hinter mir hatte, und ich wusste, dass ich meine Mutter nicht mehr brauchte, um allein zurechtzukommen. Der Damm war gebrochen, und mir war ein Riesenstein vom Herzen gefallen.

«Und, wie ist dein Zivi-Lehrgang so?», meinte ich ein paar Tage später zu Ben, nachdem er seinen weißen Polo vor dem Haus geparkt hatte.

«Eher trocken. Heute ging es vor allem um Rechtliches», sagte er.

«Hi, Raúl, wie geht's?», begrüßte mich Dominic, der mit ihm gekommen war. Auf Bens Autodach hatten sie ein Bett befestigt, im Kofferraum befanden sich Bens Computer, Bettzeug und eine kleine Reisetasche.

«Soll ich mit anfassen?», bot Olli an, der auch auf die Straße getreten war.

«Geht schon, du kannst uns die Ladeneingangstür aufhalten, wenn wir die Sachen reintragen», antwortete ihm Ben.

«Wir sollten mit dem Bett anfangen, es sieht nach Regen aus», meinte Dominic mit einem Blick nach oben.

Ich sah ihnen zu, wie sie zügig die Spanngurte lösten und das Möbelstück auf dem Bürgersteig abstellten. Dann trugen sie es ins ehemalige Zimmer meiner Mutter, die das Wochenende vorher ausgezogen war. So wie sie immer wieder darauf zu sprechen gekommen war, dass wir jemanden finden müssten, der sie ersetzt, hatte ich ihr gegenüber erwähnt, dass Ben und ich nach dem Abitur eine WG gründen möchten.

«Die Idee finde ich gut», hatte sie dazu gemeint.

«Ben möchte etwas Eigenes, wenn er Zivi macht», fuhr ich fort. «Außerdem war ja sowieso geplant, dass ich mit achtzehn ausziehe. Jetzt bin ich sogar schon über achtzehn.»

Wir mussten beide grinsen.

Schon als Kind hatte meine Mutter immer mal wieder von einem Auszug gesprochen, woraufhin manche Menschen in unserem Umfeld zu ihr meinten, es wäre schon sehr hart von ihr, so früh solche Dinge zu thematisieren. Doch sie wollte nur sichergehen, dass ich mit vierzig nicht immer noch bei meinen Eltern hocke. Damals hatte ich mich aber häufiger gefragt, wie das gehen sollte. Wie sollte ich das schaffen, wovon sollte ich leben, wer sollte mich unterstützen? Ich fürchtete mich davor, dass ich mir am Tag meiner Volljährigkeit etwas Eigenes suchen musste, denn bis dahin hatte sie alles ernst gemeint, was sie gesagt und versprochen hatte. Doch irgendwann dämmerte mir, dass ich in Ruhe die Schule beenden könnte, sodass der Spruch «Mit achtzehn ziehst du aus» nur noch ein Running Gag bei uns war.

«Ben und ich brauchen eine rollstuhlgerechte Wohnung. Ich hoffe, dass das nicht allzu schwierig wird», sagte ich, als wir das nächste Mal über unsere WG-Pläne sprachen.

«Was hältst du davon, wenn ich mir was Neues suche und du mit Ben hierbleibst?», schlug meine Mutter vor. «Wir haben in die Wohnung viel Geld reingesteckt, und es wäre schade, wenn du noch einmal von vorn anfangen müsstest oder vom Sozialamt eine Wohnung wie die in Lichterfelde zugewiesen bekommen würdest.»

«Klingt gut.»

«Aber erst mal machst du Abitur, dann sehen wir weiter.»

Die Vorstellung, mit Ben zusammenzuziehen, nahm immer mehr Gestalt an. An Technik würden wir auf das zurückgreifen, was wir jeweils hatten, und Ben wollte noch ein paar Möbel mitbringen. Unsere Freundschaft war nach dem Korb von Pia noch enger geworden, und wir freuten uns, zukünftig noch mehr Zeit miteinander zu verbringen. Wie bei Olli würde sein Zivildienst bei einem fahrbaren Mittagstisch Anfang September beginnen, und wir hofften, dass meine Mutter bis dahin ein neues Zuhause gefunden hatte. Unser Wunsch wurde erfüllt. Innerhalb weniger Wochen wurde sie ganz in der Nähe unserer Wohnung fündig, denn unser Deal sah vor, dass sie im Urlaubs- oder Krankheitsfall meinen Zivi vertritt, zumal eine Wochenarbeitszeit von vierzig Stunden vorgesehen war, die Olli und ich flexibel einteilen wollten.

«Das geht jetzt aber doch ganz schön schnell», meinte meine Mutter, als sie am zweiten Septemberwochenende auszog. So wie ich mein bisheriges Leben vor allem von ihr unterstützt worden war, hatte sie mich um sich gehabt. Aufgrund meiner Behinderung wird sich ihr mehr als anderen Müttern die Frage gestellt haben, wie es mir geht, ob ich klarkomme und auch gut «versorgt» bin, was sich bis heute vermutlich nicht geändert hat. Vielleicht hat ihr die Ablösung auch Angst gemacht? Ein Abnabelungsprozess hatte nicht stattgefunden, da der Abschied ja relativ plötzlich kam. Ich schließe nicht aus, dass sie sich auch ein Stück weit rausgeworfen fühlte, was ich auf die Umstände zurückführe: Doch es war immer unser Plan gewesen, dass ich eines Tages alleine wohnen würde. Oder zusammen mit einer Person, die nicht sie war. Ben zum Beispiel.

«So, lass uns mal schauen, wie wir das mit der Technik genau machen wollen», sagte ich zu Ben, nachdem er und sein Bruder alles hereingetragen hatten. Dominic war schon wieder verschwunden, weil er noch eine andere Verabredung hatte.

«Wow, deine Mutter hat tatsächlich alles dagelassen», meinte Ben, als wir uns an den Küchentisch setzten. Mitgenommen hatte sie nur ihr Bett, den Kleiderschrank und das Sofa. Kühlschrank, Waschmaschine, Wäscheständer, Staubsauger und sämtliche Haushaltsgeräte hatte sie uns überlassen.

«Wir brauchen in jedem Zimmer Internet, mit Modems fangen wir gar nicht erst an. Kümmerst du dich um DSL-Anschlüsse?», fuhr Ben fort.

«Kann ich machen. Ins Wohnzimmer können wir ja den Medienrechner packen.» Unser Plan war, ihn an den Fernseher anzuschließen, den Olli und ich beim Discounter um die Ecke besorgt hatten. Darüber wollten wir Filme und Streamings ansehen, die man heutzutage auf einer kleinen externen Festplatte ablegt.

«Genau, den bringe ich morgen mit. Der Rest meiner Sachen folgt dann sukzessive die nächsten Abende.»

«Apropos. In einem Inserat in der ‹Zweiten Hand› bin ich auf eine Geschirrspülmaschine gestoßen, eine zwanzig Jahre alte Miele, die es aber noch tun soll. Die Leute haben auch ein Ecksofa für kleines Geld abzugeben. Ich habe mal zugesagt, dass wir beides nehmen.»

«Prima. Wann können wir vorbeikommen?», wollte Ben wissen.

«Freitag, am späten Nachmittag. Ich habe Simon gebeten, uns zu helfen, denn Olli möchte für das Hochbett in der Abstellkammer schon mal Maß nehmen.»

In der zwölften Klasse hatten Simon und ich – für Bekannte und befreundete Ärzte meiner Mutter baute ich damals Websites – die Netreporters ins Leben gerufen, die wir zusammen im Rathaus Schöneberg als GbR, als Gesellschaft bürgerlichen Rechts, anmeldeten. Die Internet-Agentur existierte aber nur auf dem Papier, denn ich legte sie gleich nach der Gründung auf Eis.

Auslöser war der Platten am rechten Vorderrad meines Elektrorollstuhls, mit dem ich mich außerhalb meiner Wohnung fortbewege. Weiß ich, dass mich Treppen, Stufen, kaputte Aufzüge oder andere Hindernisse erwarten, muss ich im manuellen Rollstuhl geschoben werden. Als der Reifen platt war, war ich samstags mit meinem Vater von Schöneberg unweit meiner Schule auf dem Weg nach Lichterfelde. Ein defektes Rad war bislang selten vorgekommen und immer nur zu Hause. Es war ärgerlich, zumal mein Vater ab Mittag arbeiten musste. Per Handy rief ich meine Mutter in der Praxis an, wo sie mit der Abrechnung beschäftigt war. Mit meinem E-Rollstuhl konnte ich zwar noch fahren, um aber den Reifen flicken zu lassen, musste sie erst nach Hause und meinen Schieberollstuhl holen. In Ersterem während der Reparatur sitzen zu bleiben wäre nicht nur unpraktisch, sondern auch zu gefährlich gewesen.

Während ich auf meine Mutter wartete, wurde ich plötzlich angesprochen. Von Robert Skuppien. Kennengelernt hatten wir uns während meines Praktikums bei Radio Fritz in der neunten Klasse, wo er das Nachmittagsformat moderierte. Er erzählte, dass er und sein ehemaliger Kollege Volker Wieprecht sich mittlerweile mit einer Medienagentur unweit meiner Schule selbständig gemacht hätten. Für radioeins produzierten sie nun Radiosendungen. Im Gegenzug berichtete ich ihm von den Websites, die ich programmierte. Daraufhin lud er mich ein, die Tage in der Agentur vorbeizukommen und mich vorzustellen. Vielleicht hätte man einen Job für mich. Wow! Ich freute mich über das Angebot, musste Robert jedoch erst mal vertrösten, da ich nicht wusste, wie schnell mein Platten zu reparieren war.

Einen Fahrradladen fanden meine Mutter und ich zwar schnell, doch letztlich war ein zweiter Anlauf nötig. Dem ersten Händler hatte das entsprechende Werkzeug gefehlt, außerdem hätte das Ganze vor dem Haus stattfinden müssen, da am Eingang Stufen waren, die ich ohne Rampe nicht überwinden konnte. Im zweiten Geschäft konnte man uns endlich helfen. Die Reifen eines E-Rollstuhls sind speziell. Um Schlauch und Mantel von der Felge zu entfernen, musste das Rad ab- und die Felge aufgeschraubt werden, was dauert. Hinzu kommt das große Gewicht von Elektrorollstühlen. Wie schwer mein damaliges Modell war, weiß ich nicht, doch mein jetziges wiegt 150 Kilo.

Nach einer Stunde aber war ich wieder mobil und hatte wenig später meinen ersten unbefristeten Minijob, damals noch auf 630-Mark-Basis, eingeführt von der rot-grünen Bundesregierung. In der Agentur waren noch weitere Kapazitäten frei, und ich brachte Simon ins Spiel, da aus unseren gemeinsamen Plänen ja nun nichts geworden waren. Ich arbeitete dort noch immer, als Ben bei mir einzog.

Ben verbrachte gleich die erste Nacht in unserer Wohnung. Schon als wir angefangen hatten, über unser Zusammenziehen zu sprechen, hatten wir beschlossen, dass wir wie Simon und Joe in dem Film *Simon Birch* immer Freunde bleiben würden. Als Mitbewohner würde weder ich von Ben erwarten, dass er mich unterstützt, noch sollte er das Gefühl haben, dass er dazu verpflichtet ist. Ausgenommen davon waren gemeinsame Unternehmungen, bei denen er mich tragen musste, beispielsweise wenn wir das Auto brauchten, um irgendwo hinzukommen.

Um die Geschirrspülmaschine und das Sofa im Prenzlauer Berg abzuholen, hatte uns meine Mutter ihr Auto geliehen, einen silbernen Golf Kombi. Simon kam im bronzefarbenen Opel Kadett seines Vaters direkt dorthin. Ben und er klappten im Golf die Rückbank um, damit die Geschirrspülmaschine eingeladen werden konnte. Vorher setzte Ben mich mitsamt Kindersitz auf den Beifahrersitz des Kadetts, was eigentlich nicht erlaubt ist. Meinen Schieberollstuhl hatten wir nämlich gar nicht erst mitgenommen, um Platz zu sparen.

Simon und Ben hatten ganz schön zu schleppen, denn es handelte sich um ein beiges Ecksofa für fünf Personen, und die Wohnung befand sich im dritten Stock. Als beides unten war, befestigten sie nach einer kurzen Pause eine Hälfte des Sofaunterbaus mit Spanngurten am Skiträger des Golfs. Die andere sowie die Polster kamen in den Kofferraum beziehungsweise auf das Dach des Kadetts.

«Ob das hält?», fragte ich Ben.

«Wir werden sehen. Am besten fahren wir hintereinander, damit Simon ein Auge darauf haben kann.»

Nachdem wir bezahlt hatten, ging es los. Wir rauschten direkt in den Feierabendverkehr hinein. Auf der Schönhauser Allee, wir waren noch gar nicht lange unterwegs gewesen, musste Ben abrupt bremsen. Jemand hatte ihm die Vorfahrt genommen. Dabei war seine Dachladung ins Rutschen geraten, was Ben gar nicht bemerkte. Simon hupte und gestikulierte wild neben mir. Endlich! Ben reagierte und fuhr rechts ran. Gemeinsam zogen sie die Spanngurte nach, sodass nichts verlorenging.

In Schöneberg angekommen, trugen die beiden mit Olli unsere Neuanschaffungen rein. Danach brauchten wir erst einmal etwas zu trinken, denn es war ein warmer Spätsommertag.

«Na, da habt ihr ja ein schönes Exemplar ergattert», meinte Olli, nachdem er auf dem Sofa Platz genommen hatte. Es war ziemlich ausgesessen und hatte eine Reihe von Flecken.

«Besorgen wir halt Tagesdecken von Ikea», meinte ich.

«Ich könnte übrigens mit den Vorbereitungen fürs Hoch-bett für die Gäste in der Kammer beginnen», sagte Olli. «Habt ihr eine Bohrmaschine?»

«Nein, leider nicht. Frag doch mal unseren Nachbarn in der Ladenwohnung nebenan», schlug Ben vor. «Er macht einen ganz netten Eindruck.»

Am nächsten Wochenende war unser Hochbett fertig. Olli beneidete ich für seine handwerklichen Fähigkeiten. Ich wünsche mir oft, manchmal einfach etwas anbringen zu können, meine ansatzweise vorhandene Kreativität aus-zuleben und bei den kleinsten Dingen nicht immer einen Handwerker kommen lassen zu müssen. Wer weiß, viel-leicht wäre ich ja ähnlich begabt wie Olli, wenn ich nicht Glasknochen hätte? Stattdessen überlegte ich mir, wie wir in allen Zimmern Zugang zum Internet bekamen, recher-chierte den ökologischsten Stromanbieter, den günstigsten Netzbetreiber und übernahm den Kontakt zu Hausmeister und Hausverwaltung.

Wie erwartet, ließ sich das Zusammenwohnen super an, und schon nach kurzer Zeit wusste ich, dass etwas Besseres als die WG mir nicht hätte passieren können. Auf der einen Seite war vieles vertraut – angefangen bei der Wohnung über meine Freunde Ben und Olli bis hin zur Nachbarschaft mit ihren Einkaufsmöglichkeiten. Es ging mir gut, was auch daran lag, dass die Zahl meiner Brüche seit dem Ende der Pubertät rapide abgenommen hatte. Und wäre doch einmal was passiert, wusste ich meine Mutter in der Nähe. Auf der anderen Seite war die WG auch eine Art Befreiungsschlag, der erste Schritt in die Unabhängigkeit von meinen Eltern. Freunde gingen bei uns ein und aus, es war immer etwas los.

Insbesondere die ersten Monate waren geprägt von dem euphorischen Gefühl, uns stehe alles offen. Mit dem Abi in der Tasche glaubten wir, die Welt zu verstehen. Wir redeten unglaublich viel und diskutierten manchmal stundenlang mit großer Leidenschaft. Bens und mein Freundeskreis mischten sich im Laufe der Zeit. So zockten wir mit Jannis so manche Nacht am Computer durch, und auch Dominic war oft und lange bei uns.

Dementsprechend sah unsere Wohnung aus. Wir ernährten uns von Salamipizza im Dreierpack und Eistee. Für Pommes, Fischstäbchen und Chicken Nuggets hatten wir eine Fritteuse, die am Fenster stand, weil es in der Küche keine Dunstabzugshaube gab. «Je älter das Fett, umso besser die Pommes», war unser Spruch. Jeden Dienstagabend kam mein Vater, der Chili con Carne, Pasta oder Schnitzel für uns machte. Und wenn Olli kochte, war es entweder was mit Knoblauch oder Sahne. Ben brachte manchmal Essen mit, das er ausfuhr, das aber fürchterlich schmeckte. Sein Einkommen und das, was ich als Freier in der Agentur verdiente – aufgrund von Pflegestufe drei hatte ich nicht einmal zur Musterung gemusst –, investierten wir ausschließlich in Technik.

So wie Bens Mutter anfangs jeden Tag anrief und sich nach unserem Befinden erkundigte, kam meine Mutter nach der Arbeit bei uns vorbei, um zu sehen, ob alles in Ordnung war. Häufig beklagte sie den Zustand der Wohnung, meinte, sie wäre versifft, wozu hätten wir sie saniert, das wäre wohl umsonst gewesen. Einen Putzplan hatte es gegeben, er war jedoch nie umgesetzt worden. So manches Mal ließ meine Mutter es sich dann nicht nehmen, sauber zu machen, und wir hörten irgendwann auf, sie davon abzuhalten.

Rückblickend bin ich froh und dankbar, dass sie gegen meinen Widerstand immer wieder auf einen späteren Auszug zu sprechen gekommen war und sanften Druck gemacht hatte. Ein weitaus größerer Schritt war es jedoch, mich von einem Zivi unterstützen zu lassen. Das ist die eigentliche Unabhängigkeit von meinen Eltern, die ich in der Zeit erlangt habe. Und ich glaube, dass kein anderer als Olli mit seiner unkomplizierten Art und hohen Verlässlichkeit besser dafür geeignet war. Die einzige Frage, die sich mit Olli als meinem Zivi stellte, war die nach seinem Nachfolger. Und das war ein sehr gutes Gefühl.

Eierschaukeln mit OI

«Fährst du dahin?», fragte Olli, als er die Einladung zur Jahrestagung 2002 der Deutschen Gesellschaft für Osteogenesis imperfecta (Glasknochen; OI) auf dem Küchentisch liegen sah. Eigentlich war ich auf dem Sprung in die Agentur.

«Nee, habe ich nicht vor.»

«Wieso, was spricht dagegen?»

«Früher bin ich immer mit meiner Mutter dorthin gefahren, dann aber wollte ich irgendwann nicht mehr.»

«Und weshalb?», hakte Olli nach.

«Weil es langweilig war. Die meisten Kinder, die ich dort traf, waren entweder älter oder jünger als ich. Außerdem ging es nur um Behinderung. Mit was für Herausforderungen Eltern konfrontiert sind, die Kinder mit Glasknochen haben. Die Veranstaltungen hießen ‹Zahnmedizin und OI›, ‹Älterwerden und OI›, immer nur OI. Die Umgebung ist komplett rollstuhlgerecht, richtig künstlich war das, und irgendwann hatte ich es satt, meiner Mutter und anderen Eltern bei ihrem Austausch zuzuhören», erklärte ich.

«Aber du bist jetzt kein Kind mehr. Und du hast Glasknochen, das scheinst du gern mal zu vergessen. Ist die Teilnahme an diesen Veranstaltungen nicht Pflicht?»

«Eigentlich nicht.»

«Wir können zusammen zu diesem Treffen fahren. Es ist gutes Wetter, warum machen wir uns nicht ein lustiges Wochenende dort? Wo ist das überhaupt?» Olli nahm die Einladung in die Hand und las laut vor: «Duderstadt.» Dann wandte er sich mir zu: «‹Eine Stadt im Südosten Niedersachsens aus dem Mittelalter, mit vielen Fachwerkhäusern, in der Nähe von Göttingen›. Cool, das totale Kontrastprogramm zu Berlin.»

Ich überlegte einen Moment. Im Grunde hatte Olli recht, es konnte nicht verkehrt sein, sich über die neuesten Entwicklungen zu Glasknochen zu informieren. Ich neigte dazu, meine eigene Behinderung zu ignorieren, wollte so sein wie alle anderen – und verhielt mich auch so. Natürlich stieß ich dabei an Grenzen, aber die wollte ich letztlich nicht wahrhaben. Vielleicht machte es Sinn, sich näher mit meiner Behinderung zu beschäftigen. Und womöglich einige der ehemaligen Kinder zu treffen, die jetzt wie ich erwachsen waren, stellte ich mir auch nicht ganz uninteressant vor.

«Als dein Kumpel und Zivi fände ich es spannend, einmal dabei zu sein und mehr über Glasknochen zu erfahren», fügte Olli noch hinzu, da ich ihm eine Antwort schuldig geblieben war.

«Na gut», sagte ich.

Noch am selben Tag meldete ich uns an. Meine Mutter, die sich bereit erklärt hatte, uns ihr Auto zu leihen, gefiel es, dass ich mal wieder nach Duderstadt fuhr. Sie hatte sich ja auch immer gewünscht, dass ich mich mit Henrik oder Cleo austausche, was ich stets abgelehnt hatte.

«Und schau dir die Workshops an», gab sie mir noch mit auf den Weg.

Am Morgen unseres Aufbruchs – Olli hatte frische Wäsche für drei Tage, drei T-Shirts, eine weitere Hose, meinen Kulturbeutel und meinen Laptop für mich eingepackt – fiel mein Blick noch auf den übervollen Mülleimer in der Küche. Am Abend vorher hatte ich Ben gefragt, ob er ihn leeren könne, da sich mein Beitrag als jemand, der wenig isst, in Grenzen hielt. Olli wollte ich nicht fragen, ob er das übernehmen könnte, da er häufiger die Geschirrspülmaschine ausräumte und staubsaugte, als verabredet war. Jetzt konnte ich nur hoffen, dass Ben den Müll bis zu meiner Rückkehr nicht «übersah».

Als Erstes lud Olli unser Gepäck in den Kofferraum, dann befestigte er den Kindersitz auf der Rückbank des Autos, direkt hinter dem Beifahrersitz, weil ich von der Position aus am besten mit dem Fahrer reden kann. Ich sitze bis heute nicht selbst hinter dem Steuer eines Wagens, weil ich darin einen Vorteil sehe. Ein eigenes Auto bedeutet für mich einen unnötigen Kostenfaktor, zudem belastet es die Umwelt. Und bislang komme ich mit den öffentlichen Verkehrsmitteln sehr gut zurecht – oder auch in der Rolle als Beifahrer –, zumal ich zu faul bin, den Führerschein zu machen.

In diesen Kindersitz setzte Olli mich hinein. Zum Schluss packte er in den Kofferraum noch meinen Schieberollstuhl. Das Procedere hatte ich oft mitgemacht, ich dachte gar nicht mehr darüber nach, weil es vertraut war.

Langsam fing ich an, die ganze Unternehmung spannend

zu finden. Wie würde es sein, ohne meine Mutter an einem Treffen der OI-Gesellschaft teilzunehmen? Ich war nicht mehr das Kind mit Glasknochen, sondern ein Erwachsener mit Glasknochen – und hatte Verantwortung zu übernehmen. Für mich selbst. Zudem war ich neugierig, wie Olli reagieren würde. Zum ersten Mal würde er sehen, dass es noch andere kleine Menschen mit Glasknochen gab. In dieser Gruppe würde er «der andere» sein, also derjenige, der zu den Menschen gehörte, die keine Behinderung hatten, die in Duderstadt in der Minderheit waren und um die es dort vordergründig nicht ging.

Wir folgten der empfohlenen Route – ich hatte mir die Wegbeschreibung aus dem Internet ausgedruckt – und fuhren über Leipzig. Also, Olli fuhr. Auf der Strecke befanden sich unzählige Baustellen, viel standen wir im Stau und schwitzten vor uns hin. Die Klimaanlage lief auf vollen Touren, wir hörten Reggae-Musik. Olli liebt Reggae und hatte extra eine Adapterkassette für das Tapedeck besorgt, um seine MiniDiscs abzuspielen. Regelmäßig zog ich ihn deswegen auf, wer benutzte noch MiniDiscs, es gab doch MP3-Player?

Endlich, nach gut fünf Stunden, hatten wir unser Ziel erreicht.

«Das ist ja ein Riesengelände», meinte Olli beeindruckt, als wir Richtung Parkplatz fuhren. «Irre, eine große Wiese, Volleyballplatz, Fußballplatz, im Grunde eine Jugendherberge mit allem Drum und Dran.»

Auf dem Parkplatz standen viele Autos, und auf dem weitläufigen Gelände sah ich überall Menschen im Gespräch. Der Großteil von ihnen saß im Rollstuhl.

«Lass uns zum Empfang im Haupthaus gehen», sagte ich. «Dort erhalten wir unseren Zimmerschlüssel.»

«Wie viele Leute mit Glasknochen nehmen hier überhaupt teil?», wollte Olli wissen.

«Es sind jedes Mal um die zweihundert.»

«Und hast du all die Krankenwagen und Sanis gesehen?» Olli schien aus dem Staunen nicht herauszukommen. Dann merkte er selbst, was er gerade gesagt hatte. «Na, hier geht sicher auch der eine oder andere Knochen zu Bruch», schmunzelte er.

Unser Zimmer war einfach, ohne Fernseher, mit Stuhl, Bett und Tisch. So wie ich es von früheren Treffen kannte. Bis zum Abendessen war noch ein wenig Zeit, die wir draußen auf der Wiese verbrachten.

«Ich wusste gar nicht, dass es so kleine E-Rollstühle gibt. Hast du das HSV-Modell gesehen?», bemerkte Olli.

Ich nickte. Ein kleiner Junge in einem Elektrorollstuhl, der ganz in Blau, Weiß und Schwarz gehalten und mit dem Vereinswappen des Hamburger Sportvereins übersät war, versuchte, ein Mädchen zu fangen, das in einem pinkfarbenen Rollstuhl saß. Sein Outfit rührte von Barbie-Motiven her. Von weitem hörten wir sie lachen.

«Wie flott die E-Rollstühle inzwischen sind», überlegte ich laut. «Kannst du dich noch an meinen ersten erinnern, den ich in der siebten Klasse bekommen habe?»

«Stimmt, der war gelb.»

«Er war längst nicht so schnell wie die jetzigen Modelle. Wie das Mädchen dem Jungen davongefahren ist, das machte ihr bestimmt viel Spaß. Wenn ich mit meiner Mutter hier war, hatten wie immer nur meinen manuellen Rollstuhl dabei, weil mein elektrischer mit unserem Auto nicht zu transportieren war. Fast die ganze Zeit verbrachten wir zusammen, weil sie mich ja geschoben hat.»

«Und jetzt haben wir wieder nur deinen Schieberollstuhl dabei, und du bist davon abhängig, dass ich dich schiebe.» Olli sah mich direkt an, dann steckte er sich eine Zigarette an.

«Du bist aber nicht meine Mutter und wirst hoffentlich nicht anfangen, dich mit anderen in medizinische Themen zu versteigen.»

«Das werden wir sehen. Wie fühlt es sich denn für dich an, wieder hier zu sein?»

«Bislang ganz okay. Vielleicht sind Jana und Manuela da, die kamen auch meistens mit ihren Eltern.»

«Und wer sind die beiden?»

«Vier Jahre jünger als ich, sie gehen noch zur Schule. Ich habe in den letzten Jahren wenig Kontakt zu ihnen gehabt, meist war es meine Mutter, die ihn hielt. Mit Jana war ich hier ab und zu in der Theater-AG. Manuela war, glaube ich, die Gesprächigere von beiden.»

Olli blickte auf die Uhr. «Sag mal, sollten wir nicht langsam los? Laut Programm gibt es gleich Abendessen.»

Zur Wahl standen drei Speisesäle. Wir hatten uns für einen Raum entschieden, den ich als viel dunkler in Erinnerung hatte, als er jetzt war. In der Luft lag der vertraute Geruch nach Essen. Wie früher saßen Manuela, ihre Eltern, Jana sowie ihre Mutter an einem der Sechsertische aus Holz. Die Wiedersehensfreude war groß, und ich wurde sehr herzlich von allen begrüßt. Da Olli und ich an ihrem Tisch keinen Platz hatten, vertagten wir alles Weitere, wenn wir uns später am Lagerfeuer treffen würden.

Das Essen nahm nicht viel Zeit in Anspruch, alle wollten lieber raus, sich um das Feuer versammeln. Es knisterte herrlich, Funken sprühten in die Dunkelheit hinein wie kleine Leuchtraketen. Jana und Manuela entdeckten wir schnell. Sie saßen ebenfalls in einem Schieberollstuhl, weil sie – anders als ich – keinen elektrischen Rollstuhl hatten. Die Wohnung von Janas Familie war nicht rollstuhlgerecht, und Manuela brauchte keinen. Sie ist die Größte von uns dreien und kann ein bisschen eigenständig laufen. Manuela fuhr selbst, während Jana von ihrer Mutter geschoben wurde. Olli hatte sich hinter uns auf einer kleinen Mauer niedergelassen, die die Feuerstelle umgab.

«Ich möchte später auch in einer WG leben», sagte Manuela – sie hatte schulterlange rotbraune Haare – nachdem ich von Ben und mir erzählt hatte. «Meine Eltern gehen mir mit ihrer ewigen Besorgnis und Kümmerei manchmal ganz schön auf die Nerven. Ich bin nicht mehr das kleine Mädchen, das bei allem Unterstützung und ihren Rat braucht.» Mit einem Lächeln verdrehte sie die Augen. «Aber da ich fürs Studium wahrscheinlich eh umziehen muss, könnte daraus vielleicht noch was werden.»

«Weißt du denn schon, was du studieren möchtest?», fragte Olli.

«Kunst und visuelle Kultur, und zwar in Oldenburg. Übrigens, Raúl, ich habe neulich meinen Führerschein bestanden.»

«Hast du denn schon ein Auto?»

«Noch nicht. Der Wagen, den meine Eltern gekauft haben, ist noch in der Werkstatt zum Umbau», erzählte sie stolz.

«Was wird da alles gemacht?», fragte Olli interessiert.

«Sitz und Pedale werden erhöht. Der Sitz hinter dem Fahrer wird aus- und ein Kran eingebaut. Er greift dann den zusammengefalteten Rollstuhl, nachdem ich mich umgesetzt habe, und hievt ihn in den Kofferraum.»

«Das würde ich mich nie trauen, das würde mich überfordern», meinte daraufhin Jana, die ungefähr so groß wie ich ist und blaue Augen und längeres blondes Haar hat. Dann wandte sie sich an Olli: «Und machst du wirklich all das, wofür Raúls Mutter früher zuständig war?»

«Ja. So viel zu beachten gibt es letztlich nicht.»

«Woher kennt ihr euch eigentlich?»

«Aus dem Kindergarten. Bis einschließlich der sechsten Klasse waren wir zusammen in der Schule, wo ich Raúl im Sportunterricht auch schon auf die Matte getragen oder auf Klassenfahrten beim Umsetzen geholfen habe, oder?» Olli schaute mich an.

Ich nickte.

«Und das klappt alles ohne Probleme?», vergewisserte sie sich. «Ich kann mir im Moment nicht vorstellen, dass mich jemand trägt, der nicht meine Mutter oder mein Vater ist. Ich hätte Angst, dass derjenige nicht vorsichtig genug wäre und mir etwas passiert. Und wenn, dann sollte es eine Frau sein. Ihr Jungs mit euren Zivis habt es da einfacher.»

Ich musste daran denken, wie viel Überwindung mich der erste Gang ins Bad mit Olli gekostet hatte. Als das geschafft war, wäre ich bereit gewesen, monatelang mit ihm zu verreisen.

«Wer finanziert eigentlich Olli?», bemerkte Manuela interessiert.

«Wie jeder Zivi bekommt er seinen Sold von der Dienststelle, für die er arbeitet. Plus Pflegegeld. Aber ich glaube, dass meine Mutter noch was drauflegen muss, damit es reicht und die Leistung abgedeckt ist. Das geht aber nach dem Einkommen der Eltern», antwortete ich.

«Das hört sich auf jeden Fall nach einer Option an.» Manuela starrte nachdenklich ins Feuer. «Erwachsenwerden und Unabhängigkeit von den Eltern, spätestens dann, wenn man auszieht, bringen es mit sich, dass man sich Unterstützung von anderen holt. Wie lange bist du denn noch Raúls Zivi?»

«Bis Ende des Monats, unsere Tage sind sozusagen gezählt.»

«Echt? Und wer folgt dann? Hast du darüber ein Mitbestimmungsrecht? Von jedem würde ich mich ja nicht tragen lassen wollen.»

Da konnte ich Manuela nur zustimmen. «Jepp. Die Zivis rekrutiere ich bislang aus meinem Freundeskreis; ich möchte mir auch nicht von irgendwem helfen lassen. Ollis Einarbeitung dauerte eine knappe halbe Stunde. Dominic, der jüngere Bruder von meinem Mitbewohner Ben, ist als Nächstes dran. Er hat jetzt Abi gemacht, und ab Juli geht es los.» Dann hatte ich eine Frage: «Habt ihr eigentlich noch Kontakt zu Anna-Lena? Ich hatte damit gerechnet, sie hier zu treffen.» Als Einzige hatte sie einen Assistenzhund gehabt, ein ganz liebes Tier, das beispielsweise ihre Tasche aufhob, wenn sie runtergefallen war. Aber er konnte auch ihren Rollstuhl ziehen, und wenn er das nicht tat, lag er neben Anna-Lenas Rollstuhl und wartete auf weitere Kommandos.

«Ein Beinbruch hat sie davon abgehalten», erklärte Manuela. «Sie hat mir eine E-Mail geschrieben, es scheint ihr nicht so gutzugehen. Aber nicht so sehr wegen des Bruchs. Sie wird in der normalen Schule, die sie besucht, gehänselt, weil sie die Einzige im Rollstuhl ist. Jedenfalls befürchtet sie das. Anna-Lena fühlt sich einsam, ist wohl viel allein und hat meist nur mit Erwachsenen zu tun. Wo sie wohnt, ist es ja auch absolut ländlich ...»

Das zu erfahren, tat mir leid. Da ich das selbst nie erlebt, aber von anderen gehört hatte, dass sie deswegen die Schule gewechselt hatten, stellte ich es mir schrecklich vor, gehänselt und gemieden zu werden.

Dann kamen wir auf die Ferien zu sprechen, und da Jana keine Pläne hatte, schlug ich spontan vor: «Meine Mutter und ich verbringen diesen Sommer ein paar Tage im Haus meiner Großeltern in Holland. Hättest du Lust, uns dort zu besuchen?»

«Klar, aber ich muss vorher meine Mutter fragen.»

«Nimmt jemand von euch an einem der Workshops teil?», fragte Olli, als übers Feuer gehaltene Marshmallows herumgereicht wurden. Der Vater eines Jungen hatte inzwischen angefangen, seine Gitarre zu stimmen.

«Mein Interesse hält sich da, ehrlich gesagt, in Grenzen. Was ist mit euch?» Jana blickte Manuela, Olli und mich an.

«Ich gehe Sonntag eventuell zum Vortrag ‹Bisphosphonate und OI›, weil ich überlege, die Therapie zu machen», sagte Manuela. Bisphosphonate wie Fosamax, Boniva oder Actonel sind Medikamente, die bei Knochenkrankheiten eingesetzt werden.

«Mir geht es wie dir, Jana», sagte ich. Eigentlich war ich ja hierhergekommen, um als Erwachsener wie ein Erwachsener zu handeln. Was hieß: Mehr über die Probleme, die mich noch erwarten konnten, in Erfahrung zu bringen. Oder wie Manuela, die eine Infusionstherapie in Erwägung zog, um die Dichte ihrer Knochen zu erhöhen, und sich darüber hier informieren wollte. Und auch meine Mutter hatte mir ja nahegelegt, den einen oder anderen Workshop zu besuchen. Aber ich stellte es mir lustiger vor, mir mit Jana, Olli und Manuela eine gute Zeit zu machen. Also sagte ich: «Treffen wir uns doch morgen nach dem Frühstück und warten ab, was der so Tag bringt.»

Auf einmal stimmte der Vater mit der Gitarre ein Lied über Jesus an, manche, die mit uns ums Feuer saßen, fingen an zu singen. Für Olli, Jana, Manuela und mich war das der Zeitpunkt, zu verschwinden.

«Ich frage mich, wie Menschen mit Glasknochen ihr Leben außerhalb von Großstädten überhaupt auf die Reihe kriegen», sagte Olli, als wir noch eine Weile in der Dunkelheit vor dem Wohnkomplex saßen. Nur ganz in der Ferne hörten wir die Stimmen der Singenden, gerade noch akzeptabel. «In Berlin gehen Aufzüge an öffentlichen Haltestellen kaputt, aber es gibt sie immerhin. Gehwege sind oft schlecht passierbar, doch manche eigenen sich für Rollstuhlfahrer hervorragend. Aber was machen Leute wie Anna-Lena auf dem Land? Die Infrastruktur ist eine völlig andere. Sie ist noch mehr auf die Unterstützung der eigenen Familie angewiesen als sowieso schon.»

Olli sprach aus, worüber ich mir bis zu diesem Tag nie Gedanken gemacht hatte. Immer hatte ich in einer Stadt mit einem gut ausgebauten öffentlichen Personennahverkehr gelebt, den ich in Begleitung regelmäßig nutzte und der für mich Mobilität bedeutete. Als mehr oder weniger Alleinerziehende hatte meine Mutter mit Beginn ihres Studiums ein enges Netz aus Freunden und Verwandten geknüpft. Es war so engmaschig geknüpft, dass sie ein Jahr in Göttingen arbeiten konnte, weil es Anfang der Neunziger in Berlin immer noch keine Stellen für Ärzte gab. In einem Gespräch erklärte sie, dass sie wegen mir auf nichts verzichtet hätte – stets unter der Prämisse, dass immer jemand für mich da ist.

«... und dann habe ich die Befürchtung, unachtsam zu sein.» Olli riss mich aus meinen Gedanken.

«Wobei unachtsam?» Ich hatte nicht mitbekommen, was er mir erzählt hatte.

«Na, ich könnte hier jemanden übersehen, weil alle in so kleinen Rollstühlen sitzen. Die Kinder reichen mir gerade bis zum Knie.»

Ich musste lachen. Olli mit seinen eins neunzig überragte alle.

Vor dem Einschlafen musste ich daran denken, wie ich als Kind bei diesen Treffen in Duderstadt andere Menschen mit Glasknochen wahrgenommen hatte. Teilweise war ich regelrecht schockiert gewesen. Viele trugen Hörgeräte oder waren auf ein Beatmungsgerät angewiesen, weil eine extrem verformte Wirbelsäule oder ein deformierter Brustkorb Probleme bei der Atmung verursachte. Das Geräusch, das es erzeugte, fand ich gruselig. Auch wenn ich wusste, dass die Glasknochenkrankheit nicht etwa vergleichbar mit multipler Sklerose progressiv ist, also nicht mit den Jahren schlimmer wird, hatte ich den Gesprächen meiner Mutter und anderer Eltern entnommen, dass mit dem Alter bestimmte Schwierigkeiten auftauchen könnten. Die Medizin hat insgesamt sieben Glasknochentypen klassifiziert, wobei der Einzelne Merkmale unterschiedlicher Ausprägungen aufweisen und somit nicht immer hundertprozentig einer Kategorie zugeordnet werden kann.

Am wenigsten eingeschränkt sind Betroffene vom Typ I, der in der Bevölkerung am häufigsten verbreitet ist. Sie lernen laufen, ihre Statur ist oft gewöhnlich, ihre Knochen sind nicht zwangsläufig verformt, und das Weiß ihrer Augen

– die sogenannte Lederhaut – kann von einer bläulichen zu einer grauen oder roten Farbschattierung variieren, muss aber nicht. Es hat auch nicht jeder spröde Zähne. Während der ersten Gehversuche zugezogene Brüche oder eine Knochendichtemessung im jungen Erwachsenenalter führen oft erst zu der Diagnose. Das Hörvermögen ist ab etwa zwanzig beeinträchtigt, aufgrund schwacher Bänder sind die Gelenke locker, und die Muskelkraft ist meist vermindert.

Bei Typ II handelt es sich um die schwerste Form. Nur wenige erreichen das frühe Erwachsenenalter, weil die Lungen unterentwickelt sind und es schon vor Geburt zu zahlreichen Knochenbrüchen kommt. Charakteristische Merkmale für alle Menschen mit Glasknochen sind eine hohe Zahl an Frakturen, Kleinwüchsigkeit, skelettale Verformungen, eine schwache Muskulatur und überdehnbare Gelenke.

Bis heute weiß ich nicht genau, welchem Typus ich zuzuordnen bin; es hatte mich bislang auch nicht wirklich interessiert. Ich vermute aber, dass ich Typ III habe. Auch meine Mutter konnte es mir nicht sagen, als ich sie danach fragte. Obwohl sie Ärztin ist, hatte ich den Eindruck, dass sie auf diese Kategorisierungen keinen Wert legt. Sie sprach einmal von einer letalen Form. Demnach überlebte ich die Geburt nur wegen des Kaiserschnitts, zu dem die Mediziner in Lima geraten hatten, weil sie in den letzten Wochen der Schwangerschaft das Gefühl hatten, mit mir würde etwas nicht stimmen.

Ebenso wenig wie der Typ Glasknochen kümmerte mich meine Lebenserwartung. Je nach zugrundeliegender Art des Gendefekts gibt es unterschiedlich diagnostizierte Verläufe, wobei es meines Wissens mehr auf die individuellen Merkmale und den Lebensstil ankommt, sprich, wie man mit sich und seinem Körper umgeht. Sicher wären in meinem Fall eine auf mich abgestimmte Krankengymnastik, Physiotherapie, Kalzium und Vitamin D für die Knochen oder eine Bisphosphonattherapie sinnvoll. Mein Leben in einem Schema zu sehen oder es auf meine Behinderung auszurichten, das wollte ich jedoch nicht. Diagnosen, die Ärzte fällen, erfüllen sich oft erst, weil der Krankheit ein Name gegeben wurde. Vorher hatte sie gar nicht existiert. Ich lebe so lange, wie ich lebe. Und ich habe noch viel vor. Seit dem Sturz auf Giselas Balkon war mir das klar.

An diesem Wochenende war ich ausschließlich mit Menschen zusammen, die wohl die unterschiedlichsten Glasknochen-Typen hatten. Vereinzelt waren mir Ältere aufgefallen, die schienen sich gehenzulassen. Es lag weniger daran, dass sie einen ungepflegten Eindruck machten. Sie wirkten hilfloser oder «behinderter», als sie es vielleicht waren. Ich vergleiche sie mit Hochbetagten, denen manche aus Gründen der Effizienz immer mehr abnehmen, wodurch ihre Fähigkeiten noch schneller nachlassen. Auch Kinder hatte ich gesehen, denen die Eltern aus Bequemlichkeit keine Schuhe anzogen (für mich ein absolutes Muss), und bei der Kleidung ging es nicht mehr nach Geschmack und Ausdruck einer eigenen Persönlichkeit, sondern darum, dass sie leicht zu handhaben war. Das Umfeld hatte in ihnen wohl überwiegend Menschen mit Behinderung gesehen und ihnen somit die Chance genommen, selbstbestimmt zu entscheiden. Das war meine einzige Erklärung, und darüber schlief ich ein.

Nach dem Frühstück am nächsten Tag fuhr Olli ins Zentrum von Duderstadt – er brauchte Zigaretten. Ich wartete draußen allein auf Manuela und Jana. Mir fiel ein kleinwüchsiger Junge auf, der mit seinem Laufrad in Miniaturformat auf dem Parkplatz einen kleinen Schaumstoffball gegen die Bordsteinkante eines Weges kickte, der außen um den Platz führte. Manchmal schoss er zu kräftig, sodass der Ball auf den Weg sprang.

«Wirfst du mir bitte meinen Ball zurück?», bat er eine Sanitäterin, die gerade vorbeilief und ohne zu zögern seinem Wunsch nachkam.

Danach setzte er sein Spiel fort.

«Könnte ich bitte meinen Ball zurückhaben?», tönte es zum fünften oder sechsten Mal zu mir herüber.

«Steig doch von deinem Rad ab und hol ihn dir selbst», erwiderte der Mann, der sich diesmal angesprochen fühlte.

Überrascht hielt der Junge inne und schien einen Moment zu überlegen. Schließlich sagte er: «Ich traue mich aber nicht die Mauer hoch.»

Ja, richtig, aus seiner Perspektive war die Bordsteinkante eine Mauer. Die Situation erinnerte mich an mein rosafarbenes Dreirad, das meine Eltern gekauft hatten, als ich sechs war, damit ich meine Beine bewegte. Ich saß ja immer im Rollstuhl. Wenn ich damit auf dem Hof des Kinderhauses herumfuhr, hatte ich das Gefühl, unglaublich schnell zu sein. Doch sobald ein Erwachsener neben mir lief, bemerkte ich, wie langsam ich in Wirklichkeit war.

«Hallo!» Manuela und Jana begrüßten mich, ich hatte sie in meiner Versunkenheit gar nicht kommen sehen.

Manuela schlug vor, ins Bistro zu gehen, das sich im Erdgeschoss des Haupthauses befand. Es hätte eine schöne

Gartenterrasse. Inzwischen war auch unsere Vierergruppe komplett. Olli hatte sich Nachschub geholt und war zurückgekehrt.

«Schaut euch das an», sagte ich belustigt, als ich sah, wie viele Workshop-Teilnehmer intensiv ihre Programme studierten. «Die Leute scheinen geradezu Listen abzuarbeiten.»

Die Gartenterrasse lag im Sonnenschein. Immer wieder fuhren einzelne Kinder oder Gruppen in Rollstühlen an uns vorbei. Ich erzählte von dem kleinen Jungen mit dem Laufrad und seinem Ball.

«Es ist total schwierig, unser Alter zu schätzen. Körpergröße und Alter korrelieren nicht. Nicht nur ich werde für jünger gehalten, ich vertue mich da selbst oft, obwohl ich Glasknochen habe. Das tatsächliche Alter ist oft höher», sagte Jana. «Besonders bei Kindern liege ich häufig daneben. Viele sehen aus wie drei, doch wenn sie sprechen, nimmt man an, einen Sechsjährigen vor sich zu haben.»

«Hey, was glaubt ihr, wie alt das Mädchen da vorne ist?», fragte ich in die Runde.

«Höchstens fünf», meinte Jana.

«Nein, jünger», entgegnete Olli.

«Hallo, kannst du mal kurz kommen?», rief ich die Kleine, die auch gleich heranrollte. «Verrätst du uns, wie alt du bist?»

«Sieben. Nach den Sommerferien komme ich in die zweite Klasse», erzählte sie stolz.

Die nächsten Minuten schlossen wir Wetten über das Alter der vorbeifahrenden Kinder ab, fast immer gewann Jana.

«Was bekomme ich eigentlich von euch?», fragte sie, als wir uns schon überlegten, was wir als Nächstes machen könnten. «Immerhin war es eine Wette gewesen.»

«Einen feuchten Händedruck?», schlug ich vor.

«Blödmann!»

«Freibier?» Jana fiel vor Lachen fast aus ihrem Rollstuhl.

«Danke, eine Cola reicht. Und wenn ihr einverstanden seid, nehme ich hinterher noch ein Eis.»

«Wie ist es eigentlich mit Armdrücken? Habt ihr das schon mal gemacht?», fragte ich, nachdem die bestellten Getränke gebracht worden waren. Jana und Manuela sahen sich irritiert an.

«Na ja, gegen Olli kann ich ja schlecht antreten ...», fuhr ich fort.

Olli schüttelte nur den Kopf und meinte, ich sollte mal nicht übermütig werden. Manuela, der ich zugetraut hätte, dass sie die Herausforderung annahm, lehnte mit der Begründung ab, sie wolle mir nicht weh tun, sie wäre schließlich größer als ich.

«Und du, Jana?»

«Bloß nicht, wer weiß, was dabei passiert.»

Ihre Reaktion überraschte mich nicht. Doch der Gedanke, mich im Armdrücken zu messen, gefiel mir. Letztlich lief es aber auf *Tabu* und *Activity* hinaus, was wir bis zum Abendessen spielten.

Einmal beobachteten wir, wie ein Krankenwagen das Gelände verließ. Bestimmt hatte sich jemand etwas gebrochen, und Manuela sagte: «Oh, es hat wohl wieder geklirrt.»

Nichts wollten wir ernst nehmen, und ich fragte mich, ob wir eine Art inneres Abrechnen mit den Organisatoren dieser Veranstaltung betrieben.

«Ist euch aufgefallen, dass wir auch eine Gruppe sind, so wie die anderen, die die Workshops und Vorträge besuchen?», bemerkte Manuela auf einmal.

«Eine Gruppe, die nichts macht und dabei eine Menge Spaß hat», sagte Olli.

«Stimmt. Dann brauchen wir aber auch einen Namen», schlug Jana vor.

«Es muss aber auch ein OI rein», ergänzte Manuela in Anspielung auf das reguläre Veranstaltungsprogramm.

Ich dachte einen Moment nach. «Eierschaukeln mit OI?»

Olli hatte ich zu verdanken, dass ich diesen Spaß mit den anderen erleben durfte, aber er ermöglichte mir auch einen differenzierteren und vor allem bewussteren Umgang mit meiner Behinderung. Sein Interesse, nach Duderstadt zu fahren und noch andere Menschen mit Glasknochen kennenzulernen, war der Auslöser, mich ihnen ein Stück weit zu öffnen und in einem vertrauten Rahmen zu meiner Einschränkung zu stehen. Es hatte mir gefallen, ihm zuzusehen, wie locker, wie frei von Berührungsängsten er Jana, Manuela und allen anderen begegnete, was sich wiederum in ihren Reaktionen auf ihn spiegelte. Die Freundschaft zu ihm wurde dadurch noch tiefer. Das Wochenende war in dieser Hinsicht ein voller Erfolg, und in den Folgejahren nahm ich auch andere Freunde nach Duderstadt mit, Jannis und Ben.

Das Armdrücken holten Jana und ich noch nach. Tatsächlich brachte ihre Mutter sie für ein paar Tage zu uns ins Haus meiner Großeltern in Holland. Ob meine Mutter nur mich oder uns beide unterstützte, machte für sie keinen Unterschied. Dreimal hintereinander zog Jana mich im Backgammon ab, was ich zum Anlass nahm, es noch einmal zu versuchen.

«Eine Revanche mit einer Partie Armdrücken?», fragte ich.

«Ach Raúl, ich halte das für keine gute Idee.» Zunächst zierte sie sich.

«Los, Jana. Was soll schon passieren?»

«Ich weiß nicht ...»

«Wir sind einander ebenbürtige Gegner. Nur dieses eine Mal, ich frage dich auch nie wieder.» Was ich mir in den Kopf gesetzt hatte, wollte ich unbedingt durchziehen.

«Gut, überredet.»

«Passt auf», meinte meine Mutter, die unser Gespräch verfolgt hatte. Sie äußerte aber keine weiteren Bedenken, weil sie uns vertraute.

Jana und ich krempelten die Ärmel hoch und legten los.

«Wie kann man nur so blöd sein», fügte meine Mutter noch hinzu. «Ich hoffe, ihr wisst, was ihr tut.» Sie verschwand in der Küche.

Gut zwei Minuten waren wir zugange, in denen wir kicherten und den Verlauf unseres Kräftemessens kommentierten. Doch auf einmal machte es knack. Keiner von uns beiden sagte ein Wort.

«Au», entfuhr es mir.

Jana wurde bleich und fing an zu weinen.

«Das war wohl mein Arm.» Dann kam der Schmerz.

«Ich hab's euch doch gesagt», meinte meine Mutter, die aus der Küche zurückgekommen war. Sie hatte Jana weinen hören.

«Meine Schuld.» Ich bemühte mich, Jana zu beruhigen. «Zum Glück ist nicht dein Arm gebrochen.» Bis zuletzt hatte ich geglaubt, ich würde rechtzeitig merken, wann ich aufzuhören hatte. Ich hatte gedacht, dass es weh tun würde, doch nichts dergleichen. Schmerz fühlte ich erst, als der Arm gebrochen war.

«Am Anfang konnte ich das Knacken gar nicht zuordnen», sagte Jana, die sich wieder ein wenig gefangen hatte.

Meine Mutter holte Schmerzmittel und Verbandszeug.

«Ging mir ähnlich», räumte ich ein.

«Der Knochen ist durch», stellte meine Mutter fest, als sie sich meinen Arm anschaute.

Ihre Diagnose interessierte mich wenig, Jana tat mir nur leid, weil sie sich so Vorwürfe machte. Wie kein anderer wusste sie, was ich in dem Moment durchmachte.

«Du hast wahrscheinlich einfach die bessere Armkrümmung von uns beiden», sagte ich. «Und außerdem: Der Klügere gibt nach.» Fast konnten wir wieder lachen.

Janas Mutter erklärte uns beide für verrückt – wohl nicht ganz zu Unrecht. Leider musste sie ihre Tochter früher als geplant abholen. Jana war mit dem Rollstuhl umgekippt und hatte sich dabei etwas verrenkt. Der Knick in meinem rechten Oberarm geht übrigens auf die Aktion zurück, die ich bis heute nicht bereut habe. Man erntet, was man sät, und bis heute ist es der einzige Bruch, den ich mir selbst zugefügt habe.

Ein Rollstuhlfahrer beim Hürdenlauf

«Ja, hallo?»

«Hallo, Caterina, hier ist Raúl.»

«Oh, du bist es.»

«Du hast mir gemailt, dass dir unser Gespräch nicht mehr aus dem Kopf geht und dass du deswegen geweint hast.» Caterina und ich hatten uns erst am Nachmittag bei mir gesehen und waren bereits lose fürs Wochenende verabredet, doch ich wollte nicht so lange warten.

«Das, was du mir erzählt hast, hat mich sehr berührt.» Caterina hielt einen Moment inne. «Und ich frage mich, ob es allen Menschen mit Behinderung so geht und was man dagegen tun kann.»

«Keine Ahnung. Wahrscheinlich war ich einfach schlechter Stimmung», versuchte ich, sie zu beschwichtigen. Irgendwie fühlte ich mich schuldig, dass sie wegen mir geweint hatte.

«Weißt du, was komisch ist?», fuhr sie nach einer kurzen Pause fort.

«Nein. Sag es mir –»

«Du wirst es mir wahrscheinlich nicht glauben. Aber heute Nachmittag ist mir klargeworden, dass ich deine Behinderung gar nicht mehr sehe, wenn wir zusammen sind. Wir unterhalten uns stundenlang. Dass du einen Rollstuhl hast, spielt da gar keine Rolle.» So hatte es weder Ben noch irgendjemand anderes aus meinem engsten Umfeld je formuliert. «Und ich glaube, das wird das Thema bei dem Projekt. Ich würde gern Aufnahmen von dir machen, die genau das zum Ausdruck bringen.»

Das ging nun mir nahe. Caterina und ich waren in unserer WG-Küche auf das Thema Liebe und Beziehung gekommen. Der eigentliche Anlass war ein Fotoprojekt gewesen, weswegen sie auf mich zugekommen war. Irgendwann erzählte ich ihr von Pia und beschrieb ihr meine Einsamkeit auf den Kuschelpartys während der Schulzeit. Sie hörte mir einfach nur zu. Ihr sanfter und verstehender Blick verstärkte den Eindruck intensiver Nähe und Verbundenheit, die ich schon bei unserem letzten Treffen gespürt hatte. Ich hatte auch von der Zuversicht meiner Eltern gesprochen, weil sie mich zu Selbständigkeit erzogen hatten. Als würde sie wissen, was in mir vorging, lächelte sie. Ich endete damit, dass ich ihr sagte, ich würde noch immer mit meinem Äußeren und meiner Behinderung hadern. Und fügte hinzu, dass ich noch nie eine Beziehung gehabt hätte, was sich wohl auch nicht ändern würde. Ich wüsste nicht, ob ich die Hoffnung aufgeben und resignieren sollte. Caterina hatte mir die ganze Zeit fest in die Augen gesehen. Dann beugte sie sich zu mir herüber und nahm mich still, aber bestimmt in den Arm. Ich erwiderte die Umarmung, dabei fühlte ich mich ungewohnt frei und leicht, trotz der Schwere in mir. Es war ein schöner

Moment gewesen, obwohl die Erinnerungen an Pia wieder hochgekommen waren.

«Ihr seht euch inzwischen wohl regelmäßig», meinte Ben, nachdem ich Caterina an der Tür verabschiedet hatte. Draußen war es bereits dunkel.

«Caterina war noch mal wegen des Projekts hier.» Dass wir uns gut verstanden, verschwieg ich.

«Geht da auch was?» Mit der Frage hatte ich gerechnet.

«Nein, ich glaube nicht. Du weißt doch, als Mensch mit Behinderung bin ich eher der ‹beste schwule Freund›, mit dem man über alles reden kann.»

Caterina und ich studierten zwar beide im zweiten Semester Gesellschafts- und Wirtschaftskommunikation (GWK) an der Universität der Künste, ich war ihr dort aber nie begegnet, während sie mich vom Sehen her kannte. Was das Studienfach anging, war ich lange unschlüssig gewesen, meine Eltern hatten mir auch keinen Druck gemacht. Englisch und Politik waren meine Leistungskurse gewesen. Da ich es jedoch noch nie mit Zahlen hatte, kam BWL nicht in Frage. Ich dachte an irgendetwas dazwischen. Als ich bereits für Volkswirtschaft an der Freien Universität Berlin eingeschrieben war, las ich einen Artikel über das GWK-Studium. Das klang spannend, sogar sehr spannend. Denn neben Medien, Computer und Internet hatte ich schon immer Werbung gemocht. Komplexe Sachverhalte in dreißig Sekunden zu pressen oder einen Logistikdienstleister wie die Post mit «Menschen erreichen» prägnant und ansprechend mit zwei Wörtern auf einen Nenner zu bringen faszinierte mich. Noch am selben Tag endete die Bewerbungsfrist. In Windeseile stellte ich mit Olli meine Unterlagen zusammen. Alles mit der Post zu verschicken hätte zu lange gedauert. Also steckten wir sie in einen Umschlag, fuhren zur Universität der Künste und warfen das Kuvert in den Briefkasten ein. Im April 2002 hatte ich dann mit GWK begonnen, wobei mich im ersten Semester Olli, im zweiten Dominic den Tag über begleitete.

Ohne die beiden wäre ich verloren gewesen. Die Veranstaltungen meines Fachbereichs fanden an zwei unterschiedlichen Standorten statt. In einem Backsteingebäude am Mierendorffplatz in Charlottenburg und in der Grunewaldstraße in Schöneberg, die gut von mir zu Hause zu erreichen war. Zu der Zeit entschied Effizienz und nicht persönliches Interesse oder Neigung über meinen Stundenplan. Die Seminare legte ich so, dass ich innerhalb eines Tages nicht den Ort wechseln musste, denn das wäre trotz Olli und Dominic zu stressig gewesen. Sie halfen mir, wenn ich in ein anderes Stockwerk musste, außerdem nutzte ich damals den öffentlichen Personennahverkehr nur in Begleitung. Die U-Bahn-Station am Mierendorffplatz hat keinen Aufzug. Den Bus zu nehmen hätte die doppelte Fahrtzeit bedeutet, Umstieg inklusive. Damals gab es auch noch nicht die Klapprampen, sondern Hublifte, die meist kaputt waren. Ein-, zweimal hatte ich mit Olli darauf zurückgegriffen, doch ich hasste es, Busfahrer um die Einstieghilfe zu bitten, die von kaum einem Rollstuhlfahrer in Anspruch genommen wurde. Hinzu kam meine Angst, dass mir während der Fahrt etwas passiert, sodass ich mich am sichersten fühlte, wenn jemand meinen Schieberollstuhl fest im Griff hatte. Meine Zivis waren so etwas wie Gasthörer, was meine Kommilitonen anfangs zu der Annahme veranlasste, sie würden auch GWK studieren.

An der Universität der Künste bewegte ich mich erstmals in einem Umfeld, in dem ich – auf den ersten Blick – der

Einzige mit Behinderung war. Bei der Einschreibung war mir angeboten worden, eine längere Studienzeit zu beantragen, was ich wie anfangs in der Schule ablehnte. Dennoch versetzte mich mein neuer Lebensabschnitt in leichte Sorge, weil ich nach einem knappen Jahr Pause seit dem Abi in einem für mich komplett neuen Lehrbetrieb Fuß fassen musste. Ich wusste nicht, ob ich gut genug war. Ich wusste nicht, wie viel ich lernen und während der Vorlesungen mitschreiben musste. Und ich wusste nicht, ob ich wegen meiner Behinderung hinterherhinken würde. Die Vorstellung machte mir Angst, erwies sich aber schon im ersten Semester als vollkommen unbegründet. Denn auf die Frage eines Kommilitonen, wann denn die Klausuren anstünden, antwortete ein Student aus einem höheren Semester: «Nee, bei uns schreibt man keine. Es gibt irgendwann Projekte, Referate und Hausarbeiten.» Mann, war ich froh. Und schon bald stellte sich heraus, dass mir diese Art von Leistungsnachweis weit mehr lag als das Lernen für Prüfungen, zumal die zu erschließenden Themen mehr oder weniger frei wählbar waren. Die wenigen Fächer, in denen Klausuren geschrieben wurden, umschiffte ich.

Der Kontakt zu Caterina war über eine gemeinsame Kommilitonin zustande gekommen, sie hatte ihr meine E-Mail-Adresse gegeben. In der Nachricht, die Caterina dann schrieb, erwähnte sie einen Wettbewerb, genauer gesagt ein Fotoprojekt, das sie im Rahmen eines Seminars im Auftrag der Deutschen Bahn zum Thema Barrierefreiheit realisieren sollte. Sie schlug eine Verabredung vor. Gern würde sie mit mir allgemein über Behinderung sprechen, hieß es weiter in ihrer E-Mail, sie wäre zwar Menschen im Rollstuhl flüchtig begegnet, hätte aber noch zu keinem näheren Kontakt gehabt.

Ich war gleich offen dafür. Meine Erfahrungen waren gefragt, und ich hatte nicht den Eindruck, dass es um meine spezifische Behinderung ging. Ich sagte sofort zu. Worauf das Projekt genau hinauslaufen sollte, war nicht klar, weil sie noch kein Konzept hatte. Interessant fand ich, dass sie nicht standardmäßig Behindertenwerkstätten fotografieren wollte. Außerdem war sie die Erste gewesen, die mich an der Uni auf meine Behinderung angesprochen hatte.

Als Treffunkt schlug ich das Café Bilderbuch in den Akazienhöfen vor. Es war mein Stammlokal, und Caterinas E-Mail-Signatur hatte ich entnommen, dass sie in der Nähe wohnte. Sie kannte den Ort auch. Wie die Buchhandlung und die Yogaschule in der Nachbarschaft war das Café mit seinen orangefarbenen Wänden und der schwarzen Einrichtung leicht esoterisch angehaucht. Bedient wurde ich von einer Frau mit slawischem Akzent, im Hintergrund lief dezent Genesis. Ich saß mit dem Blick zur Tür und schaute jedes Mal auf, wenn jemand hereinkam. Obwohl die Bäume vor dem Fenster kein Laub trugen, war es relativ dunkel. Viel los war nicht, das Warten vertrieb ich mir mit dem Lesen der Speisekarte, die aufgemacht war wie eine Tageszeitung und neben einem Tagesmotto Kieznachrichten und Porträts von den Kellnern enthielt.

Um kurz nach fünf betraten eine große junge blonde Frau und ein Mann im selben Alter mit strubbeligem Haar und einem Stativ unter dem Arm das Café. Bevor ich in Erwägung ziehen konnte, ob es Caterina sein könnte, kamen die beiden auf mich zu.

«Hallo, ich bin Caterina. Du bist Raúl?» Sie gab mir die

Hand und hängte Schal und Mantel über die Lehne des freien Stuhls mir gegenüber. «Das ist Daniel, ein Freund von mir. Ich habe ihn gebeten, unser erstes Treffen auf Fotos festzuhalten.»

«Bist du öfter hier?», fragte ich sie, nachdem Daniel und ich uns kurz begrüßt und sie Platz genommen hatte.

«Ab und zu. Und du?»

«Ich wohne in der Nähe und komme häufig mit Freunden und meinem Mitbewohner her, da es das einzige rollstuhlgerechte Café ist, das ich in der Gegend kenne.»

«Wohnst du mit deinem Zivi zusammen?» Es hatte sich also inzwischen herumgesprochen, dass Dominic nicht mit uns studierte.

«Nein, mit seinem Bruder. Aber erzähl doch mal mehr von dem Projekt.»

Ich erfuhr nun, dass die Deutsche Bahn an ihren Fachbereich herangetreten war – Caterina belegte zusätzlich noch Kurse in Visueller Kommunikation –, um mit den besten Wettbewerbsbeiträgen «den barrierefreien Dialog» im Rahmen einer Wanderfotoausstellung zu fördern. 2003 war das Europäische Jahr der Menschen mit Behinderung, und die Europäische Kommission und die Behindertenbewegung hatten es sich zur Aufgabe gemacht, die Lebensbedingungen behinderter Menschen zu verbessern.

«Hast du denn schon eine grobe Vorstellung vom Konzept?», fragte ich nach.

«Nicht wirklich.» Caterina sah mich an, während Daniel etwa alle fünf Minuten ein Foto von uns machte. «Von Behinderung und Leben mit Behinderung habe ich keine Ahnung. Möchte ich erreichen, dass sich Betrachter der Bilder dem Thema stellen, muss ich das selber erst mal tun. Weswegen ich ja mit dir sprechen will.» Sie lächelte nun. «Eigentlich haben wir ja alle eine Behinderung.»

«Das klingt schon mal interessant. Und weiter?»

«Na ja, neben den offensichtlichen Barrieren für Menschen im Rollstuhl hatte ich mal daran gedacht, zu zeigen, dass manche von ihnen zu klein sind, um an die Gepäckablage zu kommen. Aber das ist es nicht, aus diesem Grund will ich die Idee auch nicht weiterverfolgen.»

Das dachte ich auch. «Was machen denn die anderen Teilnehmer?»

«Eine will Aufnahmen von einer Gruppe behinderter Frauen machen, die einen Selbstverteidigungskurs besuchen. Eine andere von einem Kunststudenten, der mit seinem Rollstuhl durch Farbe fährt und seinen Rollstuhl also quasi als Pinsel benutzt. Ich möchte aber nicht in eine Sonderschule und tanzende Menschen mit einer geistigen Behinderung fotografieren. Ich fände es auch nicht fair, dort aufzutauchen, sie bildlich einzufangen, wieder abzuhauen und mich sozusagen mit ihrer Behinderung zu profilieren. Mir schwebt etwas anderes vor, eine neue Perspektive.»

«Was hältst du davon, wenn wir beide aus unserem jeweils eigenen Blickwinkel heraus dasselbe ablichten?», schlug ich vor. Dass ich mich für Film und Fotografie zwar interessiere, jedoch vollkommen unbegabt in diesen Dingen bin, war mir in diesem Moment egal. Caterina war die Expertin, was den Reiz an der Aktion noch erhöhte, zumal ich dabei sicher etwas lernen konnte. Sie war mir aber auch sympathisch, und es wäre eine gute Gelegenheit, sich näher kennenzulernen.

«Klingt nicht schlecht. Was schlägst du vor?»

«Komm doch einmal bei mir vorbei, und wir ziehen dann

gemeinsam los. Ich überlege mir typische Dinge, die für mich als Rollstuhlfahrer eine Herausforderung sind.»

Caterina lächelte. «Schön, das hört sich gut an.»

Am nächsten Samstag stand sie mit einer analogen Spiegelreflexkamera vor meiner Tür. Vor ein paar Jahren hatte ich mir eine kleine, ganz billige Digitalkamera zugelegt, aber kaum etwas damit festgehalten.

Draußen wehte der für den Berliner Winter typisch strenge Ostwind, immerhin war die Luft klar, und die Sonne schien. Schon die Ecke, in der ich wohnte, gab einiges her. Mit Außenmotiven wie Briefkästen, Bordsteinkanten und Stufen fingen wir an. Dann fotografierten wir in einem Supermarkt im Eingangsbereich das Drehkreuz. Bald hatten wir eiskalte Finger, und ich rieb meine Hände aneinander, damit sie warm wurden.

«Meinst du, das könnte was sein?», fragte ich Caterina.

«Hm, ich weiß nicht ...»

«Zu banal?»

«Zu unpersönlich, zu eindimensional, zu belehrend, zu einfach, zu aufzeigend. Es packt einen nicht. Kein Gefühl, zu kalt. Aber lass uns erst mal weitermachen.»

So zogen wir weiter und fotografierten Mülleimer, eine Baustelle und wieder Stufen. Am Ende entschied Caterina, die Idee nicht weiterzuverfolgen. Ihr fehlte der künstlerische Anspruch. Wir hatten jeweils dasselbe abgelichtet. Einmal aus einer sitzenden Perspektive, die auch der Blickwinkel eines Kindes hätte sein können, und das andere Mal aus der «normalen» Perspektive. Wir stimmten darin überein, dass die Motive auch zu abstrakt waren und nichts über das Leben eines Menschen mit Behinderung aussagten.

In der Folgezeit mailten wir uns vor allem. Caterina hatte noch immer kein Konzept. Sie schien ein Mensch zu sein, der Dinge genau durchdringt und einen hohen Anspruch an sich selbst hat. Vielleicht zählte sie auch zu denen, die unter Druck am besten sind? Ein paarmal hatten wir uns noch im Café Bilderbuch getroffen, dann waren wir ein weiteres Mal bei mir verabredet gewesen, wo ich ihr Fotos von mir gezeigt hatte.

«Ich war ein bisschen erschrocken, als ich die Aufnahmen von dir gesehen habe», sagte sie später am Telefon.

«Warum?», wollte ich wissen.

«Ich hatte das Gefühl, dass dein Rollstuhl die Bilder dominiert und somit deine Behinderung in den Vordergrund gestellt wird.» Mir war das nie aufgefallen, und ich ließ Caterina fortfahren. «Ich selbst hatte Behinderung und Rollstuhl wieder total vergessen, als wir am Küchentisch saßen und redeten. Und so möchte ich dich auch zeigen.» Im ersten Moment war ich etwas überrascht, stimmte aber kurz darauf zu, weil ich Caterina mochte und keine Angst vor Kameras habe.

Danach ging alles sehr schnell. Der Plan war, Schwarzweißfotos von mir zu machen, auf denen man meine Behinderung nicht wirklich sehen sollte. Die Bilder wollte Caterina nächsten Samstag aufnehmen.

Ich hatte Kuchen besorgt, war am Vortag beim Friseur gewesen und trug einen dunklen Pullover. Ich freute mich auf die Aktion, denn die Richtung, in die es gehen würde, sprach mich an.

«Ich pudere dich noch ein bisschen ab, damit wir keinen Glanz haben.» Behutsam tupfte Caterina mein Gesicht ab, nachdem sie Kamera und Licht in der Küche aufgebaut hatte. «Durch die Scheinwerfer kann es warm werden. Ich werde dich immer mal wieder abpudern müssen.» Von den Fernsehauftritten kannte ich das. Ich fühlte mich wohl und lehnte mich entspannt zurück. Wann hatte ich mich das letzte Mal so gefühlt?

«Ich möchte dich wie bei unserem letzten Treffen, so wie du mir gegenübergesessen hast, abbilden. Also nur dein Gesicht und deinen Oberkörper.»

«Wie viele Bilder brauchst du denn von mir?», fragte ich.

«Das kann ich im Vorfeld nicht sagen. Erfahrungsgemäß benötigt man sehr viele, damit wenigstens ein gutes dabei ist. Ich würde gern sechs überzeugende Fotos von dir zeigen, die etwas über dich aussagen, Themen, die dich beschäftigen, oder Facetten, die dich als Person ausmachen. Diese möchte ich dann mit den Zitaten kombinieren, die ich während unserer Gespräche gesammelt habe. Es sind Sätze, die sich mir eingeprägt haben und in denen es um deine Behinderung geht.»

«Also wie eine Art Schachbrett?»

«Genau. Du bist ein lustiger Typ. Behinderung und Humor möchte ich zum Ausdruck bringen. Du sagtest mal, dass du Behindertenwitze sammelst.»

Den Vorschlag fand ich super, denn oft wird so getan, als wären Menschen mit Behinderung arme, hilflose Wesen. Ich schlug mir mit einer Hand vor die Stirn und fragte Caterina: «Was ist das?»

Sie dachte einen Moment nach. «Keine Ahnung.»

«Ein Rollstuhlfahrer beim Hürdenlauf.» Wir mussten beide lachen. «Was sagt ein Kannibale zu einem Rollstuhlfahrer?»

«Essen auf Rädern?»

So ging es noch eine Weile weiter, und Caterina machte Aufnahmen von mir, auf denen ich lachte. Doch sie fing auch nachdenkliche Momente ein. Zwischendurch puderte sie mich erneut ab und entfernte einzelne Flusen von meinem Pullover. Dafür benutzte sie Klebeband, denn die mitgebrachte Kleiderbürste hatte sich nicht als sehr effizient erwiesen. Zwischendurch aßen wir Kuchen, und ich merkte, wie ich die Session mehr und mehr genoss. Es fing an, in mir zu kribbeln.

«Was für Zitate hast du noch gesammelt? Auch eines zum Thema Liebe und Beziehung?», fragte ich. Denn das war es, was Caterina so betroffen gemacht hatte.

«Mehrere sogar. Das ist sehr persönlich. Jeder kann damit etwas anfangen und hat Sehnsucht nach einem Partner.» Sie hielt kurz inne.

«Was ist? Du guckst so komisch.»

«Ach nichts. Ich musste gerade an den Typen denken, der mich zurzeit sehr beschäftigt.»

Oh nein. Es hatte sich so gut angefühlt, und nun war mit einem Schlag alles vorbei. Seit Pia hatte ich mich keiner Frau mehr so nah gefühlt, aber das durfte ja nicht sein.

Ich räusperte mich. «Ist es was Ernstes?»

«Keine Ahnung. Ich weiß nicht, was ich will. Bist du verliebt?»

«Nein», log ich. Und schob schnell hinterher: «Du siehst traurig aus.»

Sie schüttelte den Kopf.

Nachdem alle Aufnahmen gemacht waren, überspielte ich meine Enttäuschung bis zur Verabschiedung mit weiteren Behindertenwitzen.

172

«Ben? Es ist noch Kuchen da», rief ich erschöpft in Richtung seines Zimmers, nachdem ich gehört hatte, wie die Haustür ins Schloss fiel.

«Alles klar, bin sofort da.» Ben musste man bei Essen nie zweimal bitten.

«Und, wie ist es gelaufen?», fragte er, als er in der Küche auftauchte. «Ich habe euch oft lachen hören. Aber irgendwie siehst du mitgenommen aus. War es anstrengend?»

«Ach Ben», seufzte ich.

«Caterina?»

Ich nickte.

«Hab mir schon gedacht, dass du sie magst. Weiß sie, was du empfindest?»

Ich schüttelte den Kopf.

«Wer nicht wagt, der nicht gewinnt. Vielleicht solltest du nicht darauf warten, dass Frauen auf dich zukommen. Es reicht nicht, sich nur zu öffnen.»

«Sie sagt, dass sie einen Freund hat.»

«Solange es nichts Festes ist, kannst du es ja mal versuchen. Offensichtlich versteht ihr euch sehr gut. Vom Typ her erinnert sie mich übrigens an Pia.»

«Ich glaube, ich kann das nicht. Wir müssen ja auch noch das Projekt beenden.»

Bis heute bin ich mir nicht sicher, ob diese Aussage nicht ausschließlich ein Vorwand war, nicht initiativ werden zu müssen. Mir war wichtig, die Freundschaft nicht zu gefährden, denn zu einer solchen war es durch die Arbeit am Projekt inzwischen geworden. Auf jeden Fall war meine Angst vor Zurückweisung größer als alles andere, und aus diesem Grund war auch mein Vermeidungsverhalten stark ausgeprägt. Erst ein Jahr später erzählte ich Caterina bei einem

Treffen, dass ich mich damals in sie verliebt hatte. Sie war vollkommen überrascht und räumte ein, dass es da eine intensive emotionale Nähe gegeben hätte, ich aber gut daran getan hätte, es für mich zu behalten. Wie bei Pia brauchte ich eine Weile, um über sie hinwegzukommen, habe es jedoch nie bereut, nicht auf sie zugegangen zu sein.

«Hey, Raúl, ich wusste gar nicht, dass du hier im Bahnhof abhängst», meinte wenig später mein Cousin Jan, der in Hannover Grundschullehramt studierte, das er mit Zauberei und Clownerie auf Events finanzierte. Er hatte angerufen und berichtet, wie begeistert er von den Bildern war, die Caterina von mir gemacht hatte. Er hatte sich die Wanderausstellung angesehen, als sie in Hannover gezeigt wurde.

«Wirklich?»

«Ja, sieht richtig gut aus.»

Die Fotos zeigen mein Gesicht, das teilweise künstlerisch angeschnitten ist. Auf dreien schaue ich den Betrachter direkt an – verschmitzt, nachdenklich, als würde ich ihn ansprechen. Das war es, was Caterina erreichen wollte: Menschen mit und ohne Behinderung zum Dialog anzuregen, so wie wir beide es in vielen Gesprächen erfahren hatten. Das Motiv ausgenommen, auf dem ich lache, stütze ich mich auf meinen rechten Unterarm. Er und meine Hand bilden am unteren Bildrand eine Art Rahmen.

Zusammen mit ihr hatte ich noch die Bildauswahl getroffen. Stunden hatte das in Anspruch genommen. Mir selbst hatten die Fotos gefallen, denn ich hatte das Gefühl, dass ich auf ihnen gut getroffen war. Vor allem war meine Behinderung darauf tatsächlich nicht zu sehen. Den Blick in den Spiegel vermied ich nach wie vor, doch die Aufnahmen sah ich mir gern an. Die Texte, die Caterina mir zur Freigabe schickte, versah ich mit wenigen Anmerkungen und mailte sie ihr zurück. Große Freude bereitete mir ihre Nachricht, dass ihre Arbeit von insgesamt zehn Projekten ausgewählt worden war, zusammen mit den Fotos von den Karatekämpferinnen und dem rollstuhlfahrenden Maler.

Als die Ausstellung in Berlin gastierte, ging ich mit ihr und Ben zur Eröffnung im Ostbahnhof. Eines meiner Porträts hing prominent über dem Haupteingang. Ich war noch nie zuvor dort gewesen, da ich damals nicht groß Bahn fuhr. Wegen einer Baustelle war im Ostbahnhof relativ wenig Publikumsverkehr, auch das Presseaufkommen hielt sich im Rahmen. Es gab einen kleinen Sektempfang. Bahn-TV machte ein kleines Porträt über uns, das im Intranet und auf den kleinen Bildschirmen laufen sollte, die es damals noch in vereinzelten ICE-Zugabteilen gab. Für meine Eltern steckte ich Flyer ein, die überall auslagen und auf denen mein Konterfei zu sehen war. Auch meiner Mutter gefielen die Aufnahmen, und mein Opa machte ein Foto von der Ausstellung im Kölner Hauptbahnhof, das immer noch in der Wohnung meiner Großeltern hängt.

Es fühlte sich richtig an, wie Caterina mich dargestellt hatte. Denn ich fand, dass ich nicht nur als Mensch mit unterschiedlichen Charakterzügen rüberkam, sondern vor allem selbstbestimmt und selbstbewusst. In Roger Willemsens Sendung war ich nicht anders aufgetreten. Am wichtigsten aber war, dass ich nicht behindert wirkte, obwohl ich es war. Nur weil ein Mensch eine Behinderung hat, muss er sie nicht in den Mittelpunkt stellen. Die Persönlichkeit und nicht der Rollstuhl, in dem jemand sitzt, sollte gesehen werden.

Das gute Gefühl nach der Fotoaktion und der Ausstellung hielt leider nicht so lange vor. Denn wenig später holte mich die Realität an der Uni wieder ein.

«O Genie, der Herr ehre dein Ego!», ahmte einer meiner Kommilitonen die Dozentin eines Morgens nach.

«Noch besser fand ich: ‹Trug Tim eine so helle Hose nie mit Gurt?› Darauf muss man erst mal kommen», meinte ein anderer amüsiert, während wir den Seminarraum verließen.

Thema war das Palindrom gewesen, eine Zeichenkette, die gleich bleibt, ob man sie vorwärts oder rückwärts liest. Die Professorin legte viel Wert auf Intonation und ließ sich nicht davon abhalten, Einzelne von uns zu korrigieren. Um uns die Schönheit der Sprache zu vermitteln, las sie uns häufig Gedichte vor, beispielsweise von Christian Morgenstern. Mit ihrem ganzen Schmuck und Make-up erinnerte sie mich immer an einen Weihnachtsbaum, ihr Parfüm roch entsprechend.

«Sollen wir dich mitnehmen? Wir gehen in die Cafeteria», bot ein Dritter an, der am Tisch rechts von mir gesessen hatte.

«Nein, nicht nötig, ich bleibe hier», bedankte ich mich. Um in die Cafeteria im Untergeschoss zu kommen, hätten mich die anderen in meinem Schieberollstuhl tragen müssen, da der Aufzug nur bis ins Erdgeschoss reichte. Außerdem musste ich ja nach der Freistunde wieder in den dritten Stock. Wen hätte ich bitten sollen, mir zu helfen?

Ein Teil der Leute, die ich alle nicht näher kannte, ging Richtung Aufzug, andere nahmen die Treppe nach unten. Als ich mich umdrehte, um zurück in den Seminarraum zu fahren, stellte ich fest, dass die Tür zu war. Und der Griff zu hoch angebracht, als dass ich sie selbst öffnen konnte.

Mist, ich komme nicht mehr rein. Was mache ich jetzt? Meine Sachen hatte ich nicht mitgenommen, da ich eine Freistunde hatte und für das Fach «Audiovisuelle Produktion» wieder in denselben Raum musste. Ich bin bestimmt nicht der Einzige, der seine Unterlagen dagelassen hat, sicher kommt gleich jemand, sodass ich mit hineinschlüpfen kann, dachte ich.

Um mir die Zeit zu vertreiben, fuhr ich zum Schwarzen Brett und las die Aushänge – Hinweise auf Ausstellungen und Konzerte, Annoncen von Studenten anderer Fachbereiche, die Gesangsunterricht und Ähnliches anboten.

«Kann ich dir helfen, suchst du einen Raum?», fragte mich jemand, der über den Gang lief. Ich erinnerte mich, dass er uns in der Semestereinführungswoche geholfen hatte, den Stundenplan zu erstellen.

«Nein danke, alles bestens», lehnte ich sein Angebot ab und widmete mich wieder den Veranstaltungshinweisen am Schwarzen Brett. Kurz darauf kamen zwei Studentinnen vorbei, die sich erkundigten, ob alles okay sei, was ich wiederum bekräftigte.

Den Nächsten, der auf mich zukommt, frage ich, ob er mir die Tür aufmacht, nahm ich mir vor. Sämtliche Aushänge, die sich auf Augenhöhe befanden, kannte ich bereits. Wie die Tische in den Seminarräumen, deren Platte bis unter mein Kinn reichte, weil sie nicht höhenverstellbar waren, war das Schwarze Brett nicht für Rollstuhlfahrer gemacht. Schreiben war an den Tischen in der Position zwar möglich, doch ich fühlte mich permanent unwohl, weil ich bei manchen den Eindruck von Hilflosigkeit erweckt haben muss, was ich aus Fragen schloss, wie sie mir auf dem Flur gestellt wurden. Eine Weile versuchte ich dann, die Zettel weiter oben zu lesen, denn ich hatte angefangen, mich zu langweilen.

«Brauchst du was?», sprach mich ein Professor von hinten an.

«Nö, geht schon, ich komme klar.» Wieder eine Chance vertan. Warum traue ich mich nicht?, überlegte ich. Bei der kommenden Gelegenheit überwinde ich mich, Hilfe anzunehmen. Leider negativ. Noch zwei Leute ließ ich ziehen, bis endlich ein Kommilitone in den Seminarraum ging. Ich tat so, als hätte ich mich in dem Moment dazu entschieden, und fuhr hinterher.

An meinem Platz blätterte ich dann in meinen Unterlagen über die unterschiedlichen Kameraperspektiven Totale, Halbtotale und Amerikanische Einstellung, konnte mich aber auf gar nichts konzentrieren. Da war sie wieder, meine Scham.

Dabei hatte der Tag so gut begonnen. Jannis war inzwischen mein Zivi und hatte mich am Morgen zum Seminarraum gebracht. Normalerweise begleitete er mich wie Olli und Dominic in den Semestern zuvor bis zum Vorlesungsende. An dem Tag musste er aber zum Erste-Hilfe-Kurs. Da alle meine Veranstaltungen auf demselben Stockwerk stattfanden, hatte ich angenommen, allein klarzukommen.

Ich hatte auf dem Flur vor dem Seminarraum aber gar nichts im Griff gehabt. Wo war der Raúl geblieben, der ich dachte zu sein? Mein Zusammenwohnen mit Ben und die Ablösung meiner Mutter durch Zivis waren ein großer Schritt gewesen, doch ich war noch nicht der selbständige und selbstbewusste Raúl, den Jana und Manuela auf dem OI-Treffen möglicherweise in mir gesehen hatten und der ich meine heute zu sein. Die Resonanz meiner beiden Freundinnen hatte mir gutgetan, sehr gut sogar. Sie hatte mich darin bestätigt, auf dem richtigen Weg zu sein, den ich unbedingt fortsetzen wollte. Heute denke ich, dass ich alles andere als konsequent war.

So richtig Caterinas und meine Herangehensweise bei den Bildern gewesen war, brachte sie mich auf der persönlichen Ebene nicht weiter. Entfernte sie mich vielleicht sogar wieder von meiner Behinderung? Näher brachte sie mich ihr jedenfalls nicht.

Im Berliner Untergrund

Wieder stand ich vor verschlossener Tür. Diesmal war es die Tür des Aufzugs am Nollendorfplatz, wo ich soeben mit der letzten Bahn der U1 von der Station Warschauer Straße angekommen war. Alle anderen Mitfahrer hatten bereits den Bahnhof über die Rolltreppen oder die normalen Treppen verlassen. Was mache ich nur?, dachte ich. Bei kaputten Aufzügen nahm ich normalerweise eine alternative Route, doch die Variante entfiel, da ich mich in einer Sackgasse befand. Die Situation traf mich völlig unvorbereitet. Innerlich ging ich zwei Optionen durch: entweder die Polizei zu rufen oder auf die nächste Bahn zu warten, die in circa dreieinhalb Stunden kommen würde. Ich könnte Radio hören, den Sitz meines E-Rollstuhls nach hinten kippen und versuchen zu schlafen. Auf meinem iPod waren noch zwei Filme, die ich nicht gesehen hatte, sollte ich kein Auge zumachen. In dem Moment öffnete sich die Tür des Stationswärterhäuschens. Welch glückliche Fügung, ich war doch nicht allein.

«Entschuldigung?», sprach ich die BVG-Mitarbeiterin an, die im Begriff war, das kleine Kabuff abzuschließen.

«Moment bitte», erwiderte sie.

Ich wartete, bis sie den Schlüsselbund in ihrer Ledertasche verstaut und diese sich unter den Arm geklemmt hatte. Die Frau war klein, Anfang fünfzig und hatte einen kupferfarbenen Pagenkopf, der unter der blauen BVG-Kappe hervorleuchtete und sie wohl noch blasser machte, als sie sowieso schon war. Den Ringen unter ihren Augen nach musste sie genauso müde sein wie ich.

«So. Was kann ich für Sie tun?»

«Der Aufzug funktioniert nicht.»

Der letzte Rest Farbe wich aus ihrem Gesicht. «Was machen wir denn jetzt?»

«Mit Verlaub, das kann ich Ihnen nicht sagen. Ich bin hier der Fahrgast.» Wieso fragte sie das mich? Sie musste doch Ahnung haben, wie mit einer solchen Situation umzugehen war. Wurden Beamte wie sie nicht entsprechend geschult?

«Sie können hier nicht bleiben. Wir lassen gleich die Gitter runter.»

«Das weiß ich. Und ich habe auch keineswegs vor, auf den Gleisen zu übernachten.» Mit meinem E-Rollstuhl stand ich mit ihr vor dem Stationswärterhäuschen.

«Sie können hier nicht bleiben», wiederholte sie nur.

Mehr fiel ihr anscheinend wirklich nicht ein.

«Und wenn Sie den Zug zurückrufen?», schlug ich vor.

«Wie stellen Sie sich das vor?»

Ja, wie stellte ich mir das vor? Bei Spielzeugeisenbahnen schien das einfacher zu sein.

«Gibt es nicht einen Monteur, der den Fahrstuhl reparieren könnte?»

Keine Antwort.

Der Gedanke, nicht aus dieser Unterwelt rauszukommen, stresste langsam. Es musste doch noch eine andere Lösung geben, als auf die nächste Bahn zu warten. War die Station nicht mit einer Notrufsäule ausgestattet? Wieso verhielt sich diese Frau so passiv? Wieso hatte sie nicht die geringste Idee, was man machen könnte?

Ich war nicht nur gestresst, langsam wurde ich auch richtig sauer. Trotzdem riss ich mich zusammen und versuchte, sie das nicht spüren zu lassen. «Welcher Prozess greift denn sonst in so einer Situation? Es kann doch nicht sein, dass ich der erste Rollstuhlfahrer bin, der nicht wegkommt, weil der Aufzug kaputt ist.»

Die Mitarbeiterin zuckte die Achseln, kramte umständlich in ihrer Ledertasche, schloss das Stationswärterhäuschen wieder auf und verschwand darin. Durch die angelehnte Tür konnte ich hören, dass sie telefonierte. Der Bahnsteig war so leer, wie ich es noch nie erlebt hatte. Und zum ersten Mal vernahm ich das leise Surren der teilweise flackernden Lampen, die das Untergeschoss der U-Bahn-Station mit fahlem Licht erfüllten. Wenigstens war es nicht kalt.

Während ich hoffte, dass die Frau eine Möglichkeit auftat, fiel mir siedend heiß Jannis ein. Er erwartete mich zu Hause, um mir ins Bett zu helfen. Per SMS teilte ich ihm mit, dass es später werden würde.

Als ich mein Handy in der Seitentasche meines Elektrorollstuhls verstaute, tauchten plötzlich zwei Sicherheitsbeamte auf und gingen schnellen Schritts die Treppe zum Gleis herunter. Beide groß, einer etwas größer als der andere, kräftig, raspelkurzes Haar, Anfang vierzig, Funkgeräte und Schlagstöcke baumelten am Gürtel ihrer Uniform.

«Wir tragen Se jetz hoch.» Der Kleinere der beiden Männer kam gleich zum Punkt. Die Frau von der BVG hatte ihnen das Problem also bereits geschildert.

«Das halte ich für keine gute Idee», sagte ich. «Ich habe Glasknochen, und mein Rollstuhl wiegt über 150 Kilo, was Ihre Bandscheiben nicht mitmachen werden.» Ich versuchte, die zwei von ihrer Idee abzuhalten, auch wenn die sich unter ihrer Kleidung abzeichnenden Muskelpakete auf Stärke und viel Kraft schließen ließen.

«Also, ich kann auf keinen Fall mit anfassen. Ich hab's im Rücken», meinte die Pagenköpfige, die zu uns getreten war, nachdem sie die Tür zum Häuschen verschlossen hatte.

«Doch, wir tragen Sie nach oben.» Der größere Kollege bestand auf der Aktion.

«Im Ernst, Sie werden es nicht schaffen. Welche Versicherung greift, sollte ich aus dem Stuhl fallen? Der kann dabei kaputtgehen, von mir gar nicht zu sprechen. Und im schlimmsten Fall stürzen wir alle gemeinsam die Treppe hinunter.»

Auch dieses Argument hielt den Größeren aus dem Duo nicht davon ab, in die Knie zu gehen, die Hinterachse meines Rollstuhls zu fassen und zu testen, ihn anzuheben. Ich kenne Rollstuhlfahrer, die sehr empfindlich reagieren, wenn sich jemand nur auf die Schiebegriffe ihres Gefährts stützt, weil sie es als Grenzverletzung empfinden. Manchmal lasse ich Kinder aus meinem privaten Umfeld mit meinem E-Rollstuhl fahren, doch auch ich mag es nicht, wenn sich jemand ungefragt an ihm zu schaffen macht. Meine Ansichten dazu zusätzlich in den Ring zu werfen erschien mir in diesem Moment aber sinnlos. Ich wollte ja schließlich nach Hause und nicht diskutieren.

«Er ist echt schwer, wir schaffen es nicht», sagte der Mann.

Das hatte ich ja vorhergesehen, denn er war nicht der Erste, der dabei scheiterte.

Unter den dreien machte sich Ratlosigkeit breit. Die BVG-Mitarbeiterin sagte gar nichts mehr und erweckte einen überforderten und verzweifelten Eindruck, wie sie dastand und die ganze Zeit am Reißverschluss ihrer Tasche herumnestelte. Sie wollte nur schnell fort, das war ihr anzusehen. Auch ich wünschte mir nichts mehr, als wieder in meiner WG zu sein, blieb aber ruhig. Zur Not musste sie mit mir dann doch bis zum frühen Morgen ausharren und die erste U-Bahn abwarten, um zu einer Station zu kommen, bei der ich umsteigen konnte.

Genervt entfernte sich der größere der beiden Sicherheitsbeamten von uns Richtung Aufzug. Was kam jetzt? Auf einmal holte er aus und trat mit voller Wucht gegen die Fahrstuhltür. Die Stahlkappe seines rechten Schuhs erzeugte einen lauten Knall, der den Bahnsteig entlanghallte. Das machte er einmal, zweimal. Schon so manches technisches Gerät ließ sich auf diese Weise wieder in Gang setzen. Keine Ahnung, warum das funktionierte. In diesem Fall hatte ich meine Zweifel.

«Wissen Sie wirklich nicht, welche Leitlinie in dem Fall greift? Das führt doch zu nichts.» Erneut versuchte ich, die Stationswärterin zu motivieren.

«Also, ich kann nicht bis vier Uhr bei Ihnen bleiben. Ich habe Feierabend», meinte sie nur.

«Die muss doch aufgehen. Die Gondel ist unten, warum lässt sich die blöde Tür nicht öffnen?», hörte ich den Sicherheitsbeamten fluchen.

Das war das Stichwort für seinen Partner, der nun versuchte, diese aufzuziehen. Er nahm eine Schrittstellung ein, und die Fingerkuppen seiner Hände gruben sich in die schwarze Gummidichtung, die beim Schließen normalerweise zum Teil im Stahlrahmen versinkt. Offensichtlich hatte er einen guten Griff, denn er zog und zog. Vor Anstrengung wurde sein Gesicht rot.

«Hilf mir ma», forderte er seinen Kollegen auf. Doch auch zu zweit bewegte sich nichts. Die Tür blieb verschlossen.

«So 'n Mist!» Vor Wut trat nun auch der Kleinere von beiden gegen die Aufzugtür. Auf einmal – oh Wunder – ging sie ganz langsam auf. Die Umstehenden sahen sich erleichtert an.

«Na, versuchen Se's mal, fahr'n Se mal hoch.»

Das ließ ich mir nicht zweimal sagen. Ich rollte in die Kabine, drückte den Schalter, und so langsam, wie sie aufgegangen war, schloss sich hinter mir die Tür. Mir war egal, ob ich stecken blieb. Im Aufzug gab es einen Knopf für den Notruf, über den ich im Bedarfsfall Hilfe hätte verständigen können. Und unten hätte ich ja schlimmstenfalls auch warten müssen.

Oben angekommen, holte ich erst mal tief Luft. Wie bizarr, es war das erste Mal, dass ich allein um diese Zeit mit der U-Bahn unterwegs war. Im vergangenen Semester – das neue hatte gerade angefangen – war ich stärker eingebunden gewesen als in den beiden ersten, und die acht Stunden, die mir meine Zivis täglich zur Verfügung standen, hatten sich als immer kostbarer erwiesen. Und mit Jannis hatte ich gleich zu Beginn des vierten Semesters angefangen, Prioritäten zu setzen. So wog ich von Woche zu Woche sorgfältig ab, wofür ich ihn wirklich brauchte, und plante entsprechend. An besagtem Tag war er mit mir an der Uni gewesen, dann hatte ich ihn nicht mehr benötigt. Gegen elf Uhr abends wollte er wieder in der WG sein, um mich zum Tagesende zu unterstützen. Nun war es kurz nach zwei, als ich ihn in unserer Küche an seinem Laptop antraf.

«Wie war eigentlich das Treffen? Hat sich der Aufwand gelohnt?», wollte Jannis wissen. Von meiner Rückfahrt und der Aktion am U-Bahnsteig hatte ich ihm schon am Telefon auf dem Weg nach Hause erzählt und angeboten, unser Gästebett in der ehemaligen Abstellkammer zu benutzen, da ich um neun wieder zur Uni musste.

«Ja, wenn es auch nicht ganz so einfach war. Erst haben wir uns in Gruppen aufgeteilt und dann ewig diskutiert, was im Mittelpunkt des diesjährigen Werbekongresses stehen soll. Deswegen bin ich ja erst so spät losgekommen. Die meisten anderen waren mit dem Fahrrad da oder wohnen in der Nähe, waren also entsprechend flexibel.»

«Habt ihr euch denn wenigstens auf etwas einigen können?»

«Gefühle im Ausverkauf – die Glaubwürdigkeit der kommerziellen Emotion. Damit wollen wir auf den Begriff ‹Lovemarks› aufsetzen, wird ja momentan in der Branche heiß diskutiert.»

«Klingt erst mal spannend, erklär mal», bat Jannis, der aufgrund seiner grundsätzlich kritischen Haltung gegenüber dem Kapitalismus mein Studium von Anfang an hinterfragte und viele meiner Kommilitonen für oberflächlich hielt.

«Im Grunde handelt es sich um emotional aufgeladene Trademarks wie der Hersteller deines Computers. Alle etablierten Marken sind nämlich inzwischen qualitativ so hochwertig und zuverlässig, dass sie austauschbar geworden sind. Um sie voneinander abzugrenzen, also damit sie sich voneinander abheben, werden vereinzelt regelrechte Erlebniswelten geschaffen, die dazu dienen, neue Kunden zu gewinnen und auf Dauer an sich zu binden. Nicht mehr nur durch die Produkteigenschaften, sondern vor allem durch Gefühle.»

Von dem Werbekongress, der von GWK-Studenten über einen Zeitraum von zwei Semestern geplant und durchgeführt wird, hatte ich zufällig erfahren. Getragen wird die dreitägige Veranstaltung, bei der angehende Werber mit Leuten aus der Praxis zusammenkommen, um gemeinsam Ideen zu entwickeln – es werden auch Vorträge gehalten und Workshops für die Öffentlichkeit angeboten –, vom Berliner KommunikationsFORUM. Dieser gemeinnützige Verein versteht sich als Freundeskreis der Universität der Künste. In der ersten Woche nach den Semesterferien waren die Organisatoren des Vorjahrs auf der Suche nach Nachfolgern in eine Vorlesung gekommen, die ich gerade besuchte. Einer von ihnen, Christian Noll, erwähnte, er hätte durch den Werbekongress mehr gelernt als während seines gesamten Studiums. Am Anfang hätte man kaum glauben können, es hinzubekommen, doch am Ende hätten sie alle laut Yeah gerufen, weil man ein Mega-Projekt gerockt hätte, das sich im Lebenslauf auch als Referenz gut machen würde. Seine Begeisterung erfüllte den Hörsaal, und ich ließ mich mitreißen. Die Aussicht, mit Werbeagenturen in Kontakt zu treten, erhöhte meine Neugier, sodass ich mich am Ende entschied, mich dem Organisationsteam anzuschließen.

Wir waren zwanzig Leute, die ich zum Teil flüchtig vom Sehen kannte. Von Oktober 2003 bis zum Kongress im Juni

2004 trafen wir uns jeden Donnerstagabend. Hauptsponsor der Veranstaltung war eine Bank, die uns für die Vorbereitung in einem Gebäude in der Nähe der Warschauer Straße zwei Räume zur Verfügung gestellt hatte. Sie waren mit Tischen und Stühlen provisorisch bestückt worden, die Rechner gehörten dem Verein. Das Sponsoring-Team, dem ich angehörte, kam dort ebenfalls zusammen. Der Verkauf von unterschiedlichen Paketen an Unternehmen zur Finanzierung der Veranstaltung war jedoch nicht so mein Ding, sodass ich bald dazu überging, E-Mails vorzuformulieren und zu beantworten sowie Listen zu pflegen, damit wir nicht den Überblick verloren. Aida aus meiner Gruppe war dagegen umso talentierter und riss eine Menge mit. Sie schien nur einen Schalter umlegen zu müssen, um den richtigen Ton zu treffen und zu überzeugen. Einfach super, die geborene Verkäuferin mit einer gehörigen Portion Resolutheit. Zu Beginn des Sommersemesters 2004 brachte ich dann Olli, der inzwischen Theater- und Veranstaltungstechnik studierte, und Jannis für die Serverpflege ins Spiel. An den Treffen nahmen sie nicht teil, dennoch standen sie in regelmäßigem Austausch mit dem entsprechenden Team.

Jannis gähnte. «Ich glaube, ich muss ins Bett. Das wäre jetzt meine favorisierte Erlebniswelt.»

Ich nickte. «Da schließe ich mich gern an.»

Kotze am Kotti

An einem anderen Donnerstagabend, die Fahrstuhlgeschichte war fast schon vergessen, und bis zum Start des Werbekongresses waren es noch sechs Wochen, stellte sich die Frage nach einem Moderator für die Gala, die die Veranstaltung abschließen sollte. Meine Gruppe war als letzte dran gewesen, für die anderen den aktuellen Stand zusammenzufassen. Dann hatte es die übliche Frage-Antwort-Runde gegeben und für jeden eine neue Aufgabe für die laufende Woche.

«Um jemanden für die Gala einzukaufen, reichen die Mittel nicht», meinte Steffi. Sie war die Projektleiterin, und bei ihr liefen alle Fäden zusammen. «Es muss einer von uns machen, eine Alternative haben wir nicht. Wer moderiert?»

«Na Raúl», rief Nicky, der in dem Team war, das die Texte lieferte.

«Wollt ihr wirklich einen Rollstuhlfahrer auf der Bühne?», fragte ich in die Runde – und erntete verständnislose Blicke.

«Ich verstehe deine Frage nicht. Hast du etwa Zweifel?», hakte Nicky nach und strich sich übers Grübchen-Kinn.

Hörte ich da so was wie Entsetzen heraus?

«Deine Behinderung ist wahrlich kein Grund, warum du den Job nicht machen solltest. Niemand kann so gut quatschen wie du. Und Wortwitz ist das, woran es in vielen Moderationen mangelt», versuchte auch Aida mich zu überreden.

«Aber meine Stimme strengt doch an, meint ihr nicht?», konterte ich.

«Nö.» Sämtliche Blicke ruhten auf mir.

Die Zeit drängte, die Gala musste weiter geplant werden, und mir Bedenkzeit auszubitten, erschien mir verfehlt.

«Also gut. Ich möchte es aber mit jemand zusammen machen. Überlegt euch, wen ihr mir zur Seite stellt.»

Irgendwie zog es mich ja auch ins Rampenlicht, und wie bei Caterina fühlte ich mich geehrt, dass ich gefragt wurde. Außerdem hörte ich in diesem Moment auch gern, dass meine Behinderung nicht ins Gewicht fiel. Die Gala sollte ich dann mit Aida moderieren, einer äußerst selbstbewussten Frau, deren Lachen man kilometerweit hören konnte. Wir verstanden uns inzwischen richtig gut und hatten bei der Vorbereitung eine Menge Spaß. Olli organisierte extra eine Rampe, damit ich auf die Bühne kam.

Wie schon bei der Jubiläumsgala mit Roger Willemsen rauschte an dem Abend alles an mir vorbei. An die Preise, die für die während des Werbekongresses entstandenen Arbeiten von einer Jury beziehungsweise vom Publikum vergeben wurden, sowie an die Rede des Hauptsponsors zum Ausverkauf der Gefühle habe ich keine Erinnerung mehr. Ich weiß nur noch, dass ich mit meiner Moderation nicht zufrieden war. Rückblickend empfinde ich die Veranstaltung als eine absolut selbstbezogene Angelegenheit. Während Studenten darin eine Möglichkeit sahen, Kontakte zu knüpfen, rekrutierten Agenturen Frischfleisch für die Zukunft, und die Branche präsentierte und feierte sich selbst.

Damals aber fand ich es spannend, und es war insbesondere eine gute Gelegenheit, meine Kommilitonen besser kennenzulernen. Wie bei allem – ob in der Schule oder bei OI-Treffen –, hatte ich auch an der Uni einen konkreten Anlass gebraucht, um Anschluss zu finden und mich auszutauschen. Mit meinen Mitstudenten nur im selben Seminarraum zu sitzen oder ihnen auf dem Flur zu begegnen war zu wenig gewesen, damit sich ein erstes Gefühl von Zugehörigkeit entwickeln konnte. Das im Vorfeld von Christian Noll in Aussicht gestellte große Yeah blieb bei mir zwar aus, aber wie alle anderen freute ich mich, dass alles reibungslos gelaufen und eine Last von unseren Schultern gefallen war.

Das Gelingen des Vorhabens feierten wir Organisatoren wenig später gemeinsam mit sämtlichen Helfern in einem ehemaligen Wasserspeicher. Olli und Jannis waren auch dabei, wir liefen uns jedoch nicht über den Weg, weil sie sich um Sound, Beleuchtung, die Nebelmaschine und die Beamer kümmerten, die zu den Technobeats die passenden Lichtbildinstallationen an die Wände der unterschiedlichen Tanzflächen warfen. Ich hielt mich die meiste Zeit im Hof auf, wo ich mich mit unterschiedlichen Leuten unterhielt. Vom Publikum her war es sehr yuppiehaft, viele gestylte Frauen und Typen, die Anzug trugen. Gegen eins verabschiedete ich mich als einer der Ersten von den Umstehenden, da ich selbst kaum Alkohol trinke und es nicht mag, wenn das Gros der Gäste einen gewissen Pegel überschritten hat. Wie früher schon die Kuschelpartys sind Events ab einer Größe von vierzig Leuten generell nicht so mein Fall, da entweder getanzt oder gestanden wird, was Unterhaltungen für mich als Sitzenden schwierig macht.

Die Feier war nett, aber anstrengend gewesen. Ich hatte genug von der lauten Musik. Zügig fuhr ich in meinem Rollstuhl Richtung Kottbusser Tor, von wo ich wieder mit der U1 zum Nollendorfplatz fahren wollte. Es war eine laue Sommernacht. Je näher ich dem Kotti kam, umso voller und aufgeladener wurde die Stimmung. Leute grölten, und wegen der vielen Ampeln ging es nicht mehr so schnell voran wie auf der ersten Weghälfte.

Am Kottbusser Tor treffen Kottbusser Damm und Skalitzer Straße aufeinander und bilden einen Kreisverkehr. Die U1 verläuft in dem Streckenabschnitt oberirdisch parallel zur Skalitzer. Um zum Bahnsteig zu gelangen, kann ich nicht die Unterführungen nutzen, sondern muss über die Straße zur Mitte des Platzes, da sich dort der Aufzug nach oben befindet.

Es war unheimlich. Selbst tagsüber hatte sich die Haltestelle nicht gerade als ein einladender Ort erwiesen. Ich begab mich zum ersten Mal allein dorthin, und es war Nacht. An der Kreisverkehrsampel hörte ich ein Martinshorn sich nähern, hoffentlich hatte es keine Schlägerei gegeben, die mein Weiterkommen verzögerte. Der Presse waren häufig Zwischenfälle am Kotti, einem der sozialen Brennpunkte der Hauptstadt, zu entnehmen. Die Polizei fuhr jedoch ohne anzuhalten weiter Richtung Friedrichshain. Die ganze Zeit wandte ich meinen Kopf von links nach rechts. Ich vernahm ein Stimmengewirr aus fremden Sprachen und machte einen

Mann unbestimmten Alters aus, der sein Hab und Gut auf zwei riesige Plastiktüten eines Discounters verteilt neben sich abgestellt hatte. Er durchsuchte den Mülleimer unterhalb einer Laterne nach Pfandflaschen. «We kehr for you» warb darauf die Berliner Stadtreinigung. Das, was der Mann an Unrat hervorholte, um bis zum Boden des Papierkorbs vorzudringen, besah er genau und steckte es zurück in den Eimer, bevor er sich leicht hinkend mit seiner Ausbeute von drei Flaschen davonmachte. Angesichts der vielen betrunkenen Leute auf der Straße eine magere Bilanz.

Endlich sprang die Fußgängerampel auf Grün, der Aufzug war nun nicht mehr weit. Sofort drückte ich den Knopf und wartete ungeduldig. Diese Stelle des Kottis ist nicht beleuchtet, und immer wieder hörte ich das Scheppern von Glasflaschen. Mit mulmigem Gefühl sah ich mich weiter um. Wie lange musste ich denn noch auf den Fahrstuhl warten, der mich nach oben brachte?

«Ey Alter, verpiss dich!», schrie plötzlich eine Frau. «Haste se noch alle? Sieh zu, dass du wegkommst.»

«Schon gut, schon gut. Tut mir leid, kommt nich wieder vor», hörte ich einen Mann ihr lallend antworten.

«Na hoffentlich. Und jetzt hau ab, ich will dich nie wieder sehen, ist das klar?»

Mein Unwohlsein und meine Unsicherheit wurden größer und größer. Um mich abzulenken, nahm ich meine Kopfhörer aus der Seitentasche meines E-Rollstuhls, setzte sie auf und machte Radio an. Den vertrauten Moderatorenstimmen zuzuhören half mir, mich nicht mehr so hilflos zu fühlen.

Nach einer gefühlten Ewigkeit hielt vor mir der Fahrstuhl. Endlich. Zum Glück wollte außer mir niemand mit, und in mir machte sich erstmals so etwas wie Erleichterung breit. Die Kabine erfüllte ein strenger Uringeruch, was mir total egal war. Wichtig war, schnell und heil diesen Ort zu verlassen.

Am Bahnsteig angekommen, sah ich mich um. Hier oben war die Atmosphäre deutlich entspannter als auf der Straße. Ich erblickte eine Gruppe von Frauen und stellte mich in deren Nähe unter eine Laterne, weil ich das Gefühl hatte, bei ihnen würde mir nichts passieren. Laut Anzeige sollte die nächste Bahn in zwei Minuten eintreffen. Dem Outfit der Frauen nach zu urteilen, feierten sie einen Junggesellinnenabschied. Die zukünftige Braut trug eine Boa mit rosafarbenen Herzchen aus Filz und hielt ein Körbchen in der rechten Hand, das jedoch keine Gimmicks zum Verteilen mehr enthielt. Die Frauen machten einen erschöpften, aber fröhlichen Eindruck.

Wie schön, die Bahn fuhr ein. Ich war so gut wie zu Hause, und der Rest sollte ein Kinderspiel sein. Im Zug – die jungen Frauen hatten einen anderen Wagen gewählt als ich – setzte ich die Kopfhörer ab. Das Zuckeln des Zuges entspannte mich weiter. Zwischen Kotti und dem Nollendorfplatz liegen Welten, und ich freute mich auf mein Bett. Ob der Aufzug an der Zielstation dieses Mal funktionierte? Ich musste grinsen, als ich an die Situation im vergangenen Frühherbst dachte.

Ab Nollendorfplatz nahm ich die Maaßenstraße, der direkte Weg in die Belziger Straße, in der ich wohnte. Hier war mehr los als sonst um die Uhrzeit, was mich wunderte. Nun, die Winter in Berlin sind streng, da musste man jede laue Nacht nutzen.

Nach etwa hundert Metern kam mir ein Mann von Anfang dreißig in einer engen Hose und mit nacktem Oberkörper entgegen. Auf seine linke Schulter war eine Riesenflamme tätowiert. Plötzlich griff er mir in den Schritt und machte «Hmmmm».

«Ey, lass mich los, du Arsch!», brüllte ich, so laut ich konnte. Das Ganze passierte im Vorbeigehen, der Typ hatte mich nur einen kurzen Moment angefasst. Ich bemühte mich um Fassung und setzte meinen Weg unbeirrt fort, ohne mich noch einmal umzuschauen.

Zweihundert Meter weiter passierte es noch einmal. Diesmal war es ein Mann in einem blauen Shirt und Radlerhose. Sein Haar hatte er zurückgegelt, und er roch penetrant nach einem duschgelartigen Aftershave. Ich ließ ihn dieses Mal kommentarlos weiterziehen, was hätte es gebracht? Mein Zuhause rief umso lauter.

Was ging hier nur ab? Wir waren im Stadtteil Schöneberg. Was waren das für seltsame Leute, die in mir eine leichte Beute sahen, der sie im Vorbeigehen einfach mal in den Schritt greifen konnten? Richtig! Es war Christopher Street Day, das hatte ich vergessen, und Schöneberg ist der Kiez, wo am ausgiebigsten gefeiert wird, weil dort verhältnismäßig viele Homosexuelle leben.

Nachdem ich das realisiert hatte, ärgerte ich mich über mich selbst. Was hatte ich mir am Kotti für eine Platte gemacht, dass mir etwas passiert. Kein Obdachloser oder Migrant, kein Junkie und kein einziger der vielen Besoffenen waren mir so verletzend nah gekommen wie diese beiden Herren in Schöneberg. Sie hatten mich sexuell belästigt. Dass Christopher Street Day gefeiert wurde, nahm dem Ganzen die Spitze. Ich behielt die Sache für mich, da es mir unangenehm war und ich das Ganze so schnell wie möglich vergessen wollte. Zumal ich – anders als bis dahin angenommen – offensichtlich weit weniger frei von Vorurteilen gegenüber Menschen am Rand der Gesellschaft war, wie sie am Kotti in großer Zahl anzutreffen sind.

In meinem Ärger über mich selbst sehe ich heute aber noch etwas anderes. So wie ich zu dem Zeitpunkt noch vieles, was mit meiner Behinderung zusammenhängt, mit mir selbst ausmachte, so richtete ich auch meine Wut gegen mich selbst. Ich war genauso hilflos wie damals an der Bushaltestelle gewesen, als mich der Junge von hinten gegen den Kopf geschlagen hatte. Wieder hatte ich mich nicht wehren können, sondern musste die Belästigungen über mich ergehen lassen. Ich werde nie wie andere weglaufen können, weil ich in meiner Mobilität eingeschränkt bin.

Im Nachhinein bin ich jedoch froh, dass in besagter Nacht der Ärger über mich selbst größer war als mein Bewusstsein über mein Ausgeliefertsein. Vielleicht hätte ich mich dann aus Angst in meiner Mobilität wieder eingeschränkt und wäre dazu übergangen, wie vorher nur noch in Begleitung unterwegs zu sein oder bestimmte Orte zu meiden. Ich wollte aber nicht auf meine Freiheit verzichten. Meine Behinderung bringt es leider mit sich, dass Menschen mir mein Smartphone klauen, wie es schon dreimal passiert ist. Damit muss ich leben und weitermachen. Und die Erfahrung hat gezeigt, dass es jederzeit und überall passieren kann.

Den Orthopäden meines Vertrauens konnte ich übrigens überreden, den Drosselungs-Chip auszubauen, der die Geschwindigkeit meines jetzigen Elektrorollstuhls regelte. Mit zehn Stundenkilometern bin ich zwar nun schneller als die erlaubte Schrittgeschwindigkeit, doch es reicht nicht, um rechtzeitig wegzukommen, wenn Gefahr droht. Abhauen, wegrennen ist ja nicht.

Lass uns reden: «Blue Moon»

Aufzüge in Berlin hatten es in sich. Funktionierte er nicht an der
S-Bahn-Haltestelle Griebnitzsee – was nicht selten der Fall
war –, verzögerte sich aufgrund des erforderlichen Um-
wegs mein Arbeitsbeginn bei Radio Fritz um eine Stunde.
Seit Januar 2007 hatte ich dort eine 50-Prozent-Stelle als
Programmmanager online. Ich fühlte mich dort wohl, sogar
sehr wohl. Der Chefredakteur Stefan Warbeck hatte mich
ins Boot geholt, um den Internetbereich mit aufzubauen.
Anfangs arbeitete ich vor allem einem Kollegen zu, erstell-
te Graphiken, konzeptionierte die Fritz-Community mit
und überlegte mir, wie wir internetrelevante Themen wie
neue Computerspiele und -programme sowie Spielkonso-
len fürs Radio aufbereiten könnten. An der Universität der
Künste war ich immer noch eingeschrieben, aber so gut wie
scheinfrei. Die zwei Jahre zuvor hatte ich als Freier für eine
Internetagentur Online-Kampagnen realisiert. Dann kam
die Anfrage, für einen Zigarettenhersteller ein Konzept zu
entwickeln, was ich mit meinen Werten nicht vereinbaren

197

konnte. In der Zeit rief Stefan an, und ich war froh, eine Alternative zu haben. In der Werbebranche, die sich ja, wie ich erfahren hatte, gern selbst feiert, hatte ich zwar eine Menge gelernt, Tiefe und Nachhaltigkeit aber immer vermisst.

Meine Arbeit im Sender empfand ich als sinnerfüllt und ging im Mai sogar dazu über, in den für mich optionalen morgendlichen Redaktionssitzungen Ideen für Sendungen vorzuschlagen – wie das erste iPhone zu testen, Liveschaltungen im Netz mit einem Video zu begleiten oder zur «Zielgruppenbindung», wie es so schön heißt, aus der Wohnung eines Hörers zu senden. Ich wusste, dass die Kollegen offen waren für ernstere Inhalte wie Rechtsradikalismus, Jugendarbeitslosigkeit oder Hartz IV. Dennoch traute ich mich lange nicht und überlegte einen knappen Monat, wie und ob ich überhaupt Behinderung als mögliches Thema ansprechen sollte. Beiträge und Formate, in denen es beispielsweise um Homosexualität ging, hatte es gegeben, weil Mitarbeiter diese Neigung hatten. Bei Radio Fritz war ich der Erste mit Behinderung und vielleicht der Einzige, mit dem das Team näher zu tun hatte. Von daher wunderte es mich nicht, dass sie bislang in Beiträgen vernachlässigt worden war.

Als langjähriger Hörer, der eine Menge erlebt und sich für vieles interessiert, hatte ich mich irgendwann gefragt, was denn mit denen sei, die wie ich eingeschränkt waren. Radio Fritz war ja schon vor meinem Schulpraktikum dort stets Teil meines Alltags gewesen, doch umgekehrt wurde ein Aspekt meiner Lebenswelt ausgespart, von dem ich annahm, dass er auch für Menschen ohne Behinderung spannend sein könnte. So schien es mir wenigstens. Im Übrigen gab es damals im Sender niemanden mit ausländischen Wurzeln, sodass es irgendwann die Ansage gab, auch Menschen mit Migrationshintergrund als Reporter oder freie Redakteure zu gewinnen. Denn das Potenzial, das ihre Perspektive bot, war bislang auch nicht genutzt worden.

Im Fall von Menschen mit Behinderung war diese Ansage nicht nötig, denn ich fand einen Weg, sie als Thema zu platzieren.

«Hallo, Britta, hast du kurz Zeit?» Britta, mittelgroß, langes, gelocktes Haar in Mittelbraun, saß in ihrer Arbeitsecke des Großraumbüros.

«Moment bitte, eben speichern», murmelte sie vor sich hin. «Hi, Raúl, was gibt es?» Sie schien überrascht über mein Auftauchen, denn wir kannten uns allein vom Sehen und hatten uns bis jetzt nur gegrüßt.

«Wegen der Inhalte höre ich seit Jahren ‹Blue Moon›», begann ich noch ein wenig unsicher unser Gespräch über die Call-in-Sendung, bei der sich Moderator und Anrufer über Themen wie Beziehungsprobleme, Kinofilme sowie Gott und die Welt austauschen.

«Kann ich verstehen. Sie sind es ja, die das Format und auch Radio Fritz unter anderem ausmachen», meinte Britta, die seit vielen Jahren die mittelfristigen Themen verschiedener Sendeplätze koordinierte.

«Und in den morgendlichen Zehn-nach-zehn-Runden habe ich mitbekommen, wie groß der allgemeine Bedarf an Stoffen ist.»

Britta nickte. «Stimmt, und ich staune immer wieder, wie schnell die Leute vergessen, was wir alles an Themen behandelt haben. Wenn wir aus Mangel an Berichten Wiederholungen senden, fällt das glücklicherweise nicht so ins Gewicht.»

Dann rückte ich mit meinem Anliegen heraus: «Ich hätte

da aber was. Bei einem Thema bin ich mir sicher, dass es noch gar nicht auf der Agenda war.»

Britta sah mich erwartungsvoll an.

«Behinderung. Kannst du dir vorstellen, es in ‹Blue Moon› zu platzieren?»

«Absolut! Du bist ja noch nicht so lange bei uns, denn es gab schon die eine oder andere Sendung darüber. Ist nur eine Weile her. Aber klar, ich schicke den betreffenden Moderatoren gleich mal eine Mail, was sie davon halten.» Augenblicklich wandte sie sich wieder ihrem PC zu.

Dass ich an Britta herangetreten war, war eher dem Zufall geschuldet. Am Tag vorher hatte ich mitbekommen, wie sie in einem Flurgespräch die umstehenden Kollegen gefragt hatte, wie sie als aufgeklärte Mutter ihrer Tochter politisch korrekt vermitteln sollte, dass es im Mittelalter keine weiblichen Ritter gegeben hätte. Dass es halt so gewesen sei, wie die meisten der Befragten meinten, war ihr als Begründung zu schlicht erschienen. Das sprach in meinen Augen für sie. Auch jetzt fühlte ich mich gut, als ich an meinen Schreibtisch zurückkehrte.

Etwa zwei Stunden nach meinem Gespräch mit Britta erhielt ich eine E-Mail von Holger Klein, Brillenträger, leicht untersetzt, ein Mann mit Humor und großer Fangemeinde. Er besitzt die perfekte Radiostimme, kann sehr gut reden und hat sich auf freie Gesprächsformate spezialisiert. Bei Radio Fritz durfte er damals mehr oder weniger alles. Seine «Blue Moon»-Sendung zu politisch-gesellschaftlichen Themen, in der Hörer anriefen, wurde montags von 22 Uhr bis ein Uhr nachts live gesendet und hatte den Untertitel «Die Welt ist klein mit Holger Klein».

In seiner Nachricht schlug er mir vor, gemeinsam zu moderieren, da er als Nicht-Behinderter eine andere Sicht hätte und niemanden kennen würde, den er hinzubitten könnte. Ich fand die Idee super, auch wenn es nicht mein Plan gewesen war. Nach meinem Praktikum beim Sender in der neunten Klasse hatte ich Moderator werden wollen, doch das war längst passé. Noch immer hatte ich eine gewisse Skepsis gegenüber meiner Stimme, obwohl sie schon einmal über den Äther gegangen war.

Freunde hatten sich als meine Zivis über zwei, drei Jahre die Klinke in die Hand gegeben. Da der Zivildienst jedoch nur zehn, später nur noch neun Monate dauerte, kündigte sich im Herbst 2003 ein Engpass an. Im Dezember kam dann mein Cousin Jan nach Berlin, um wie üblich mit der ganzen Familie Krauthausen über mehrere Tage Weihnachten zu feiern. Wir redeten viel miteinander, und einmal ging es um die Castingshow *Deutschland sucht den Superstar*. Es lief gerade die erste Staffel auf RTL, das Format war modern und damals etwas völlig Neues. Mein Freundeskreis sprach von nichts anderem als dieser Sendung. Jan und ich verfolgten sie, um mitreden zu können.

«Die Show ist so was von schlecht. Ich kann damit eigentlich gar nichts anfangen», meinte ich leicht genervt.

Jan nickte zustimmend. «Geht mir genauso. RTL ist aber auch alles andere als mein Sender.» Da unterschied sich Jan nicht von meiner Mutter, aber das sagte ich ihm nicht. Denn sie haben ja recht.

Nachdem wir uns noch eine Weile über den Hype ausgelassen hatten, sagte Jan: «Vor allem frage ich mich, ob man nicht mal etwas Sinnvolles casten kann.»

Daraufhin dachte ich einen Moment nach. «Ich weiß, wen man casten könnte. Meinen nächsten Zivi.»

Damit hatten die SOZIALHELDEN ihr erstes Projekt, die Jan und ich erst im Sommer gegründet hatten. Wie ich kannte er durch Besuche unserer Großeltern Südamerika. Dort für soziale Probleme wie Armut, Gewalt und eine schlechte Gesundheitsversorgung sensibilisiert, hatten wir schon als Jugendliche davon gesprochen, uns gemeinsam im gesellschaftlichen Bereich zu engagieren. Es war dann auch das Haus unserer Großeltern in Holland gewesen, wo wir in der Hitze des Jahrhundertsommers auf der von Bäumen umgebenen Terrasse bei kühlem Vanille-Vla mal wieder darüber sinnierten, etwas Sinnvolles zu tun.

«Ich stelle es mir interessant vor, soziales Handeln MTV-fähig zu machen. Ohne Mitleid, schlechtes Gewissen und den erhobenen Zeigefinger, sondern mit Spaß, Leidenschaft und Humor», meinte Jan. «Halt charmant, nicht so bedeutungsschwanger wie bei der Fotoaktion von dir und Caterina.»

Aha. Von «bedeutungsschwanger» hatte mein Cousin nicht gesprochen, als er mir von seinen Eindrücken erzählte, nachdem er die Bilder gesehen hatte. Oder erinnerte ich da etwas falsch. Doch darauf wollte ich jetzt nicht eingehen. «Aber nicht mit dem Thema Behinderung», wandte ich stattdessen ein. Mich für Menschen mit Behinderung und ihre Belange zu engagieren stand für mich außer Diskussion, denn ich wollte nicht die Alice Schwarzer der Behinderten sein.

«Ich meine es ernst. Lass uns doch mal gemeinsam Projekte angehen. Wir sollten uns aber auch einen Namen geben», fuhr Jan fort.

«Wie wäre es mit Sozialhelden?», schlug ich vor. «Wenn die Internetadresse www.sozialhelden.de noch nicht vergeben ist, nennen wir uns so.» Jan fand die Idee gut, und so entstanden die SOZIALHELDEN, die sich erst mal nur aus uns beiden zusammensetzten und die wir, leicht größenwahnsinnig, als Aktionsgruppe bezeichneten.

Weihnachten setzten wir uns dann gleich an meinen Rechner und fingen an, mit Photoshop, einem Bildbearbeitungsprogramm, das Logo von *Deutschland sucht den Superstar* für unsere Aktion – *Die Suche nach dem SuperZivi* – zu adaptieren. Es dauerte länger als erwartet, denn es sollte ja nach etwas aussehen. Währenddessen stellten wir uns vor, wer sich auf unseren Aufruf hin melden würde. Als Nächstes druckte ich die Seite aus und brachte mit Jannis – zu der Zeit noch mein Zivi – die Zettel gut sichtbar an Bäumen und Laternen in meinem Viertel an.

Jan und ich waren so verblieben, dass ich ihn auf dem Laufenden halte. Sobald eine ausreichende Anzahl an Kandidaten zusammengekommen war, würde er für ein Wochenende nach Berlin reisen, damit wir gemeinsam meinen nächsten Zivi casten konnten. Doch es tat sich nichts. Niemand meldete sich. Wie auch? Jan und ich hatten uns so auf die Gestaltung des Logos konzentriert, dass wir vergessen hatten, meine Kontaktdaten auf dem Aushang anzugeben.

Neujahr war bereits vorbei, die Zeit drängte, und ich hatte keine Lust, das Ganze noch einmal zu wiederholen. Stattdessen mailte ich den Aushang als PDF an sämtliche Freunde und Bekannte. Wenig später erhielt ich einen Anruf von Stefan Warbeck, der während meines Praktikums in der neunten Klasse noch als Moderator ein Auge auf mich hatte und unsere Idee witzig fand. Er bot an, *Die Suche nach dem SuperZivi* im Sender zu platzieren. Ich war vollkommen überrascht, denn Stefans E-Mail-Adresse war eher zufällig in meinem Verteiler gelandet.

Seinem Vorschlag stimmte ich umgehend zu, und in der dritten Januarwoche sollte es losgehen. Anfang Januar überlegten die Programmplaner, Dominic, mein ehemaliger Zivi, sowie Jannis und ich gemeinsam, wie wir die Aktion aufziehen könnten. In der zweiten Januarwoche sollten die Interessenten die Möglichkeit bekommen, sich entweder online oder per Telefon in der Redaktion zu bewerben. Damit die Aktion auch genügend Aufmerksamkeit bekam, musste ein Jingle her, eine Erkennungsmelodie mit hohem Wiedererkennungsgrad, die wir gemeinsam produzierten.

Von den letztlich 150 Kandidaten, die sich vorstellen konnten, mein nächster Zivi zu werden, wurden in der Woche darauf jeweils zwei pro Tag gecastet. Ich war anfangs ganz schön aufgeregt. Außerdem musste ich jeden Morgen um kurz nach sechs in Potsdam beim Sender sein, das bedeutete für Jannis und mich, um vier Uhr aufzustehen.

Am Montag der zweiten Woche stellten wir das Projekt den ganzen Morgen über live im Radio vor, am Dienstag machten wir mit einer der Redakteurinnen eine Reportage über meinen Alltag in Berlin, damit die Bewerber wussten, was sie erwartete – wie es ist, mit mir als Rollstuhlfahrer unterwegs zu sein, wie es ist, Barrieren zu überwinden, zu erfahren, wenn mir andere Menschen ständig zu nahe kommen, sei es durch Anstarren oder Berührung. Jannis war die ganze Zeit dabei und kommentierte, was wir an dem Tag machten und erlebten.

In den nächsten beiden Tagen, am Mittwoch und Donnerstag, erfolgten weitere Aufrufe im Radio. Für das am

Freitag stattfindende Finale suchte ich dann aus den dreißig Bewerbern, die zur engeren Wahl standen, drei Kandidaten aus. Eine Entscheidung, die mir alles andere als leichtfiel. Entsprechend groß war die Nervosität am nächsten Tag. Wir hatten uns für die drei Finalisten Aufgaben wie Erzählen von Behindertenwitzen und Rollstuhlrennen überlegt. Die Jury setzte sich zusammen aus Dominic, Jannis und mir. Die Anwärter auf den Job stellten sich alle gut an. Alle drei waren nett. Am Ende entschied Sympathie – wie so oft. Dennis gewann. Er überzeugte mit seiner offenen und ehrlichen Art. Er erwies sich auch später als gute Wahl, und es passte bis zum Schluss.

Den Talk über Behinderung verlor ich zwischenzeitlich ein wenig aus dem Blick. Es dauerte, bis ein Sendetermin gefunden war, denn ich hatte damals sehr viel zu tun. Doch dann war ein passender Tag gefunden, und an einem Montagabend sollte das dreistündige Live-Gespräch über Behinderung in der kleinen Welt von Holger Klein stattfinden.

«Was soll ich für die Sendung Leben mit Behinderung vorbereiten?», fragte ich Holger am Freitag.

«Nichts, du weißt ja, dass ich einfach loslege», antwortete er.

«Aber was kommt denn auf uns zu?», hakte ich nach.

«Das werden wir sehen. Die Anrufe nimmt der Nachrichtenredakteur entgegen, da um diese späte Zeit – die verantwortlichen Moderatoren ausgenommen – niemand mehr im Sender ist. Er stellt die Anrufer dann zu uns durch.»

«Aber wie weit gehe ich privat, sollte ich gefragt werden?» Die Vorstellung, jemand wollte von mir Details wissen, beispielsweise was Unterstützung anging, bereitete mir

Kopfzerbrechen. Gegenüber engen Freunden hatte ich mich geöffnet, doch was war mit Leuten, die ich nie zuvor gesprochen hatte? Nicht einmal Holger kannte ich näher. Umgekehrt ging ich davon aus, dass niemand aus meinem Umfeld am Montagabend zuhören würde, da ich keinen über meinen Auftritt informiert hatte. Worüber zerbrach ich mir eigentlich den Kopf?

«Mach dir deswegen keine Sorgen. In solchen Momenten drehe ich das Ganze um und frage den Gesprächspartner, welche Erfahrung er gemacht hätte.»

Das hatte ich schon mehrfach erlebt, während ich Holger von zu Hause aus im Radio zugehört hatte. Mit ihm hatte ich auf alle Fälle einen versierten Profi an meiner Seite. Das zu wissen, beruhigte mich. Sehr sogar. Ebenso würde auch ich den Ball zurückspielen und fragen, warum der Anrufer dieses oder jenes wissen wollte. Gemeinsam würde es uns bestimmt gelingen, unangenehme Situationen abzufangen. Außerdem war ich neugierig darauf, in die Köpfe anderer Menschen zu gucken.

Regulärer Redaktionsschluss am Montag war um 18 Uhr. Bis dahin hatte ich mich auf meinen Job konzentriert, doch nun wurde ich durch nichts mehr abgelenkt. Die Vorfreude, die sich am Wochenende eingestellt hatte, wich Aufregung. Mein Herz schlug schneller als sonst, und ich dachte kurz darüber nach, nicht doch noch aus der Nummer auszusteigen. Was, wenn Hörer anriefen, die sich über Behinderte lustig machten oder deren Probleme nicht ernst nahmen? Aber hörten die überhaupt Radio Fritz? Und wenn sie mich mit schlimmsten Vorurteilen konfrontierten? Es gab immer noch einige, die uns die Daseinsberechtigung absprechen wollten. Das Karussell in meinem Kopf drehte und drehte sich, Holgers Ankunft im Sender war dann fast wie eine Erlösung. Er war sogar früher gekommen als sonst. Wahrscheinlich hatte er im Vorfeld gespürt, dass es für mich nicht um irgendeine Sendung ging. Sicher, ich wollte keineswegs zum Sprachrohr von Behinderten werden, schon deshalb, weil ich mich selbst nicht als jemand sehen wollte, der behindert war. Aber genau das war meine Zwickmühle.

Holger gab ich die Musik, um die er mich gebeten hatte. Nach 20 Uhr durften Moderatoren das spielen, was sie wollten. Vorher legte die Musikredaktion die Titel für eine Sendung fest. Ich hatte mich unter anderem für «Lesbische Schwarze Behinderte» von Funny van Dannen entschieden. Der Liedermacher hatte mit diesem Song für mich den Nagel auf den Kopf getroffen: Funny van Dannen stellt klar, dass man auch Menschen mit Behinderung kritisieren kann. Dann hatte ich noch den neuesten Rap eines ehemaligen Mitschülers dabei, mit dem ich lose über das soziale Netzwerk studiVZ in Kontakt stand und der ebenfalls eine Behinderung hatte. Mit den Songs sollten Pausen überbrückt werden, wenn die Resonanz der Anrufer wider Erwarten ausblieb.

Holger nahm die Lieder mit in die Aufnahmeleitung, wo er eine grobe Struktur für die Sendung vorbereitete – zur Sicherheit. Bislang hatte er aber noch nie auf sie zurückgreifen müssen.

Als letzter Anrufer wurde Lothar zu uns durchgestellt. Gut zweieinhalb Stunden hatten hauptsächlich junge Hörer und ich über Behinderung und den Umgang damit gesprochen, wobei sich meine Befürchtung, nicht ernst genommen zu werden, als vollkommen unbegründet erwies. Vielmehr überraschten mich die Offenheit und die positiven Erfahrungen, die Nicht-Behinderte mit Menschen mit Behinderung gesammelt hatten. Umgekehrt machten mich Geschichten Einzelner ratlos, die mit ihrer Situation haderten und nicht wussten, wie sie sie verändern könnten. Einem von ihnen gaben Holger und ich als «Hausaufgabe» auf, sich einen Job zu suchen, der ihm mehr entsprach, um wieder Herr seiner Behinderung zu werden.

Als einzigen Song hatten wir gleich zu Anfang der Sendung das Lied von Funny van Dannen gespielt, denn es war ständig jemand in der Leitung. Ich hatte mich schnell entspannt, was zum einen an Holger lag, aber auch an der gesamten Atmosphäre. Das nahezu dunkle Gebäude erfüllte eine bis dahin ungekannte Ruhe, außer Holger und mir war nur noch der Nachrichtensprecher da. Im schallisolierten Cockpit, wo wir beide saßen, spendeten nur zwei Spots über den beiden Moderatorenpulten eine warme Helligkeit. Es war gemütlich, und ich genoss es, mich mit Kopfhörern auf den Ohren ganz auf die Gespräche zu konzentrieren.

Lothar war Anfang fünfzig und lange an einer Fachhochschule für Sozialarbeit politisch aktiv gewesen. Jetzt hatte er, wie er berichtete, seine Arbeit eingestellt. Seine Mutter hatte während der Schwangerschaft Thalidomid eingenommen, ein Schlaf- und Beruhigungsmittel, das unter dem Markennamen Contergan erhältlich war. Der Arzneistoff erlangte traurige Berühmtheit, weil er beim ungeborenen Kind zu schweren Missbildungen bei den Extremitäten führte, wurde er in den ersten drei Monaten der Schwangerschaft eingenommen – in dieser Phase werden die Gliedmaßen ausgebildet. Bei Lothar hatte Thalidomid zu kürzeren Armen geführt. Bereits 1958 wurden die Fehlbildungen bei den Säuglingen im Bundestag diskutiert, man erklärte sie sich zunächst aber mit Kernwaffentests. Die Tragweite – derzeit leben allein in Deutschland etwa 2400 betroffene Menschen – wurde lange unterschätzt. Letztlich zog der Skandal weltweit Änderungen des Arzneimittelrechts und der Medikamentenzulassung nach sich. Lothar hatte versucht, das Contergan-Verfahren noch einmal neu aufzurollen. Er erzählte, dass er jedoch nur sehr wenige Mitstreiter hätte gewinnen können.

«Du hast anfangs gesagt, dass du behindertenpolitisch gearbeitet hast, jetzt aber nicht mehr. Warum hast du damit aufgehört?», wollte Holger von Lothar wissen.

«Irgendwann war ich sehr frustriert», sagte Lothar, «was verschiedene Ursachen hatte. Einmal hatte ich mich gegen Behindertenfeindlichkeit in jeglicher Form eingesetzt, was sehr mühsam gewesen war, weil sich kaum etwas veränderte. Hinzu kam die Art und Weise, wie gegen Diskriminierung und Benachteiligung vorgegangen wurde. Ich war auch gegen die ‹Aktion Sorgenkind›.»

«Was war der Grund?», hakte Holger nach. Seiner Stimme war anzuhören, dass ihn diese Information überraschte.

«1997 habe ich im Publikum gesessen, als Raúl die Jubiläumsgala auf dem Podium mit moderiert hat. Damals sagte ich, dass es allein mit Sprüchen wie ‹Nicht über uns ohne uns› – das war ja Grundsatz einer UN-Konvention und später das Motto der ‹Aktion Sorgenkind› – nicht getan ist, da müsste mehr passieren.»

Mit Lothar hatten wir einen Anrufer in der Leitung, der sich auskannte und viel mehr Erfahrung und Wissen hatte als ich. Das Engagement der «Aktion Mensch», wie die private Hilfsorganisation inzwischen heißt, hatte ich selbst nie groß hinterfragt. Auch am Motto hatte ich nichts auszusetzen gehabt, im Gegenteil. Wie unangenehm. Ich beschloss, mich erst einmal nicht ins Gespräch einzubringen.

«Hinzu kam, dass bei der ‹Aktion Sorgenkind› damals alles ohne uns passierte. Ich denke, behindertenpolitisch heißt auch, dass Behinderte selbst mitmachen müssen», fuhr Lothar fort.

«Ich habe nie verstanden, warum man das Wort ‹Sorgenkind› für die Organisation verwendete. Eine größere Diskriminierung gibt es doch nicht», warf Holger ein. Das gleichnamige ZDF-Format ging auf den Journalisten Hans Mohl zurück, der – veranlasst durch den Contergan-Skandal – erstmals 1964 zu Spenden in der Sendung aufrief, um die Lebenssituation von Menschen mit Behinderung zu verbessern.

«Gegen den Begriff habe ich mich immer schon gewehrt, weil ich mich nicht so wahrnehme. Na, der wurde dann ja auch geändert.» Lothar machte eine Pause. «Meiner Einschätzung nach hat sich an der Situation von Behinderten in dieser Organisation aber nicht viel geändert. Ich vermute, dass die Führungspositionen bei der heutigen ‹Aktion Mensch› immer noch von den gleichen Leuten eingenommen werden und wir als Behinderte dort nach wie vor kein Mitspracherecht haben. Da muss ein Umdenken stattfinden. Dass Raúl zum Beispiel heute im Studio sitzt und moderiert, finde ich schon ganz gut. Man hat bei euch nicht wieder einen Nicht-Behinderten platziert, der über Behinderte spricht, wie es sonst oftmals üblich ist ...»

«Genau, darum habe ich es auch nie auf die Reihe gekriegt, eine solche Sendung zu machen», unterbrach ihn

Holger. «Ich hätte nicht gewusst, wie ich über Behinderte hätte sprechen sollen. Ich selbst bin ja nicht behindert. Aber mit einem behinderten Moderator an meiner Seite sieht es schon ganz anders aus.»

«So wie Raúl bei euch im Sender sollten Behinderte auch in die Behindertenpolitik eingebunden sein, auch wenn mich persönlich das viele Reisen durch Deutschland am Ende angestrengt hat. Inzwischen habe ich eine Tochter, sodass es irgendwann nicht mehr ging.»

Jetzt ergriff ich das Wort: «Ich als Behinderter habe ein Problem damit, mich für die Rechte Behinderter pauschal einzusetzen. Das heißt, behindertenpolitisch aktiv zu werden.» In diesem Moment wehrte ich mich gegen die Vorstellung oder die Forderung, mich zu engagieren, nur weil ich eine Behinderung habe.

«Warum?», wollte Holger von mir wissen.

«Ich denke, dass sich für Menschen mit Behinderung starkzumachen wichtig ist. Ich tue das, was ich kann. Aber ich möchte es nicht zu meinem Hauptlebenszweck machen. Ich möchte einfach teilhaben am üblichen Leben und beispielsweise ganz normal beim Radio arbeiten», antwortete ich.

«Verstehe. Du meinst, Raúl, es könnte dann irgendwann sein, dass das einzige Attribut, das dich auszeichnet, die Behinderung wäre?», fragte Holger.

«Genau. In einem Studio wie diesem hier möchte ich nicht wegen meiner Behinderung sitzen, sondern wegen meiner Kompetenz.» Es ging mir gegen den Strich, nur als der Mensch mit Behinderung wahrgenommen zu werden, und das so offen zu sagen, fühlte sich regelrecht wie ein Befreiungsschlag an.

«Aber ich denke, Berufsbehinderte sind wichtig», insistierte Lothar.

«Klar», beeilte ich mich, ihm zuzustimmen.

«Wie es Berufspolitiker gibt, die sich für ein spezielles Thema einsetzen, etwa Umweltschutz oder Energiepolitik.»

«Ja. Ich spreche auch nur für mich», ruderte ich zurück.

Lothar ging nicht weiter auf meine Bemerkung ein, sondern ließ seinen Gedanken freien Lauf: «Ich bin nämlich davon überzeugt, dass ich trotz allem auch schon einiges erreicht habe. Und ich glaube, dass es ein Nicht-Behinderter in der Form so nicht hätte machen können.»

«Ich fand deinen Einwand vorhin auch gut, dass bei der ‹Aktion Mensch› auch Behinderte arbeiten müssen.» Ich versuchte noch einmal die Fahne hochzuhalten. «Da gebe ich dir hundertprozentig recht, Behinderte sollten Führungspositionen haben. Ich habe aber nichts dagegen, dass genauso gut Nicht-Behinderte dort arbeiten können.»

«Dagegen sage ich ja nichts. Aber in den Führungspositionen sollten auch Behinderte sein.»

«Ja, definitiv», pflichtete ich Lothar erneut bei.

«Aber es geht noch weiter. Die Diskriminierung findet auch immer noch auf sprachlicher Ebene statt, ganz gleich, ob man den Namen ‹Aktion Sorgenkind› gegen ‹Aktion Mensch› ausgetauscht hat. Da brauche ich nur bei mir anzufangen. Ich bezeichne mich als behindert. Ich spreche nicht von einem Contergan-Schaden, denn Schäden kann man beheben. Ich bin auch nicht krank, sondern schlicht und ergreifend behindert. Hier spielt auch die Gentechnik mit rein. Durch sie werden Bilder aufgebaut, die den gesunden Menschen propagieren. Und alles, was da rausfällt, ist krank. Ich hab 'ne Behinderung, genauso wie du 'ne Behinderung hast, Raúl. Und das sind Dinge, die wir, glaube ich wenigstens, als Behinderte besser formulieren können.»

«Auf jeden Fall», bestätigte ich. Oje, worauf lief das hier nun hinaus? Ich merkte, wie ich immer mehr in die Defensive geriet. Lothar war wirklich viel bewanderter und hatte nicht nur mehr, sondern auch bessere Argumente als ich.

«Wir müssen also ganz klar darauf hinweisen, dass es eine Behinderung gibt. Und es ist wichtig, dass ich in Abgrenzung zu Nicht-Behinderten sage, ich bin behindert, weil ich im Kaufhaus zum Beispiel nicht überall rankomme. Genauso wie du wahrscheinlich auch nicht überall drankommst. Wir brauchen eine klare Abgrenzung. Dennoch kann man mit Nicht-Behinderten was zusammen machen, keine Frage. Aber es muss noch viel passieren.»

«Aber findest du nicht auch, dass 'ne Menge passiert ist?»

«Die letzten zwanzig Jahre schon. Aber immer noch zu wenig.»

«Was ist das Wichtigste, was als Nächstes getan werden muss?», schaltete Holger sich wieder ein.

«Man sollte unsere Fähigkeiten anerkennen. Wir Behinderte sind fachlich qualifiziert. Ich in meinem Job als Sozialarbeiter habe darüber hinaus eine spezifische Sicht auf Behinderung, bin also doppelt qualifiziert. Auf einen Nicht-Behinderten trifft das nicht zu. Darin sehe ich etwas sehr Positives, was jedoch oft als negativ ausgelegt wird. Nicht-Behinderte meinen, wir wären zu sehr betroffen und könnten deswegen nichts dazu sagen. Doch das stimmt nicht.»

Wenig später mussten wir zum Ende kommen, weil die Sendezeit um war. In der Leitung waren noch weitere Anrufer, was Holger zum Anlass nahm, für den 1. Oktober 2007 – genau an diesem Tag vor vierzig Jahren war Contergan am

Markt eingeführt worden (das hatte Lothar erzählt) – eine Sendung über das Medikament und seine Folgen zu machen. Mich lud er dazu ein.

War das tatsächlich ich, der im Juli 2007 nachts um ein Uhr im Cockpit bei Radio Fritz die Kopfhörer abnahm? In dem, was ich gesagt habe, erkenne ich mich heute kaum wieder. Meine Unwissenheit sowie meine nach wie vor ablehnende Haltung gegenüber meiner Behinderung sprechen Bände. Wie ich teilweise geschwommen bin und Lothar immer wieder recht geben musste – unfassbar.

Erfüllt von einem wohligen Gefühl, fuhr ich zur S-Bahn-Station. Trotz aller Unsicherheiten machte ich mir klar, dass ich es geschafft hatte, diese Sendung Wirklichkeit werden zu lassen, dass ich an ihr hatte mitwirken können. Erst an der Station fiel mir ein, dass ich mein Handy noch gar nicht wieder angemacht hatte. Im Zug erhielt ich mehrere SMS von Bekannten, vor allem aus der Uni, die die Sendung gehört hatten. Christian Noll – dessen Worte mich damals veranlasst hatten, den Werbekongress mit zu organisieren, und mit dem ich seitdem regelmäßig in Kontakt stand – schrieb, dass er gar nicht gewusst hätte, worüber ich mir alles Gedanken machte. Er kannte sogar den Song von Funny van Dannen und war sehr überrascht, wie tief ich hätte blicken lassen. Mit anderen Worten: In meinem Versuch, meine Kommilitonen glauben zu machen, mein Leben auf die Reihe zu bekommen, hatte ich bei ihnen nicht nur den Eindruck erweckt, sondern ihnen auch zu verstehen gegeben, dass man mit mir nicht über (meine) Behinderung sprechen kann, dass es tabu ist. Aus Christians Überraschung schließe ich auch Verunsicherung, die ich in ihm und auch bei anderen ausgelöst haben muss. In den Augen der Hörer, die mich nicht kannten, war ich wiederum als sehr souverän rübergekommen, was aus den E-Mails anderer Betroffener oder Eltern von Kindern mit Behinderung hervorging.

Zwischen Menschen wie Lothar und mir lagen damals Welten, und vermutlich hat mich das Gespräch mit ihm in irgendeiner Art und Weise unbewusst geprägt. Obwohl ich weiterhin alles dafür tat, mich aufgrund meiner Behinderung von nichts abhalten zu lassen, und diesen Standpunkt öffentlich vertrat, hatte ich mich mit der Sendung meiner Behinderung auch ein Stück weit wieder angenähert, hatte mich ihr gestellt. Bisher hatte ich das ja gern umgangen.

Den Zuhörern hatten wir die Schwere und das schlechte Gewissen bei diesem Thema genommen, was aus meiner heutigen Sicht ein guter Weg ist, den Umgang miteinander alltäglicher zu machen und einen Aufklärungseffekt zu erzielen. So klar war mir das damals aber nicht gewesen. Mein gutes Gefühl – Intuition? – veranlasste mich, meine Teilnahme an weiteren Sendungen, in denen es um Behinderung gehen sollte, zuzusagen.

SMS wegen gestern Nacht

Um Beziehungen war es in der «Blue Moon»-Sendung auch gegangen. Dabei hatte ich erst recht nicht mitreden können. Anders meine Freunde. Ben und mein Cousin Jan hatten schon seit Jahren eine feste Partnerin, denn mit Mitte, Ende zwanzig waren wir inzwischen in einem Alter, in dem man sich bindet. Dominic heiratete sogar. Er war der Erste, der das getan hatte. Seiner in Taiwan geborenen Frau Wen war er in der S-Bahn begegnet, und es hatte gleich bei ihm gefunkt. Nachdem sie zusammen ausgestiegen waren, den Treppenaufgang, denselben Ausgang genommen und nebeneinander an der Ampel gestanden hatten, nahm er all seinen Mut zusammen und sprach sie an.

Die Trauung nach nur kurzer Zeit im Standesamt Zehlendorf und die Feier einschließlich der Reden und üblichen Hochzeitsdarbietungen in einem Hotel in Steglitz waren hingegen eher gewöhnlich gewesen. Dominic und Wen strahlten, und ich freute mich für die beiden. Meine Eltern kamen mir in den Sinn, und ich dachte darüber nach, dass ein Trauschein keine Garantie für eine dauerhafte Beziehung war. Meine Mutter und mein Vater gingen seit meinem dritten Lebensjahr getrennter Wege. Habe ich darunter gelitten?, fragte ich mich in dem Moment. Eher nicht, denn sie waren stets für mich da, und wahrscheinlich habe ich schon als Kind gespürt, dass sie sehr verschieden sind und es nicht so richtig gepasst hat. Belastender wäre gewesen, wenn sie zusammengeblieben wären. Und den Stress, den einige Freunde mit ihren Eltern gehabt hatten, erlebte ich glücklicherweise nicht. Aber würde ich heiraten wollen?, überlegte ich weiter. Kann ich es mir überhaupt vorstellen? Vielleicht, irgendwann, mit der richtigen Frau an meiner Seite würde ich es darauf ankommen lassen. Doch heiraten, um einer Beziehung Bedeutung zu verleihen? Dann schon eher ein gemeinsames Kind. Was waren das für Fragen? Weder hatte ich eine Freundin noch so etwas wie einen Kinderwunsch. Ich musste mir ja nicht einmal über Verhütung Gedanken machen. Oder doch?

«Hast du schon mal geknutscht?»

Mit ein paar Leuten saß ich kurz nach der Hochzeit zusammen um ein Lagerfeuer, und wie aus dem Nichts war links neben mir eine Frau aufgetaucht. In der rechten Hand hielt sie eine Flasche Erdbeer-Daiquiri.

«Ja», log ich. Was war das für eine Frage, warum wollte sie das wissen? Wir waren uns nie zuvor begegnet.

«Willst du einen Schluck?» Sie bot mir von ihrem Drink an.

Ich nippte an dem extrem süßen und hochprozentigen Zeug. «Danke, ich bleibe aber lieber bei meinem Sekt», sagte ich und reichte ihr die Flasche zurück.

«Wollen wir knutschen?», fragte sie dann.

Ich war völlig perplex. Zugleich merkte ich, wie mein Schieberollstuhl leicht kippelte, denn mit der freien Hand stützte sich die Frau darauf ab. Das Einzige, was ich an ihr wahrnahm, waren ihre großen blauen Augen.

«Äh, nein», stotterte ich.

Augenblicklich wandte sie sich von mir ab und verschwand ohne ein weiteres Wort in der Dunkelheit.

Lisa hatte neben mir am Feuer gesessen. Sie war Ende 2007 über eine Kollegin bei Radio Fritz zu den SOZIAL-HELDEN gekommen und arbeitete dann damals auf 400-Euro-Basis für uns. Jan und ich finanzierten ihre Stelle mit dem Preisgeld von startsocial, dem Preis, der uns 2008 von der Bundesregierung für «Pfandtastisch helfen!» verliehen worden war. Um Design und Produktion jenes Prototyps der Box, in die Supermarktkunden den Pfandbon werfen können – dadurch war eine Möglichkeit geschaffen worden, den Betrag auf dem Bon zu spenden –, hatten wir uns parallel zu Uni und Nebenjobs gemeinsam gekümmert. Jan war aber irgendwann so in sein Studium eingebunden, dass wir Unterstützung brauchten. Inzwischen war Lisa eine enge Freundin. Aus dem Augenwinkel hatte ich wahrgenommen, wie sie während des kurzen Gesprächs mit der Erdbeer-Daiquiri-Frau die Hände über dem Kopf zusammengeschlagen und gemurmelt hatte: «Du bist so doof, Raúl. Du bist so doof.»

«Ja, was hätte ich denn machen sollen?», erwiderte ich. «Soll ich eine Frau küssen, die ich nicht kenne? Hast du nicht gesehen, dass sie mich beinahe umgeworfen hat?»

«Doch, habe ich. Und deine Sorge war auch durchaus nachvollziehbar», räumte Lisa ein. «Aber wieso hast du dir die Chance entgehen lassen?» Vor nicht allzu langer Zeit hatten wir uns über Partnerschaften und damit verbundene Probleme unterhalten. Sie wusste, dass ich noch keine Freundin gehabt hatte.

Ja, warum eigentlich? Warum hatte ich nicht einfach geknutscht? Aber es ging mir nicht darum. Nichts wünschte ich mir mehr als eine Beziehung, auch wenn ich es in dem Moment nur ungern zugegeben hätte. Ich war neunundzwanzig und war mein Leben lang Single gewesen. Nach meinen Fehlschlägen bei Pia und Caterina hatte ich mich nicht mehr getraut, mich einer Frau zu nähern. Und je mehr ich darüber nachdachte, umso verkrampfter wurde ich. Aufbauende Worte meiner Freunde wie «Für jeden Topf gibt es den passenden Deckel, du wirst schon noch die Richtige finden», mit denen sie mich zu trösten versuchten, erreichten mich längst nicht mehr.

Gedankenverloren trank ich einen Schluck Sekt aus meinem Glas und sah ins knisternde Feuer, das den späten Augustabend erleuchtete. Der Himmel war wolkenlos, Sterne funkelten, und es roch nach Erde, da die Nächte bereits kühl waren. Von weitem vernahm ich das vertraute Aufheulen der anfahrenden S-Bahn.

«Du willst wirklich nicht knutschen?»

Es waren keine fünf Minuten vergangen, und die Frau stand ein weiteres Mal vor mir. Wieder lehnte ich ab. Wieder machte sie kehrt.

«Ich kann es nicht glauben. Sie ist zurückgekommen, weil sie dich küssen möchte, und du lässt sie abermals ziehen? Mir fällt dazu nichts mehr ein, Raúl», meinte Lisa entsetzt.

«Aber ich kann die Frau überhaupt nicht einschätzen ...», versuchte ich den zweiten Korb zu begründen.

«Das ist doch egal. Du hättest ja sagen sollen, denn es spricht nichts gegen ein bisschen Spaß.»

Darauf fiel mir wiederum nichts mehr ein, was ich hätte sagen sollen. Lisa hatte recht, und der Einzige, der mir im Weg stand, war ich selbst. Was spielte es für eine Rolle, dass die Frau etwas angetrunken war und andere Leute meinen ersten Kuss vielleicht registrierten?

«Lass dir auf jeden Fall von Ringo ihre Handynummer geben. Dann kannst du sie morgen anrufen», unterbrach mich Lisa in meinen Gedanken.

Die Vorstellung gefiel mir, dennoch war der Abend gelaufen, ich hatte genug. Mich volllaufen lassen wollte ich nicht. Das hätte meine Stimmung eventuell nur verschlechtert und ohnehin nichts geändert. Zu dem Gefühl, mich rechtfertigen zu müssen, kamen die Befürchtung, einen Fehler gemacht zu haben, sowie maßloser Ärger über mich selbst. Wütend und frustriert rief ich Özgür an, damit er mich in der nächsten Dreiviertelstunde abholte. Er ist einer von sechs Assistenten, die mich seit Ende 2005 statt eines Zivis abwechselnd unterstützen. Geschickt werden sie von einem Assistenzdienst, der sich um Dienstpläne und Ersatz kümmert, sollte einer der Assistenten krank werden. Vorher musste meist meine Mutter einspringen, wenn mein Zivi unvorhergesehen nicht zur Verfügung stand. Assistenten haben den Vorteil, dass uns eine Geschäftsbeziehung verbindet und ich klare Ansagen machen kann. Gegenüber meinen Zivis hatte ich teilweise ein schlechtes Gewissen gehabt, wenn sie besonders früh am Morgen oder noch mal extra abends kommen mussten. Auch das damit einhergehende Verhandeln, wann sie welche Stunden an meiner Seite sind, entfällt nun ganz. Wie gesagt: klare Geschäftsverbindung.

Ein weiterer Vorteil ist die Erfahrung der Assistenten im Umgang mit Menschen mit Mobilitätseinschränkung. Meine letzten Zivis hatte ich – anders als Olli, Jannis und Dominic – einarbeiten müssen, weil wir uns nicht kannten. Etwas gestört hatte am Ende auch der Altersunterschied. Während die Zivis immer Anfang zwanzig waren, wurde ich mit jedem neuen Zivi älter. Meine Assistenten hingegen wechseln auch nicht alle neun Monate, sondern bleiben über Jahre bei mir und werden sozusagen mit mir alt. Das vom Berliner Assistenzdienst «Ambulante Dienste» zusammengestellte Team hatte von Anfang an gepasst.

Ich konnte es kaum erwarten, dass Özgür – ein freundlicher Mensch, der Ruhe ausstrahlt – auftauchte. Ich war von der Situation einfach total überfordert, nichts anderes. Dabei hatte der Abend so schön begonnen. Ringo hatte zu seinem Geburtstag in den Park am Gleisdreieck eingeladen. Ringo war etwas älter als ich und studierte ebenfalls Gesellschafts- und Wirtschaftskommunikation; er textete manchmal für die SOZIALHELDEN. Ganz legal war die Feier nicht, denn die weitgehend verwilderte Ausgleichsfläche wurde 2009 erst noch zu einem Freizeitgelände mit Beachvolleyballfeldern, Radwegen und Spiel- und Liegewiesen umgestaltet. Per E-Mail hatte Ringo eine Wegbeschreibung verschickt. Um zu dem Treffpunkt zu kommen, hatten Lisa und Özgür mich durch ein Loch im Zaun gehoben. Eine waghalsige Aktion, denn wir befanden uns mitten auf einer Baustelle. Einzige Orientierung auf dem zugewachsenen Schutthaufen boten die Stimmen der anderen Gäste und der schwache Schein unserer Handydisplays, bis wir das Feuer leuchten sahen.

Auf dem Weg nach Hause dachte ich darüber nach, ob ich

Yvonne – Ringo hatte mir vor meiner Flucht von der Party neben der Nummer auch den Namen der Frau genannt – eine SMS schicken sollte oder nicht. Ich hatte es verpatzt, keine Frage. Umgekehrt hatte ich nichts zu verlieren. Und hatte Ben nicht immer gesagt, wer nicht wagt, der nicht gewinnt?

In unserer WG liefen wir uns an diesem Abend nicht mehr über den Weg, und die Zeit bis zum Einschlafen verbrachte ich damit, mir eine Formulierung für meine Nachricht an Yvonne zu überlegen, denn ihre magisch großen blauen Augen gingen mir nicht mehr aus dem Kopf.

«Hallo, ich bin der Typ, den du gestern küssen wolltest. Tut mir leid, dass ich abgelehnt habe, ich würd's gern nachholen», schrieb ich ihr am nächsten Morgen eine SMS. Viel Hoffnung, dass sie mir antwortete, hatte ich jedoch nicht, denn ich hatte sie zweimal abblitzen lassen. Während ich wartete, ließ ich mein Mobiltelefon nicht aus den Augen. Bei jeder eintreffenden SMS schreckte ich hoch, aber immer war es nicht sie, die mir etwas mitteilen wollte. Rief mich jemand an, fasste ich mich kurz, ich wollte erreichbar sein.

Am frühen Nachmittag wurde ich erlöst. Eine Antwort. Von Yvonne. Ob wir uns nicht nächste Woche auf einen Kaffee in Berlin treffen könnten, sie lebe in Bad Liebenwerda, gut 140 Kilometer südlich von Berlin entfernt. Ungläubig darüber, dass ich noch eine Chance bekommen hatte, sah ich sicher minutenlang auf das Display meines Telefons. Schließlich erwachte ich aus meiner Starre. Viel zu überlegen gab es jetzt nicht mehr: Ich schlug per SMS den nächsten Samstagnachmittag vor, ein Treffen im Café Bilderbuch. «Super!» war ihre Antwort.

Ich kann mich nicht daran erinnern, jemals so nervös gewesen zu sein. Anders kann ich mir nicht erklären, dass ich kaum noch weiß, worüber wir an jenem Nachmittag sprachen. Sicher lag es auch an Yvonnes wunderschönen ausdrucksstarken blauen Augen, von denen ich meinen Blick nicht wenden konnte. Sie hatte volle, sehr sinnliche Lippen und trug ihr langes dunkelblondes Haar zu einem Pferdeschwanz gebunden. Von ihr ging eine unglaubliche Lebendigkeit aus, ohne dass sie unruhig wirkte. Mit sanfter Stimme erzählte sie, dass meine Abfuhr sie sehr getroffen hätte, sie wäre nämlich komplett aus der Deckung gekommen, weil meine Ausstrahlung sie angezogen hätte. In diesem Moment hatte sie etwas sehr Verletzliches. Ich entschuldigte mich und gestand ihr meine Angst, sie vor allen anderen zu küssen. Damit hatte sie wiederum nicht gerechnet. Nachdem wir ausgetrunken hatten – Yvonne hatte einen Schwarztee mit Milch und ich einen Kakao bestellt –, machten wir noch einen Spaziergang durch das spätsommerliche Schöneberg, vorbei an meiner ehemaligen Schule. Beim Abschied sagte ich ihr, dass ich sie gern wiedersehen würde.

Genau eine Woche später trat ich meinen Gegenbesuch an. Begleitet wurde ich bei meiner Fahrt ins brandenburgische Bad Liebenwerda von Tom, jenem Assistenten, der mir schon beim Suppen-Experiment geholfen hatte. Tom las gern und viel, ließ aber keine Gelegenheit aus, wenn es etwas zu feiern gab. Damals nahm ich ihn deshalb häufig auf Partys mit. Yvonne und ich waren für den Nachmittag bei ihr zu Hause verabredet, und Tom sollte mich nach vier Stunden wieder abholen. Am liebsten wäre ich allein gefahren, doch den Weg nach Bad Liebenwerda mit der Regionalbahn war aufgrund fehlender Einstieghilfen nicht mit meinem

Elektrorollstuhl zu bewältigen. Außerdem hatte Yvonne erwähnt, dass sie im ersten Stock wohne und das Haus keinen Aufzug habe.

Ich war also auf dem Weg zu meinem zweiten Date. Ich hatte keine Ahnung, wie es sich entwickeln würde, zu groß war meine Angst, meine Unsicherheit. Hoffentlich mache ich nichts falsch, überlegte ich, als Tom und ich den nahezu menschenleeren Burgplatz von Bad Liebenwerda mit den frisch sanierten Gebäuden querten. Nicht auszudenken, wenn das Wiedersehen in einem Fiasko endet oder ich mich blamiere. Tom schwieg, achtete konzentriert auf die Straßennamen. Yvonne sollte nicht weit vom Burgplatz entfernt wohnen. Ich blickte zum blauen Himmel. Die Sonne schien, und wollte Tom lieber spazieren gehen, als in einem Café zu lesen, was er häufig tat, wenn er auf mich wartete, so würde er auf jeden Fall nicht nass werden.

Bei Yvonne blitzte die Angst nur einmal kurz auf. In dem Moment, als sie mich lächelnd fragte, ob ich jetzt knutschen möchte – und sie mich, nachdem ich genickt hatte, aufs Sofa im Wohnzimmer hob.

Was soll ich sagen? Endlich hatte ich das, was ich mir immer gewünscht hatte. Und war glücklich. Sogar sehr glücklich. Gerade stimmte alles – Design Thinking hatte ich im Juni erfolgreich abgeschlossen, das hatte mir einen wahnsinnigen Auftrieb gegeben. Beim «Suppentag» hatte ich meine Behinderung nicht wie zuvor als Nachteil erlebt, im Gegenteil. Möglicherweise hatten die Schwierigkeiten, in einen Asia-Laden zu kommen, und die gewonnen Einsichten in der Küche zur Zulassung geführt. Dann das positive Feedback auf die «Blue Moon»-Sendung mit Holger Klein, woraufhin ich mich meiner Behinderung noch ein Stück weiter angenähert hatte. Für die SOZIALHELDEN bestand zudem eine reelle Chance, beim erstmals vom Bündnis für Gemeinnützigkeit ausgelobten Deutschen Engagementpreis 2009 den «Publikumspreis» zu gewinnen. Außerdem hatten die SOZIALHELDEN nach «Pfandtastisch helfen!» ein neues Projekt in der Pipeline, wo es um das Thema Rollstuhlgerechtigkeit ging. Und für mein Diplom an der UdK fehlte mir nur ein Thema für die Abschlussarbeit.

Und nun noch Yvonne. Ich hatte das Gefühl zu fliegen, die Leichtigkeit war unbeschreiblich.

Die ersten Wochenenden verbrachten wir vor allem bei ihr oder bei mir. Immer zu Hause – wo wir stundenlang miteinander redeten, uns küssten oder mit anderem beschäftigt waren.

«Sag mal, wie angewiesen bist du eigentlich auf deine Assistenten?», hatte Yvonne schließlich von mir wissen wollen, nachdem wir ein Paar geworden waren. Die Frage tauchte auf, weil wir dabei waren, das erste gemeinsame Wochenende zu planen.

«Im Alltag und innerhalb Berlins komme ich gut ohne sie zurecht. Es gibt aber ein paar Dinge, bei denen ich immer ihre Unterstützung benötige», räumte ich ein.

Nachdem ich ihr beschrieben hatte, was es im Einzelnen war, fragte sie: «Es wäre also möglich, dass in Berlin dein Assistent nur morgens und abends kommt?» Wie sie hatte ich mir darüber Gedanken gemacht, wie es wäre, wenn die Partnerin in Sachen Unterstützung zur Ansprechpartnerin wird. Es war ja nicht nur eine Frage von Respekt und Würde, den geliebten Menschen in bestimmten Situation zu erleben. Ich wäre abhängig von Yvonne und für sie könnte es zu einer

Verpflichtung werden, was ich nicht wollte. Ben und ich hatten es als zwei Menschen, die zusammenwohnen, bis dahin ja auch geschafft, die Rollen deutlich zu trennen. Und so war auch für sie klar, dass sie Badezimmer-Tätigkeiten nicht übernehmen wollte. Ich fand das gut.

«Wie handhaben wir es denn in Bad Liebenwerda?», fragte ich nun Yvonne. Assistenten innerhalb eines Wochenendes hin und her zu schicken oder ein Hotelzimmer für sie zu mieten, erschien uns beiden abwegig.

Yvonne überlegte einen Augenblick. «Tom kenne ich ja schon. Er könnte bei mir im Wohnzimmer übernachten. Ich möchte aber nicht, dass er die ganze Zeit da ist.»

Auch ich wünschte mir, mit ihr weitestgehend allein zu sein. «Keine Sorge, meine Assistenten sind es gewohnt, sich zu beschäftigen, wenn sie auf mich warten müssen. Es gehört zu ihrem Job, sich nach meinen Bedürfnissen zu richten.» Vielmehr war ich derjenige, der lernen musste, mit Leerlauf umzugehen, wenn es für sie nichts zu tun gab. Die Geschäftsverbindung war doch nicht ganz so einfach.

Es beruhigte mich ungemein, wie unkompliziert jedoch Yvonne über meine «Schatten», meine Assistenten, sprach. (Sie begleiten mich auch heute noch zu Familienfesten wie Weihnachten, weil ich meine Unabhängigkeit von meinen Eltern aufrechterhalten will.) Aber nicht nur diese direkte Art gefiel mir an ihr. Ich hörte ihr auch gern zu, denn sie sprühte nur so vor Begeisterung, wenn sie von ihrer Arbeit als Jugenddiakonin, von Eine-Welt-Projekten und dem ausrangierten Schulbus erzählte, der auf ihre Anregung hin ausgebaut und zur einzigen Anlaufstelle für junge Leute geworden worden war. Ein echtes Highlight in Bad Liebenwerda, das mit knapp 13 Prozent Arbeitslosen und vielen leerstehenden Gebäuden kaum Geld für derartige Dinge hatte. Ihr Traum war es, einmal für «Brot für die Welt» zu arbeiten, einer Hilfsaktion evangelischer Landeskirchen. Durch sie waren Ben und ich dazu übergegangen, den Müll in unserer WG zu trennen, fair gehandelten Kaffee und hin und wieder sogar Bioprodukte zu kaufen.

Verbrachte ich das Wochenende bei Yvonne – Tom und sie hatten inzwischen einen guten Draht zueinander, was mir das Ganze leichter machte –, kochte sie etwas Besonderes. Ihre Wohnung war sehr behaglich. Überall standen Kerzen und Pflanzen, um deren Töpfe gern Mogli strich, ihr schwarz-weißer Kater. Unter der Woche tauschten wir uns per SMS aus, Telefonate waren eher selten, weil es in der Regel nur darum ging, zu klären, wann wir uns wo trafen.

Irgendwann zog es uns auch nach draußen, inzwischen war Herbst geworden. In der Umgebung von Bad Liebenwerda unternahmen wir ausgedehnte Spaziergänge. Einmal besichtigten wir von dort aus die F60, eine über 500 Meter lange Förderbrücke, die bis 1992 nahe Bad Liebenwerda zur Braunkohlegewinnung im Tagebau im Einsatz war. Aber wir taten auch das, was alle Liebespaare auf der Welt so tun. Kam sie nach Berlin, sahen wir uns DVDs an, verließen aber auch mehr und mehr die Wohnung und gingen in Kneipen. Einmal wollte sie auf einen Trödelmarkt, weil sie auf der Suche nach einer Lampe für ihre Küche war.

«Guck mal, die gelbe Klemmlampe könnte ich am Brett oberhalb der Spüle anbringen.» Während sie den Standbesitzer bat, sie ihr zur Ansicht zu geben, streichelte Yvonne zärtlich meine Schulter. Eine Bewegung, die mir zur liebgewonnenen Gewohnheit geworden war, wenn wir nicht Hand in Hand gingen.

«Zeig mal her», sagte ich, nachdem sie das Stück prüfend hin und her gewendet hatte. Das Kabel schien mir nicht ganz in Ordnung zu sein.

«Was ist?», fragte ich Yvonne, als ich ihr die Lampe zurückgab. Eigentlich hatte ich ihr die Sache mit dem Kabel erklären wollen, aber ihr Gesichtsausdruck hielt mich davon ab.

«Die Leute starren uns alle an», meinte sie mit ausdrucksloser Miene. Ihre Hand ruhte nur noch auf meiner Schulter, sie streichelte mich nicht mehr. Ich schaute mich um. Tatsächlich. Sämtliche Händler der umliegenden Stände beobachteten uns. Manche wichen unserem Blick nicht einmal aus. Einigen sah man regelrecht an, was sie dachten. Wie kann so etwas überhaupt funktionieren? Hat sie sich keinen anderen aussuchen können? Das ist ja wie bei *Die Schöne und das Biest*.

«Wollen wir es durchziehen?», fragte ich Yvonne.

Schon mehrmals waren wir so erstaunt, so beurteilend angeschaut worden. In den Kneipen, die wir zusammen besucht hatten, bei unseren Spaziergängen. Und hatten uns eine kleine Vorstellung ausgedacht, um den «Zuschauern» noch mehr zu bieten. Nun wollten wir sie zum ersten Mal zum Besten geben.

Meine Freundin nickte entschlossen. Danach ging sie in die Knie, legte ihre Arme um mich – und wir küssten uns leidenschaftlich. Ihr duftendes, feines Haar, das noch ein bisschen feucht war und das sie an dem Vormittag offen trug, kitzelte mich leicht an der Nase.

«Ich glaube, das dürfte genügen, wir wollen ja nicht übertreiben», wisperte sie in mein Ohr.

Die Reaktionen der Leute auf unsere Show hatten wir

verpasst, doch sie war nicht ohne Wirkung geblieben. Niemand beobachtete uns mehr. Indem wir Gaffern in voller Breite das boten, womit sie offensichtlich nicht umgehen konnten, wollten wir signalisieren: «Hört auf, uns anzustarren. Und ja, auch Menschen mit Behinderung haben Sex.» Die Lampe war kein Thema mehr, Yvonne hatte das Interesse daran verloren. Überhaupt hatten wir keine Lust mehr, weiter über den Flohmarkt zu schlendern. Wir machten uns auf den Weg zu mir nach Hause, beide die Hände in unseren Jackentaschen vergraben.

Wirklich wohl hatten wir uns dabei nicht gefühlt, und ich spürte, dass Yvonne die Blicke immer mehr zu schaffen machten. Sie hatte ein Gespräch mit einer ihrer Bekannten erwähnt, sie hätte gemeint, ob Yvonne nichts Besseres als mich verdient hätte. Umgekehrt hatte mich ein Bekannter gefragt, wie ich es geschafft hätte, so eine tolle Freundin zu finden, sie sähe ja aus wie Heike Makatsch.

Bis zu unserer nächsten Begegnung vergingen zwei Wochen, denn Anfang November war ich in München beim 7. Internationalen Disability Film Festival. Die arbeitsgemeinschaft behinderung und medien e.v. hatte mich im Frühjahr gefragt, ob ich als eines der fünf Jury-Mitglieder die eingereichten Wettbewerbsbeiträge bewerten wollte. Ich hatte sofort zugesagt und war gespannt darauf, mich mit Filmen auseinanderzusetzen, die sich mit Behinderung beschäftigten. Viel gelesen hatte ich über *Avatar*, der erst im Dezember weltweit in die Kinos kommen sollte. Darin geht es um den Soldaten Jake Sully, der im Rollstuhl sitzt. Er bekommt die Möglichkeit, wenigstens virtuell wieder laufen zu können. Dies ist auch Jakes sehnlichster Wunsch, seine Behin-

derung loszuwerden, und am Ende wird er sogar «geheilt».
Er wird sozusagen erlöst. Womit der Film einem typisch
amerikanischen Muster folgt. Im Fernsehen hatte ich mir
ab und zu *Marienhof* angeschaut, eine öffentlich-rechtliche
Vorabendserie. Einer der Schauspieler, Erwin Aljukic, hat
Glasknochen wie ich und sitzt im Rollstuhl. Immerhin hatten sich die Macher nicht wie die der Weihnachtsserie *Anna*
für einen Nicht-Behinderten als Darsteller entschieden.
Dennoch sah die Rolle des EDV-Technikers Frederik Neu-
haus in *Marienhof* vor, dass sich die Figur immer unglück-
lich verliebt, enttäuscht wird und ewig der beste Freund
bleibt. Doch insgesamt kannte ich nur wenige Filme mit dieser Thematik, weil ich sie auch gar nicht kennen wollte. Bis
zu diesem Zeitpunkt.

«Und, hat München etwas für dich gebracht?», fragte
Yvonne.

Wir saßen in ihrer Küche und aßen bei Kerzenlicht zu
Abend. Es gab Gemüselasagne, natürlich alles bio. Tom, der
in Bad Liebenwerda inzwischen fast heimisch geworden
war, hatte sich in sein Lieblingscafé verzogen. Wir hatten
ihm versprochen, etwas von der Lasagne übrig zu lassen.

«Total. In den Filmen, die ich gesehen habe, wird anders,
viel offener mit Behinderung umgegangen als in denen, die
ich bis dahin kannte.» Ich war immer noch ganz eupho-
risch, denn für mich hatte sich eine neue Welt aufgetan.
Mein Favorit in dem Wettbewerb war *Outcasts* gewesen,
ein unglaublich komisches Roadmovie mit viel Tempo von
dem britischen Regisseur Ian Clark über eine Gruppe jun-
ger Leute mit unterschiedlichen Behinderungen – einer ist
kleinwüchsig, einem fehlen die Beine, einer anderen ein Unterarm, zwei sind durch eine Spastik beeinträchtigt –, die

einen berühmten Popstar kidnappen. Der Film spielt sehr gekonnt mit dem Bild, das Menschen von Behinderten haben, und ihrer Erwartungshaltung. In anderen Filmbeiträgen waren Menschen mit Behinderung zu sehen gewesen, die ihre Sexualität entdecken und Sex haben. Die ehrliche Art der Auseinandersetzung hatte meinem eigenen Empfinden entsprochen.

«Als ich meine Beobachtungen über den Unterschied zu Blockbustern wie *Avatar* kundtat, gaben mir die anderen Juryteilnehmer recht», fuhr ich fort. «Jemand meinte, vor allem im Fernsehen würden Menschen mit Behinderung entweder als Opfer oder als Helden gezeigt, als Menschen, die ihr Leben ‹trotz Behinderung› meistern.» Ich machte eine kleine Pause, bevor ich weiterredete: «Und dann habe ich noch was für mich persönlich mitgenommen. Ich glaube, dass ich meine Behinderung lange verdrängt habe. Es ist wohl an der Zeit, dass ich einen selbstverständlicheren und ‹leichteren› Umgang mit meiner eigenen Behinderung finde. Langsam beginne ich zu ahnen, dass ich mit meiner ablehnenden Haltung anderen, aber auch mir selbst das Leben schwer gemacht habe.»

Nachdem ich meine Ausführungen beendet hatte, sah ich Yvonne gespannt an. Als meine Freundin war es ihr bestimmt nicht gleichgültig, was mich bewegte. Meine Behinderung konnte sie ja auch nicht einfach von sich abspalten.

«Ich habe die letzten Tage nachgedacht, Raúl», sagte sie. Ihr schönes lebendiges Gesicht war ernst geworden.

Was kam jetzt? Eine unangenehme Vorahnung breitete sich in mir aus.

«Ich weiß nicht, ob ich das schaffe.» Eine Träne rann ihre rechte Wange herunter, mit einer raschen Handbewegung wischte sie diese weg. Es schmerzte mich, sie weinen zu sehen.

«Was meinst du, was du nicht schaffst?»

«Na, uns. Ständig habe ich das Gefühl, mich rechtfertigen zu müssen», murmelte sie.

Oh nein, tief in meinem Innern hatte ich das befürchtet, aber nie als Gedanken zugelassen. Eine Frau an meiner Seite, war das nicht etwas, das unmöglich war?

«Ich bin wahnsinnig gern mit dir zusammen», fuhr Yvonne fort. «Und ja, ich bin sehr verliebt in dich. Auch meine Freunde haben mich darin bestärkt, die Beziehung mit dir nicht aufzugeben. Aber die ewigen Blicke der Leute ... Ich würde gern eine Pause machen.» Laut fing sie an zu schluchzen.

Sollte ich sie in den Arm nehmen und trösten? Oder verstärkte ich damit eine mögliche Abwehrhaltung? Es war seltsam, aber keinen Augenblick ließ ich eigene Gefühle zu. Es war, als wenn ich ein solches Gespräch schon jahrelang erwartet hatte, als wenn ich diese Situation trainiert hätte. Und so sagte ich:

«Weißt du, man gewöhnt sich daran. All meinen Freunden ist es so gegangen. Wir müssen morgen auch nicht raus. Für mich ist es völlig okay, wenn wir zu Hause bleiben, es ist ohnehin Regen angesagt.»

Sie nickte und schnäuzte sich die Nase. «Danke, du bist wunderbar», antwortete sie und nahm mich in den Arm.

Die gewünschte Beziehungspause war vom Tisch, aber ich wusste, dass sie bald wieder hochkommen würde. Da machte ich mir nichts vor. Yvonne und ich konnten uns nicht für immer hinter Mauern verschanzen – und keiner von uns hätte ein solches Leben auch lebenswert gefunden.

Die Nacht schlief ich schlecht. In meinem Kopf kreiste es. Ich hatte, trotz aller Widerstände, angefangen, einen Spagat zu machen. In München hatte ich diesen freien, selbstverständlichen und ja, «normalen» Umgang mit Menschen mit und ohne Behinderung erlebt und in Filmen gesehen. Das hatte mich bestärkt, mich weiter damit auseinanderzusetzen, ohne mich gleich in der Öffentlichkeit als Berufsbehinderter zu präsentieren. Doch nun zog ich mich privat zurück, hatte angeboten, mich mit Yvonne nicht draußen zu zeigen, um uns als Paar den Blicken zu entziehen. Aber warum sollte sich Yvonne nicht an die Blicke gewöhnen? Schließlich hatte sie erst angefangen, meine Behinderung wahrzunehmen, als sie merkte, dass wir beobachtet wurden. Als sie mich am Lagerfeuer knutschen wollte, war ihr das völlig egal gewesen. Ihr offensives Verhalten hatte damit zu tun gehabt, dass sie ahnte, ich hätte ihr meinerseits nie dieses Angebot unterbreitet. Und auch weil es bei ihr gleich gefunkt hatte, war ihr ein solches Verhalten möglich gewesen. Und ich wollte sie nun spüren lassen, dass sie mein Ein und Alles war und ich sie auf Händen tragen wollte. Schließlich schlief ich doch ein, nachdem ich mir sagen konnte: Yvonne braucht einfach mehr Zeit, wir werden es schon schaffen. Wir werden uns nicht auf Dauer zurückziehen.

«Didelding.» Ich hatte eine SMS bekommen. Tom und ich befanden uns auf der Rückfahrt von Bad Liebenwerda nach Berlin. Auf dem Display meines Handys las ich: «Ich glaube, es hat keinen Zweck. Es tut mir leid.» Ein Schock. Ein erwarteter Schock. War es das zwischen uns? Der weitere Verlauf des Wochenendes hatte dagegengesprochen.

Endlich war ich zu Hause. In Gegenwart von Tom hatte

ich nicht mit Yvonne telefonieren wollen. Zuhörer konnte ich jetzt nicht gebrauchen. Sie nahm aber nicht ab. Ich weiß nicht, wie oft ich es an dem Abend noch bei ihr versuchte. Auch meine unzähligen SMS mit der Bitte, mich anzurufen, blieben unbeantwortet. Ich konnte nicht glauben, dass es aus war. Eine Beziehung zu beenden ohne eine Reaktion, das passte so gar nicht zu ihr. Ich hasse das Gefühl, nichts tun zu können, auch wenn ich durch meine vielen Brüche gelernt habe, eine Situation auszuhalten und zu warten, bis sie vorbei ist. Mir blieb auch jetzt nichts anderes übrig. Lisa, der ich als Einziger von dem Wochenende mit Yvonne erzählte, war betroffen, hielt aber nichts davon, dass ich mich zu Hause verkriechen wollte. Sie tröstete mich auch damit, dass sie meinte, alles würde sich schon klären.

Einige Tage später schrieb mir Yvonne, ich würde ihr fehlen. Sie würde es gern weiter versuchen, meinte aber, ob ich es mir vorstellen könne, wenn wir uns in der Öffentlichkeit nicht als Paar zu erkennen geben. Und ob ich mir das vorstellen konnte. Ich wollte sie nicht verlieren. Vielleicht, so glaubte ich voller Optimismus, würde die Zeit ja für uns arbeiten.

Als wir uns am nächsten Wochenende wiedersahen, überwog die Freude. Ich hatte Yvonne sehr vermisst, die Tage der Trennung waren der blanke Horror gewesen. Lange nahmen wir uns in den Arm und genossen es, die Nähe des anderen zu spüren. Später begaben wir uns auf meinen Vorschlag hin im Internet auf die Suche nach einer Beratungsstelle, die sich auf Beziehungen und Behinderungen spezialisiert hatte. Es war erstaunlich, wie groß das Angebot war, doch sämtliche Adressen hatten eine einseitige Ausrichtung. Für mich gab es unzählige Ansprechpartner, alle selbst behindert, aber nirgendwo fanden wir jemanden, der Yvonnes Problem anging: als Nicht-Behinderter mit einem Behinderten eine Beziehung zu haben. Wir gingen davon aus, dass nur ein Nicht-Behinderter ihre Situation am ehesten nachvollziehen konnte. Der einzige Verein, der da in Frage kam, befand sich in Frankfurt. Dort hatte man den Begriff der «Co-Behinderung» geprägt, so wie viele Partner von alkoholkranken Menschen als Co-Alkoholiker bezeichnet werden. Während Yvonne die Bezeichnung zunächst schockierte, hatte ich das Gefühl, mit dem Begriff hätte man das Problem genau erfasst. Wir fanden auch kein Forum, in dem sie sich hätte austauschen können. Nach stundenlangem Surfen im Netz fühlten wir uns hilflos. Wir waren auf uns allein gestellt.

Am nächsten Morgen schluckte ich, als sie meinte, wir sollten mit dem Auto zum Supermarkt fahren. Bei vorherigen Begegnungen hatten wir darauf verzichtet und gingen zu Fuß. Als ich nachfragte, was sie denn befürchtete, gab sie zu, eventuell von Kollegen oder Jugendlichen, mit denen sie arbeitete, auf mich angesprochen zu werden. Ihr Geständnis schmerzte mich sehr, doch ich nahm alles in Kauf. Ich brauchte nur an die Traurigkeit zu denken, die sich lähmend über mich legte, wenn wir uns unter der Woche nicht sahen.

Zwei Monate später trennte sich Yvonne erneut. Es täte ihr in der Seele weh, erklärte sie, zu sehen, wie schwer mir das Versteckspiel um unsere Beziehung fiele. Sie hatte richtig beobachtet.

Der Abschied in Berlin war tränenreich. Auf dem Weg nach Bad Liebenwerda kehrte sie dann aber auf halber Strecke um, und wir fielen uns erneut in die Arme.

Wir nahmen einen dritten Anlauf. Vergeblich. Fünf Wochen später war es wieder so weit. Yvonne machte abermals Schluss. So schwer es mir fiel, doch ich bat darum, diesmal bei dieser Entscheidung zu bleiben. Ich sah keine Lösung für uns beide. Weder die bewusste Provokation noch uns als «Freunde» auszugeben hatte uns weitergebracht. Gut angefühlt hatte es sich für mich nur, wenn wir uns auch in der Öffentlichkeit als Paar zeigten. Dann aber waren wir am verwundbarsten, und genau das hatte vor allem Yvonne überfordert. Sowenig sie das Angestarrtwerden aushalten konnte, so wenig konnte ich mich verbiegen. Ich hatte es versucht, doch sehr darunter gelitten, uns zu verleugnen. Das war nicht mehr ich, und am Ende hatte mich das emotionale Auf und Ab wahnsinnig viel Kraft gekostet. Ben, der selbst einmal eine ähnlich herausfordernde Beziehung geführt hatte, meinte, der klare Schlussstrich wäre ihm schwergefallen, doch im Nachhinein wäre er froh gewesen.

Das war ein schwacher Trost. Ich hatte Yvonne geliebt, liebte sie immer noch – doch es gab da auch diese Fragen: Wie weit kann ich auf den Partner zugehen, wo verläuft die Grenze zur Selbstaufgabe? Wann ist der Moment da, die Reißleine zu ziehen? Aus heutiger Perspektive würde ich sagen: Jeder muss dies für sich beantworten. Ich glaube nicht, dass es falsch war, Yvonne gehen zu lassen. Bedauert habe ich, dass wir nicht mehr Zeit hatten, wobei ich ihr auch nicht hätte sagen können, ob sie sich an die Blicke gewöhnt hätte. Mich auf sie einzulassen, habe ich keine Sekunde bereut und möchte die gut fünf Monate, die wir zusammen waren, nicht missen. Sie hatten mir gezeigt, dass meine Behinderung nicht, wie damals bei Pia befürchtet, eine Beziehung unmöglich macht. Durch Yvonne habe ich erfahren, dass ich geliebt werden kann.

Die ersten Wochen nach der Trennung schlief ich viel, damit die Zeit schneller verging. Meine Freunde ließen mich in Ruhe, nur Lisa fragte ab und an, wie es mir ging. Bei Radio Fritz riss ich jede Arbeit an mich, nur um nicht nachdenken zu müssen. Mit einem Professor der UdK vereinbarte ich einen Termin, um das Thema meiner Diplomarbeit zu besprechen – es sollte um das gehen, was mich in München bewegt hatte. Mit den SOZIALHELDEN trieb ich das neue Projekt voran, ohne das ich wahrscheinlich länger gebraucht hätte, mich wieder zu fangen.

«Held» statt Dachdecker?

Ich sitze im Zug und schaue aus dem Fenster in die Dunkelheit. Ein kalter Montagabend Ende Januar 2013. Vor zwei Stunden habe ich einen Vortrag gehalten. Den Kopf an die kühle Scheibe gelegt, breitet sich eine bis dahin ungekannte Ruhe in mir aus. Im Abteil ist es still. Bei den wenigen Mitreisenden handelt es sich um Geschäftsleute. Die, die nicht schlafen, lesen Zeitung oder arbeiten. Ich schließe die Augen, falte meine Hände über meinem Brustkorb, wie ich es immer mache, wenn ich mich entspannen will, und gebe mich ganz dem sanften Ruckeln des ICE auf dem Weg nach Hause hin. Plötzlich muss ich an Ole denken, und es kommt mir vor, als würde wie damals Adrenalin in meinen Körper schießen. Ole Tillmann, Schauspieler, Moderator und Coach, der mich im Herbst 2010 im Auftrag der Veranstalter auf die Präsentation vorbereitete, mit der alles begann.

«Na, dann leg mal los», hatte Ole mich aufgefordert, noch während er Umhängetasche, Schal und Jacke auf meinem Sofa ablegte. Bis zur TEDxBerlin am 15. November 2010, einer Konferenz, auf der sich Kreative aus Medien, Politik, Wirtschaft, Kunst und Design austauschen, war noch gut einen Monat Zeit.

Was? Trinken wir nicht erst mal Kaffee und lernen uns kennen?, dachte ich und fing leicht zu schwitzen an. Ich musste Ole wohl etwas verwundert angeschaut haben, denn er meinte: «Das Zimmer ist deine Bühne, nutze sie.» Okay, ich hatte keine Wahl. Vollkommen überrumpelt, brachte ich mich vor ihm in Position.

«Die Wheelmap ist eine Online-Karte für rollstuhlgerechte Orte. Jeder kann mitmachen.»

«Hm, ich glaube, das kannst du besser. Wie kam die Idee zustande?»

«Ein guter Freund von mir beklagte, dass wir uns immer im selben Café treffen würden ...»

«Warum, was war das Problem?», hakte Ole nach.

«Es war der einzige Laden in meiner Nähe, von dem ich wusste, dass er keine Stufen am Eingang hatte», antwortete ich wie aus der Pistole geschossen. War das hier eine Prüfung? «Dennoch wollten wir auch mal was anderes sehen. Andere Leute, eine andere Umgebung.»

«Weiter. Was passierte dann?»

«Ich bot dem Freund an, uns bei ihm im Bergmannkiez zu treffen. Ich kannte mich dort aber nicht aus, sodass ich kein Café oder Ähnliches vorschlagen konnte.»

«Und stattdessen? Oder seid ihr bei deinem Stammlokal geblieben?», bohrte Ole weiter nach.

«Holger, der Freund, hatte gemeint, er würde nach einer Möglichkeit ohne Stufen im Bergmannkiez Ausschau halten, hatte das bis zu unserer nächsten Verabredung aber wieder vergessen. Es gab dann keine andere Alternative, wir mussten wieder ins Café Bilderbuch. Was uns beide ärgerte. Warum gab es keine Listen mit öffentlichen Orten wie Geschäften, Kneipen oder Restaurants, die man in solchen Situationen zu Rate ziehen konnte?» Schon bei der Suche nach einem Asia-Laden hatte sich dieses Problem gezeigt.

Ole hatte angefangen, mit einem dicken Edding Bilder auf Post-its zu malen, sie mit einem Stichwort zu versehen und an die Zimmerwand zu kleben.

«Wieso sind Stufen für dich ein Problem? Emotionalisiere mehr, erzähle von deiner Behinderung. Die Leute sollen merken, wofür du brennst.»

Tatsächlich brannte ich für die Wheelmap, die in dem Herbst, als ich für Yvonne brannte, unser SOZIALHELDEN-Projekt wurde. Holger – groß, dunkelhaarig, sehr besonnen, klug – und ich hatten im Sommer ein Konzept dafür entwickelt, weil wir beide von der Einseitigkeit unseres Treffpunkts zunehmend genervt waren. Sosehr ich das Café Bilderbuch schätzte, aber immer nur das Café Bilderbuch ...?

Holger und ich interessierten uns für Technik. Er hatte Electronic Business an der UdK studiert und baute als Produktmanager zusammen mit anderen ein Filmportal auf. Seine E-Mails, die über den Uni-Verteiler gingen, hatten mich neugierig gemacht. Später, als wir uns persönlich kennenlernten, stellten wir fest, dass wir beide «im» und mit dem Internet groß geworden waren. Bei einem der SOZIALHELDEN-Gipfeltreffen, für die Jan alle vier bis sechs Wochen nach Berlin kam, stellte dann Holger unsere Idee der Wheelmap vor. Alle waren davon so begeistert, dass mein Cousin vorschlug, die Online-Karte für rollstuhlgerechte Orte zum SOZIALHELDEN-Projekt zu machen.

Zunächst sträubte ich mich mit der Begründung, das Thema sei mir zu naheliegend, außerdem verfüge keiner von uns über die entsprechenden Kenntnisse. Ich hatte ja nicht einmal zu anderen Rollstuhlfahrern regelmäßig Kontakt, geschweige denn, dass ich irgendwelche Zahlen oder Studien parat gehabt hätte. Vor allem aber sah ich die Gefahr, durch ein solches Projekt auf meine Behinderung reduziert zu werden. Ein Leben lang hatte ich mich dagegen gewehrt. Doch je mehr wir diskutierten, umso lauter vernahm ich, wie mein «technologisches» Herz in mir schlug. Denn die von Kommunen und Ländern finanzierten, von einem Behindertenbeauftragten initiierten und an irgendwelchen DIN-Normen ausgerichteten Internetverzeichnisse über barrierefreie Orte waren viel zu kompliziert, zu träge und zu aufwendig. Uns schwebte eine Karte vor – unabhängig davon, ob ein Nutzer einen Kinderwagen vor sich herschob, einen Rollator nutzte oder wie Holger einen Freund hatte, der mobilitätseingeschränkt war und wie ich im Rollstuhl saß. Das Ganze sollte wie Google Maps zu bedienen sein und nach dem Wikipedia-Prinzip funktionieren: ein kostenloser, sich selbst regulierender Informationsservice ohne übergeordnete Instanz, weltweit anzuwenden.

Der Zeitpunkt, die Wheelmap zu einem SOZIALHEL-DEN-Projekt zu machen, war auch günstig. «Pfandtastisch helfen!» mit rund hundert Boxen in Berliner Supermärkten war im Grunde abgeschlossen, es lief von allein. Und das Geld, das wir 2009 im Rahmen des Deutschen Engagementpreises erhalten hatten, ermöglichte uns, Christoph, einen begnadeten Kollegen von Holger, für die Programmierung ins Boot zu holen. Er stieß auf die OpenStreetMap-Community, eine Gruppe von Nerds, die, ausgestattet mit einem

GPS, auf ihrem Fahrrad durch die Gegend fahren und die Welt kartographieren: Städte, geographische Besonderheiten sowie Gebäude. Letztere sind grau hinterlegt, was Holger auf den Gedanken brachte, dass Nutzer, ohne sich registrieren zu müssen, Orte nach einem Ampelfarbschema – rot gleich «nicht zugänglich für Rollstuhlfahrer», gelb für «eingeschränkt rollstuhlgerecht» und grün für «ohne Einschränkung befahrbar» – bewerten und markieren.

Im April 2010 ging die Wheelmap online. Für uns ein großer Schritt, von der Öffentlichkeit jedoch nahezu unbemerkt (abgesehen von einem Post auf Facebook und studiVZ hatten wir aber auch keine Pressemitteilung verschickt). Nun, wir waren alle eingebunden in reguläre Jobs und hatten anderes zu tun. Neben dem Relaunch der Website von Radio Fritz schrieb ich meine Diplomarbeit. Lisa hatte ihr Referendariat in der Schule begonnen, sie wollte Lehrerin werden und war in den Vorstand der SOZIAL-HELDEN gewechselt (ihre Aufgaben übernahm Jonas, ein Freund von Jan). Und so war es nicht weiter verwunderlich: Zur Wheelmap trugen den Sommer über nur wenige Nutzer bei, die meisten Orte auf der Karte waren nicht bewertet. Das störte uns aber auch nicht weiter, denn dass wir in technischer Hinsicht unser Ziel erreicht hatten, war für uns vorrangig.

Im Oktober fuhren die SOZIALHELDEN dann geschlossen nach München. Anlass war meine Ernennung zum Ashoka-Fellow. Ashoka ist eine internationale Non-Profit-Organisation, die Menschen und ihre sozialen Projekte mit einer Art Stipendium unterstützt. Vorgeschlagen hatte mich Till Behnke, bereits Fellow und Initiator der Spendenplattform betterplace.org, deren Konferenzraum wir ab und zu

242

als Treffpunkt für die SOZIALHELDEN nutzten. Ein eigenes Büro hatten wir nämlich nicht, weil wir alles anders als eine klassische Agentur, sprich: weitestgehend online machen wollten. Wenn wir nicht von zu Hause aus arbeiteten, trafen wir uns sogar bei Ikea, wo wir das Restaurant und die Ausstellungsbüros besetzten. Manchmal nahmen wir auch die Ringbahn und fuhren so lange im Kreis, bis der erste Akku eines Laptops leer war.

«Ich lade euch ein», sagte ich nach der Veranstaltung zu meinen Freunden. «Habt ihr eine Idee, wo wir hingehen können?»

Ratlose Gesichter. Kopfschütteln. Achselzucken. Keiner kannte rollstuhlgerechte Lokale in München.

«Guck doch mal auf Wheelmap», schlug Holger vor. Eigentlich hatte er das eher im Scherz gemeint, denn wir wussten ja, dass es mit den Markierungen noch ziemlich schwächelte.

«Genau das werde ich jetzt auch tun», erwiderte ich und kramte mein iPhone hervor. Ein ehemaliger Kollege aus Werbeagenturzeiten hatte ehrenamtlich eine entsprechende App entwickelt. Ich klickte auf das Symbol – und traute meinen Augen nicht.

«Leute, es kommt Musik in die Sache. München hat seinen ersten markierten Ort.»

«Im Ernst?» Christoph war der Erste, der sein Telefon zückte. «Ein Biergarten, ich fass es nicht. Auch noch grün.» Mit anderen Worten: alles stufenlos und mit behindertengerechtem WC. Zugleich lachten wir, denn Stufen und Biergärten war etwas, was man nicht unbedingt in einen Zusammenhang brachte. Das hätte uns auch früher einfallen können. Es war nämlich ein unglaublich warmer Oktobertag, perfektes Biergartenwetter.

Ich sehe uns noch an dem langen Holztisch unter einem Kastanienbaum sitzen und wie wir wieder davon spinnen, dass bald weltweit Orte markiert wären.

«Würde es nicht witzig sein, neben der deutschen und englischen Fassung der Wheelmap eine auf Klingonisch auf den Weg zu bringen?», schlug Christoph übermütig vor. Immerhin: Ins Französische, Spanische und Japanische ließen wir sie bereits übersetzen.

Ich musste lachen: «Du kannst es ja mal versuchen.»

Jan sah so intensiv auf das blau-weiße Tischtuch, als wenn er darin verschwinden wollte, doch dann meinte er: «Habt ihr es schon bemerkt? Wir sind Freunde auf dem Weg zu einem Start-up. Wir wollen dort Gutes tun, wo niemand damit rechnet.»

Irgendwie verursachte seine Äußerung bei uns allen eine Gänsehaut.

Es blieb nicht bei dem ersten grünen Pin in München. Die Weltkarte zeigte schon bald die schönsten Muster. Wir SOZIALHELDEN hatten kein Geschäftsmodell. Und genauso wenig hatten wir Ahnung, wie sich mit der Wheelmap Geld verdienen ließ. Ständig war vor und während meiner dreijährigen Fellowship bei Ashoka die Rede von Skalierung gewesen. (Später kümmerte sich Jonas um alles Ökonomische bei uns.) Kritisch sah ich auch, dass der Staat durch Organisationen wie Ashoka noch stärker aus der Verantwortung entlassen wird. Denn aus meiner Sicht ist es die Aufgabe des Staates, gesellschaftliche Probleme zu lösen. Soziales Unternehmertum war damals en vogue, und ich habe heute das Gefühl, dass der Trend seitdem noch zugenommen hat.

Dann kam auch schon bald Ole. In meinem WG-Zimmer brachte er mir bei, mich in meinem Elektrorollstuhl wie ein Fußgänger ohne Räder auf der Bühne zu bewegen. Den Raum mit Präsenz zu füllen. Er riet mir auch, die Geschichte der Wheelmap, über die ich auf der TEDx-Konferenz sprechen sollte, als Heldenreise in drei Akten zu erzählen.

Bin ich ein Held?, frage ich mich, nachdem ich dem Schaffner meine Fahrkarte gezeigt habe. Auch wenn wir uns SOZIALHELDEN nennen, sehe ich mich nicht als Helden. Die einzigen Helden, die mir einfallen, sind Charaktere wie Spiderman, Batman oder Lara Croft. Im Fernsehen werden Sportler zu Helden und Menschen, die anderen aus einem Impuls heraus das Leben retten. Das, was ich mache, tue ich gern. Wie alle im Team beflügeln mich Ideen, ich mache einfach etwas und widerstehe – frei nach dem amerikanischen Psychologieprofessor Philipp Zimbardo – dem Drang, meine eigene Tatenlosigkeit zu rechtfertigen.

Rechtfertigen hat für mich etwas von vermeiden, verstecken. Und ich glaube, dass ich erst an diesem Tag, anderthalb Jahre nach meinem durch Ole gecoachten Auftritt auf der Berliner Konferenz, das erste Mal wirklich aus der Deckung gekommen bin. Auf der Bühne der TEDx gewährte ich lediglich Einblicke in das Leben eines Rollstuhlfahrers. Der Applaus war überwältigend, und anschließend hatte ich noch nie so viele Visitenkarten wie zuvor in meinem Leben verteilt. Immerhin: Danach begann ein regelrechter Hype um die Wheelmap. Auf großen IT-Portalen wie Heise.de und Golem wurde über sie berichtet, es gab unzählige Presseanfragen, und im Januar 2011 hielt ich meinen ersten Vortrag auf der Digital Life Design (DLD), einer internationalen Konferenz in München. Alles, was Rang und Namen hat, war vertreten – unter anderem die Amerikanerin Marissa Mayer, damals Vizepräsidentin bei Google und heute Yahoo!-Geschäftsführerin, Randi Zuckerberg, die Schwester des Facebook-Gründers Mark Zuckerberg, der Verleger Hubert Burda sowie Daniel Domscheit-Berg, der ehemalige Sprecher von WikiLeaks. Im Herbst warb dann Google für seinen Internetbrowser «Chrome» mit einem TV-Spot, der unter dem Motto «Das Web ist, was du draus machst» die Entstehungsgeschichte der Wheelmap erzählte. Auf YouTube wurde er inzwischen gut 1,8 Millionen Mal angeklickt. Google-Mitarbeiter hatten auf der DLD meinen statt den Vortrag ihres Chefs Eric Schmidt besucht, der parallel sprach, und anschließend vorgeschlagen, mich und die Wheelmap als Aufhänger zu nehmen, um ihren neuen Browser zu bewerben. Seitdem werde ich auf der Straße erkannt.

Und heute, an diesem Tag? Heute habe ich vor etwa dreißig Menschen in einem nüchternen Seminarraum am Zentrum für Disability Studies (ZeDiS) in Hamburg gesprochen. Keiner trug einen Anzug oder ein Kostüm. Null Glamour, kein Smalltalk, keine Stehtische und Häppchen, kein Rumreichen von Visitenkarten. Einige Zuhörer saßen wie ich im Rollstuhl, andere von ihnen waren gehörlos. Mein Vortrag war deshalb so aufbereitet worden, dass er mitgelesen werden konnte.

«Vielen Dank, dass ich heute hier sein durfte. Es bedeutet mir viel, dass ihr gekommen seid», schloss ich meine Präsentation, in der es um die mediale Darstellung von Menschen mit Behinderung, die Projekte der SOZIALHELDEN und vor allem das Hadern mit meiner Behinderung gegangen war.

«Vielen Dank, Raúl Krauthausen, für die interessante Darstellung Ihrer Arbeit.» Leicht angespannt hob ich den Blick von meinem Skript, innerlich auf Kritik vorbereitet. «Gibt es Fragen?», wandte sich die Mitarbeiterin vom ZeDiS danach an die Anwesenden.

Erst einmal sagte niemand etwas. Dann wurde anerkennend geklatscht, und ich entspannte mich etwas.

Ein Herr im Rollstuhl hob die Hand und sagte: «Dass Menschen mit Behinderung im Fernsehen entweder als Sorgenkind oder Superkrüppel dargestellt werden, liegt einfach an der Sichtweise von Behinderung in Deutschland.»

«Genau. 90 Prozent dessen, was Nicht-Behinderte über Behinderung wissen, ist von den Medien geprägt», ergänzte ich. Ich musste in diesem Moment an den RTL II-Beitrag denken, in dem Henrik und ich als die «kleinen Helden» präsentiert wurden.

«Bitte etwas langsamer sprechen», unterbrach mich die Schriftdolmetscherin, die live das Gesagte für die Hörgeschädigten zum Mitlesen transkribierte.

«Entschuldigung», sagte ich und fuhr langsamer fort: «Menschen mit Behinderung werden in Filmen meist auch von Nicht-Behinderten verkörpert. Das verstärkt Parallelwelten.» Bestätigendes Nicken um mich herum. Die mediale Darstellung von Behinderten war mir so wichtig, weil Medien überhaupt in unserer Zeit einen großen Einfluss auf unser Denken haben. Mehr als je zuvor in der Geschichte. Ich erzählte von dem deutschen Film *Vincent will Meer*. Vincent hat des Tourette-Syndrom – und wird natürlich von einem nicht-behinderten Schauspieler verkörpert.

«Na ja, die Diskussion ist nicht neu. Wir haben schon in den Siebzigern über ähnliche Dinge gesprochen», erinnerte sich eine ältere Dame in einem himbeerfarbenen Pullover und erwähnte die wenigen Ausnahmen wie David Bennent, den Oskar-Matzerath-Darsteller in der *Blechtrommel*, oder ChrisTine Urspruch, die durch *Das Sams* und ihre Rolle als «Alberich» im Münsteraner *Tatort* bekannt ist.

«Interessant finde ich auch die Frage, warum wirklich gute Filme wie *Ziemlich beste Freunde* da aufhören, wo es spannend wird», bemerkte ich. «Im Film sind die Ohren die erogene Zone von Philippe Pozzo di Borgo. Im Abspann lese ich, dass er im echten Leben Kinder hat. Da frage ich mich doch als Zuschauer, wo kommen die her?»

Wir fanden darauf keine Antwort, ebenso wenig auf die Frage, warum Behinderung und Sexualität immer noch ein Tabu ist. Weil etwa das Zeigen entblößter Körper von Behinderten – ein medialer Großevent wie die Paralympics ausgenommen – die Gesellschaft der Nicht-Behinderten an die eigene Fragilität erinnert?

Anschließend kamen wir auf die Kampagne «Behindern ist heilbar» des Bundesministeriums für Arbeit und Soziales sowie der Bundesagentur für Arbeit zur Umsetzung der UN-Behindertenrechtskonvention zu sprechen, die Menschen mit Behinderung die gleichberechtigte Teilhabe am gesellschaftlichen Leben gewährleisten soll. Weniger die Plakate wurden kritisiert, auf denen zu Chancengleichheit bei der Vergabe von Stellen oder zu einem gemeinsamen Unterricht von Kindern mit und ohne Behinderung aufgerufen wurde, sondern der Slogan.

«Das Problem ist doch, dass Behinderung durch die Verwendung des Wortes ‹heilbar› wieder mit Krankheit verbunden wird», empörte sich ein Rollstuhlfahrer.

Zustimmendes Nicken. Und auch die weiteren Wortmeldungen ließen darauf schließen, dass unter den Zuhörern Konsens herrschte. In ihren Augen war der Slogan «Behindern ist heilbar» schlecht gewählt, offensichtlich war es den Machern der Kampagne nicht gelungen, den Begriff «behindern» umzudeuten.

Habe ich eigentlich jemals geheilt werden wollen?, überlegte ich. Allenfalls als Kind, nachdem ich mir etwas gebrochen hatte. Noch nie habe ich den Wunsch gehabt, laufen zu können, was mir kaum einer glaubt.

«Und außerdem, was hat die Kampagne gebracht?», unterbrach ein Rollstuhlfahrer meine Gedanken.

Im Seminarraum wurde es laut.

«Bitte nacheinander», bat die Schriftdolmetscherin.

«Meiner Ansicht nach hat sich der erste Arbeitsmarkt für Menschen mit Behinderung dadurch nicht geöffnet», sagte ein Herr mit Brille. «Obwohl dabei bestimmt viel Geld geflossen ist.»

«Mit Sicherheit», bekräftigte jemand anderes. «Aber mehr ist nicht passiert. Was kann man von der Politik schon erwarten?»

Die Frage blieb im Raum stehen. Die Zeit war um, und der Raum leerte sich zügig, während ich meine Unterlagen einpackte, die Veranstalter sich nochmals für mein Kommen bedankten und verabschiedeten.

Mein Blick fällt auf Andi, der seit dem Google-Spot bei den SOZIALHELDEN für Presse und PR verantwortlich ist. Er hat mich nach Hamburg begleitet, denn am Abend zuvor brach die Hinterachse meines Elektrorollstuhls. Ich musste einiges in Bewegung setzen, so kurzfristig jemanden zu finden, der mich im manuellen Rollstuhl begleitete. Andi, der mich mit seinem gepflegten, dichten braunen Vollbart an den Kabarettisten Volker Pispers erinnert, hatte Zeit gehabt, hatte mich aber noch nie über eine längere Strecke geschoben. Vom frühen Aufstehen erschöpft, sitzt er mir im Zug gegenüber. Ich frage mich, ob er ahnt, wie wichtig mir der heutige Tag ist. Ein Tag, der zwar keine neuen Erkenntnisse, doch die Gewissheit gebracht hat, dass wir mit unseren Projekten auf dem richtigen Weg sind – und dass ich mich als ihr Aushängeschild unfreiwillig zum Berufsbehinderten gemacht habe.

Ein Nachwort von mir

Das Buch zeigt mein Leben lediglich in Ausschnitten. Ich lebe in einer glücklichen Beziehung mit einer wunderbaren Frau und ihren phantastischen Kindern. Wir geben uns Liebe, Wärme, Halt, Kraft, und inspirierende Anstöße. Mit Yvonne hatte ich meine erste Beziehung, danach war ich mit einer Frau zusammen, die wie ich eine Behinderung hat. Auf all das weiter einzugehen war mir zu persönlich und zu intim. Doch seitdem weiß ich, dass eine Behinderung zu haben kein Grund ist, jemanden nicht zu lieben und nicht mit ihm oder ihr zu schlafen. Dass man auch manchmal Assistenz benötigt, ist kein Problem. Am Ende ist es gar nicht so kompliziert, und es findet sich immer ein Weg, es zu tun. Und es ist schön.

Mich mit meiner eigenen Behinderung zu beschäftigen (so wie auch in diesem Buch) bedeutet Arbeit – ich stelle mich, mal besser, mal schlechter, meiner eigenen Unzulänglichkeit und meinen Ängsten. Mir war es wichtig, zu zeigen, dass eine Behinderung zu haben nur eine von vielen Eigenschaften ist.

Mein Leben ist aufwendiger als das von Menschen, die nicht behindert sind, keine Frage. Doch es wird nicht ausschließlich von meiner Einschränkung geprägt und beherrscht. Das habe ich gelernt. Auch wenn sich mit meinem Vortrag am ZeDiS ein Kreis geschlossen hat, heißt das nicht, dass ich «angekommen» oder mit mir völlig im Reinen bin.

Wenn ich aus mir herausgucke, fühle ich mich nicht behindert. Tauchen im Alltag Barrieren auf, begegne ich Menschen, die mich anstarren, oder erlebe ich Situationen der Hilflosigkeit, wird mir erst bewusst, dass ich es bin. Ich mag mein Leben und die Formulierung «behinderter Mensch», weil sie offenlässt, ob ich behindert bin oder behindert werde. Denn Inklusion ist, wie Fred Ziebarth, der Schulpsychiater meiner Grundschule, sagte, ein beiderseitiger Prozess der Bewältigung und Annahme menschlicher Vielfalt, der uns alle einschließt.

Ich wünsche mir, dass sich Menschen mit Behinderung fragen, wie sie gesehen werden wollen, und dass sie ihre Stimme erheben. Dabei geht es mir allgemein um den Umgang mit Vielfalt und nicht um spezifische Interessen oder die Unterscheidung und Bewertung verschiedener Formen von Behinderung, das heißt: welche «besser» oder «schlimmer» ist.

Ich habe versucht, meinen Teil dazu beizutragen, ohne für alle zu sprechen. Dabei hoffe ich, niemandem zu nahe getreten zu sein und niemanden verletzt zu haben. Es ist meine Sicht auf mein Leben, und ich wünsche mir, dass sich Menschen on- und offline organisieren, sich unsere Projekte wie Leidmedien.de und Selfpedia.de anschauen und nutzen oder sogar auf www.dachdecker-wollte-ich-eh-nicht-werden.de ihre Geschichte erzählen.

Dank

Ich danke allen namentlich im Buch erwähnten Menschen und besonders meinen Eltern, die mich so «normal» wie möglich erzogen haben, die sich auf gemeinsamen Reisen nach Südamerika nie gefragt haben, ob, sondern wie wir gemeinsam irgendwohin kommen. Ich bin glücklich, dass mir auf diese Weise eine «Sonderbehandlung» aufgrund meiner körperlichen Einschränkung erspart geblieben ist und ich meine Behinderung nie als «schlimmes Schicksal» empfunden habe.

All meinen Freunden, den SOZIALHELDEN, ehemaligen Lehrern, Kommilitonen, sämtlichen Arbeitskollegen und meiner alten und neuen WG mit Anna, Florian, Larisa und Lara danke ich dafür, dass sie mich so nehmen, wie ich bin.

Ein besonderer Dank geht an Stefan Warbeck sowie an meine Vorgesetzten in Werbeagenturen, die mir, ohne mich zu kennen, die Chance gaben, wertvolle Erfahrungen zu sammeln.

Den Menschen bei Ashoka danke ich für das in mich gesetzte Vertrauen sowie Till Behnke und betterplace.org, die mir den Einstieg in die Sozialunternehmerwelt ermöglichten. Nicht zu vergessen sind die Ambulanten Dienste und meine Assistenten Tom, Özgür, Matti, Matthias, Ben, Carsten, Murat, Oliver, Cenk, Gregor, Markus, André, Patrick und Kai. Sie tragen mit dazu bei, dass ich mein Leben so leben kann, wie ich möchte.

Ich danke Marion für die Geduld und die stundenlangen Gespräche, die wie im Flug vergingen, und Katja Urbatsch, auf die der Kontakt zurückgeht. Roger Willemsen für das fulminante Vorwort, Suse und ihren Kindern Lilith und Levin für ihre kritischen und aufbauenden Worte sowie Regina Carstensen und Susanne Frank, die das Buch mit ermöglichten.

Danke an alle namentlich nicht genannten Menschen, die mich begleitet und unwissentlich geprägt haben.